CAPES / Agrégation

La géographie de la France en dissertations corrigées

3e édition revue et corrigée

Pierre Gillardot
Professeur émérite à l'Université d'Orléans
Coordinateur

Françoise Ardillier
Professeur à l'Université de Limoges

Olivier Balabanian
Professeur émérite à l'Université de Limoges

ellipses

ISBN 2-7298-1961-4

www.editions-ellipses.fr

Table des matières

Françoise ARDILLIER a rédigé les sujets 3, 5, 11, 14, 15, 16, 18, 20, 21, 22,
Olivier BALABANIAN les sujets 1, 2, 7, 8, 9, 12, 23, 24, 26,
Pierre GILLARDOT les sujets 4, 6, 10, 13, 17, 19, 25.

Conseils préliminaires à lire et à suivre impérativement

Pourquoi cet ouvrage ?

Le livre que voici est destiné à tous les candidats aux concours et aux examens dont les épreuves comportent une dissertation de géographie portant éventuellement sur la France. Il est donc utile à ceux qui préparent les agrégations de géographie et d'histoire, le CAPES d'histoire et géographie, le concours de PLP 2, les concours d'entrée dans certaines grandes écoles, dans les IEP, dans la fonction publique territoriale, etc. Les étudiants de DEUG et de licence auront également intérêt à le consulter.

La présente édition tient compte de la modification apportée en 2001 à la lettre et à l'esprit des épreuves de l'agrégation de géographie[1]. Quelques sujets ont été introduits en fonction de ce changement, qu'il s'agisse de sujets entièrement nouveaux ou de sujets déjà traités dans les éditions antérieures et adaptés au nouveau libellé du programme.

Les sujets

Pour vous aider efficacement, nous avons pris le parti de traiter des sujets généraux, en introduisant le plus de diversité possible dans les choix que nous avons faits. **Beaucoup d'autres sujets peuvent être imaginés : faites-le et traitez-les ; il n'est pas de meilleur exercice préparatoire.**

Nous avons cherché à couvrir les grands compartiments de la géographie : population, villes, transports, industrie, agriculture, tourisme. Nous y avons ajouté des sujets transversaux (tourisme et climat en France…) et des sujets de comparaison (les grands estuaires français…). Certaines questions font appel à un large éventail de connaissances, d'autres sont volontairement plus restreints.

Les sujets ont été traités brièvement. Les exemples pour les illustrer devront être développés. Nous avons voulu avant tout vous fournir des pistes de réflexion et des types de plan. Enfin quelques sujets ont déjà été donnés à certains concours, tels quels ou sous une forme approchante.

Connaître la géographie de la France

Cela peut paraître le b.a.-ba. L'expérience des jurys montre que les connaissances sont souvent partielles et que certaines lacunes sont même ahurissantes. Alors, que faut-il savoir ?

• En premier lieu – et certains d'entre vous ne trouveront peut-être pas cela évident – il faut connaître les localisations avec le plus de précision possible (p. ex. le site initial de Rouen sur la rive droite de la Seine, hors des inondations, les gorges du Tarn entre le Causse de Sauveterre au nord et le Causse Méjean au sud). Un jury sera très défavorablement impressionné par des erreurs grossières. On a vu, il y a quelques années, à propos d'un sujet sur les vallées des grands fleuves français, la Seine se jeter dans l'Atlantique à Nantes et la Garonne venir quelque part gonfler le cours du Rhône ! **Dans des cas comme ceux-ci, le verdict est immédiat et définitif.**

1. V. Bulletin officiel n° 12 du 22 mars 2001.

Cette connaissance des lieux ne s'acquiert que par une longue pratique et une parfaite assimilation des ouvrages de base, par l'examen soutenu des cartes et par la consultation incessante des atlas.

• En second lieu, il faut être imprégné des grands problèmes contemporains (l'OMC, la PAC, etc.), ainsi que de l'action des pouvoirs publics (p. ex. la loi littoral ou la loi montagne), des entreprises (telle implantation, telle fusion et... telle faillite), des groupes de pression, etc. Il faut aussi – et cette constatation découle de ce qui précède – pouvoir développer des exemples précis à l'appui des démonstrations, exemples qui seront pour la plupart issus des connaissances que vous aurez acquises par vos lectures ; il n'est pas interdit de faire état de connaissances tirées de votre propre expérience.

Bien sûr, tout ce qui précède n'a de sens que si vous maîtrisez parfaitement la géographie elle-même, dans tous ses compartiments.

Dresser des cartes et des graphiques

Le texte officiel qui touche à l'épreuve écrite de géographie des territoires (agrégation de géographie) insiste sur la nécessité d'une illustration graphique : **« La réalisation de carte(s) et/ou de croquis est un élément important d'appréciation »**. Il est applicable à tous les autres concours. Il faut présenter une iconographie riche, variée, à toutes les échelles. Une ou, mieux, plusieurs cartes précises, claires, bien dessinées ainsi que des croquis explicites sont des atouts certains pour engranger quelques points supplémentaires. Comment faire ?

Notre volonté a été de présenter au moins une illustration par sujet. Il s'agit pour l'essentiel de cartes faites à main levée et reproduites telles quelles, afin que vous puissiez vous rendre compte de ce qu'il est possible de faire. Nous n'avons pas non plus voulu harmoniser les cartes, pour laisser à chaque auteur son style personnel. Pour des raisons techniques, nous avons dû nous limiter à des figures en noir et blanc. Le jour de l'épreuve, utilisez avec discernement la couleur, qui facilitera grandement la réalisation des illustrations (vous aurez acquis la maîtrise de la carte en illustrant les sujets que vous aurez imaginés et traités au cours de votre préparation).

Pour réussir une carte, il faut obéir à plusieurs impératifs simples.

1 – Ne pas attendre les dix dernières minutes de l'épreuve pour bâcler une carte. **Le meilleur moment pour réaliser l'illustration est entre l'achèvement du plan et le début de la rédaction de la dissertation**.

2 – Donner **un titre** au document et, s'il s'agit d'une carte, **une échelle graphique**.

3 – La carte doit être lisible : il ne faut pas la surcharger.

4 – Représenter les cinq ou six faits essentiels et établir **une légende ordonnée, logique**.

5 – Les faits à représenter se dégagent généralement du plan.

6 – **Les hiérarchies entre les faits** représentés doivent être respectées (p. ex. la population des villes doit être représentée par des signes suggérant **des ordres de grandeur**).

Si vous avez du mal à intégrer un phénomène dans une carte générale, n'hésitez pas à dresser une carte particulière, éventuellement à une autre échelle.

Dissertation : la forme

Même si cela a été dit et répété cent fois, nous n'hésitons pas à dire et redire qu'une présentation matérielle soignée est indispensable. Une copie difficile à déchiffrer indispose le correcteur le mieux intentionné.

Attention à la qualité de l'expression, orthographe comprise ! Soyez le plus clair possible, en privilégiant les phrases courtes ; mais bannissez le style télégraphique. Évitez le jargon et n'abusez pas des néologismes ; certains toutefois sont d'un usage courant dans les ouvrages et les revues de géographie (p. ex. centralité, artificialisation, enfrichement). En cas de nécessité, ayez recours aux guillemets (p. ex. la « littoralisation » des industries du Nord).

Annoncez chaque partie de votre dissertation par un titre ; évitez de le faire pour les sous-parties : nous ne l'avons fait que dans le but de faciliter votre lecture. Soignez attentivement les transitions entre les parties ; ainsi votre rédaction se déroulera aisément.

Dissertation : le fond

Pour chaque sujet, plusieurs plans peuvent, en général, être adoptés, pourvu qu'ils soient justifiés et cohérents, pourvu aussi que tout au long du développement, vous en suiviez rigoureusement les articulations, telles que vous les aurez annoncées.

L'introduction est un moment capital. Elle doit permettre au lecteur de voir si vous avez compris le sujet, dont vous aurez fait une analyse. Expliquez que vous allez développer ceci et exclure cela (p. ex. dans le devoir sur les grands estuaires français, ceux de la Somme et de l'Adour ne sont pas retenus, parce que ce ne sont pas de grands estuaires). L'introduction permet, enfin, d'énoncer **une problématique**, qui doit être présentée clairement, éventuellement sous forme de question(s).

Dans **le corps du développement**, si votre plan est bon, vous éviterez tout naturellement les redites, les retours en arrière et, pire, les coq-à-l'âne.

Multipliez **les exemples précis** à l'appui de ce que vous affirmez et de ce que vous voulez démontrer.

Si le sujet le permet, n'hésitez pas à présenter **une typologie**, qui, en outre, vous offrira l'opportunité de développer des exemples.

La conclusion doit vous permettre d'abord et surtout de répondre aux questions que l'énoncé de la problématique vous a amené à poser dans l'introduction. Elle peut aussi être l'occasion d'une ouverture vers d'autres sujets et vers d'autres territoires que celui de la France. C'est d'ailleurs une obligation à l'agrégation de géographie.

Vos lectures : quelques ouvrages fondamentaux

Voici les références de **quelques ouvrages récents que vous allez devoir lire, relire et assimiler**.

Ouvrages généraux sur la France

CHEIZE (R.), *La France*, coll. « Prépas », A. Colin, 1996.

DAMETTE (J.), SCHEIBLING (J.), *La France, permanences et mutations*, coll. « Carré Géographie », Hachette, 1995.

LERAT (S.), FROMENT (R.), *La France*, Bréal, 1996.

NOIN (D.), *L'Espace français*, A. Colin, 1996.

PINCHEMEL (P.), *La France*, A. Colin, 1994.

PITTE (J.-R.), *La France*, Nathan, 1996.

Ouvrages sur la géographie économique de la France

BALESTE (M.), *L'Économie française*, A. Colin, 1995.

GERVAISE (Y.) *et al.*, *Le Nouvel Espace économique français*, PUF, 1997.

TUR (J.-J.), *Géographie économique et humaine de la France*, Ellipses, 1994.

Ouvrages sur les régions françaises
BALESTE (M.) *et al.*, *La France : 22 régions de programme*, Masson, 1996.
BRUNET (R.), *Territoires de France et d'Europe*, Belin, 1997.
ESTIENNE (P.), *Les régions françaises*, Masson, 1996.
GAMBLIN (A.), dir., *La France dans ses régions*, SEDES, 1997.
PIERCY (P.), *La France. Le fait régional*, coll. « Carré Géographie », Hachette, 1997.

Tous ces ouvrages fournissent des bibliographies détaillées auxquelles vous devez vous reporter, ainsi qu'à celles publiées dans la revue *Historiens et Géographes*.

Les personnes âgées en France

Le sujet pose un problème de définition. On considérera comme âgée toute personne ayant 60 ans révolus, donc susceptible de prendre sa retraite. Cela implique que nombre de personnes âgées continuent, pendant un temps plus ou moins long, à exercer une activité professionnelle ; à l'inverse, d'autres – que nous excluons du sujet – bénéficient d'une retraite ou d'une préretraite avant d'atteindre l'âge fatidique.

La tranche d'âges des 60 ans et plus, appelée par commodité le troisième âge (par opposition aux jeunes de moins de 20 ans et aux adultes qui constituent l'essentiel de la population active), a depuis longtemps été fortement représentée dans la pyramide des âges française. En effet, la France a été le premier pays au monde où ce phénomène s'est manifesté et a été ressenti en tant que tel. C'est pour lutter contre le vieillissement et ses effets que la France est devenue un grand pays d'immigration.

Aujourd'hui, notre pays a perdu une grande partie de ce qui faisait sa singularité en matière démographique. Pour toutes sortes de raisons cumulées (les principales étant le recul de la natalité, les progrès médicaux et l'amélioration des conditions de vie), le poids du troisième âge s'alourdit considérablement et il n'est plus question de l'analyser simplement. En effet, le « continent gris » n'est plus monolithique et l'on doit, pour le moins, distinguer le « troisième » du « quatrième âge » qui est celui de la dépendance.

De toute façon, l'accroissement par le haut de la pyramide des âges ne va pas sans poser de multiples problèmes, que ce soit au niveau national ou régional. Les implications de tous ordres – entre autres démographique, économique et social – sont multiples et vont bien au-delà du simple problème de l'alimentation des caisses de retraite.

Nous traiterons donc le sujet en trois parties :

- les caractères démographiques de la population âgée ;
- les enjeux et les conséquences du vieillissement de la population ;
- l'appréciation des phénomènes dans un cadre régional.

1. La population âgée, ou le « papy boom »

Le recensement de 1999 a permis de vérifier que le poids des personnes âgées était sans cesse plus important. C'est ainsi qu'au lendemain de la dernière guerre, les 65 ans et plus représentaient 11,2 % de la population française (contre environ 30 % pour les moins de 20 ans) ; en 1998, ils étaient 15,8 % et les moins de 20 ans seulement 25,7 %. De façon plus précise, la tranche d'âges des 60 ans et plus s'élève à 21,3 % de la population du pays alors que, dix années plus tôt, elle n'était que de 19,9 %. La part des 75 ans et plus est particulièrement importante : elle était de 7,1 % en 1990 et de 7,7 % (mais 9,6 % pour les femmes et 5,7 % pour les hommes) en 1999. En valeur absolue, on dénombre donc plus de 12 millions de personnes âgées sur notre territoire dont près de 1,2 sont en état de dépendance.

Cette évolution sous-tend, entre autres, trois phénomènes d'importance inégale.

1.1. Le vieillissement historique précoce de la population et l'allongement de l'espérance de vie

En raison d'une dénatalité précoce qui s'est amorcée dès avant la Révolution française, la France est entrée tôt dans un processus de vieillissement – par opposition aux pays voisins comme l'Allemagne – qui a constitué une exception française. Pendant tout le XIXe siècle et jusqu'à la dernière guerre, le poids des populations âgées n'a cessé de s'alourdir pour, au moins, trois sortes de raisons cumulées :

- les pertes de la Première Guerre mondiale qui ont touché, essentiellement, les hommes jeunes, déséquilibrant le *sex ratio* et marquant durablement la pyramide des âges ;
- l'allongement de l'espérance de vie ;
- la chute du taux de natalité qui, singularité française, a été dépassé, à partir de 1936, en temps de paix, par le taux de mortalité.

Après la Seconde Guerre mondiale, le *baby boom* a contribué à redresser pendant un quart de siècle une situation d'ensemble qui a recommencé à se dégrader à partir des années soixante-dix. On assiste alors à un véritable « papy boom » : le pourcentage des personnes âgées dans l'ensemble de la population française se modifie lentement mais sûrement en leur faveur. On assiste aussi à un renforcement du haut de la pyramide des âges qui, si les tendances lourdes se poursuivent, va prendre la forme d'un rectangle dont la hauteur s'allonge à mesure que l'espérance de vie augmente.

On considère que trois « révolutions » successives sont la cause de cette évolution :

- l'utilisation massive des antibiotiques et les progrès en médecine périnatale ;
- les thérapies cardio-vasculaires ;
- la baisse de la mortalité adulte précoce, baisse due au traitement de plus en plus efficace des maladies dites de civilisation et du cancer.

Ces trois « révolutions » ont, pour le moins, trois conséquences.

Un formidable recul de la mortalité qui, en un demi-siècle, est passée de 13 à un peu plus de 9‰ en dépit de l'accroissement du pourcentage des personnes âgées. Par ailleurs, le nombre de décès n'a guère varié depuis 50 ans : on en comptait 534 000 en 1950 et seulement 524 000 en 1994 ; alors que la population française totale s'est accrue de 40 % et que le nombre des plus de 70 ans a été multiplié par deux.

L'espérance de vie n'a jamais été aussi longue et elle s'est allongée considérablement dans les dernières décennies. En 1999, l'espérance de vie en France métropolitaine s'élevait à 78 ans (comme en Italie, en Espagne ou aux Pays-Bas). Rares sont, au monde, les pays qui font mieux, comme la Suède (79 ans) et surtout le Japon (81 ans). La plupart des pays développés sont moins bien placés : l'Allemagne, le Royaume-Uni et les États-Unis se situent à 77 ans. On se place donc très haut par rapport aux pays qui occupent la queue du peloton, comme l'Éthiopie (42 ans).

1.2. Le déséquilibre du sex-ratio des personnes âgées

En 1998, l'espérance de vie des femmes s'élevait à 82,2 ans alors que celle des hommes n'atteignait que 74,6 ans. Ce déséquilibre est ancien. Nombre de facteurs sont généralement avancés pour expliquer le phénomène : entre autres, les guerres, les accidents du travail et de la route et l'alcoolisme. Ces facteurs ont contribué, depuis longtemps, à maintenir plus fournie la part des populations âgées féminines. Ce qui est intéressant, c'est de noter les évolutions.

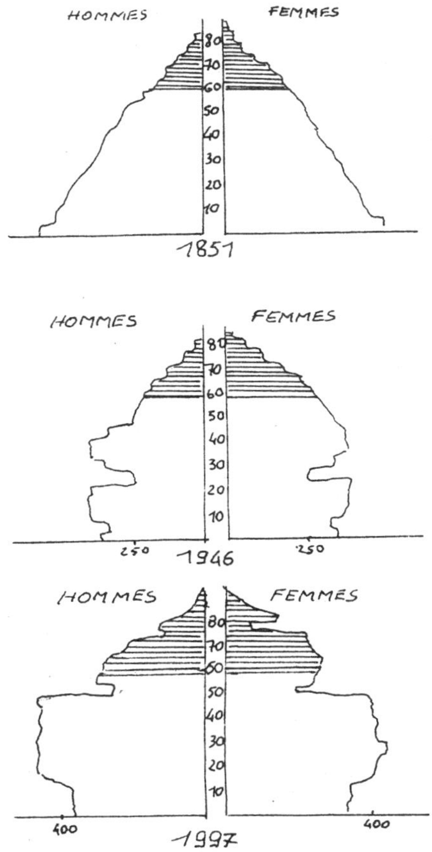

DÉFORMATION DU PROFIL DE LA PYRAMIDE DES AGES FRANÇAISE

: population âgée de 60 ans et plus

Pendant longtemps, en dépit de toute attente, on a assisté à une aggravation des inégalités qui s'est traduite par un creusement de l'écart entre les espérances de vie des femmes et des hommes. Alors qu'au début du siècle, l'écart en faveur des femmes était de trois ans environ, il atteignait, à la fin des années quatre-vingt, 8,2 ans. Actuellement, 68 et 86 % des décès masculins et féminins interviennent après l'âge de 70 ans, dans l'après-guerre, ils étaient respectivement de 36 et 50 %. C'est la plus forte différence de longévité enregistrée dans le monde occidental.

Mais, depuis lors, il semble que la réduction, longtemps attendue, soit en cours : la différence n'est plus que de 7,6 ans. En seulement 5 années, de 1993 à 1998, les hommes ont gagné 1,3 année d'espérance de vie contre 0,5 an pour les femmes. Si bien, qu'en 1998, les espérances de vie respectives étaient de 74,6 et 82,2 ans. Il semble que l'accès progressif des femmes à des activités naguère masculines et l'homogénéisation des comportements (tabac, alcoolisme) soient responsables de cette évolution.

1.3. Le taux d'activité

En dépit de l'abaissement de l'âge à la retraite – la possibilité de prendre sa retraite à 60 ans a eu des conséquences importantes – nombre de personnes âgées poursuivent leur activité professionnelle au-delà de ce seuil. C'est ainsi que 20 % de la classe d'âges 60-65 ans – hommes et femmes confondues – exercent encore une activité professionnelle. Au-delà, le pourcentage chute rapidement : on ne note que 1 % d'actifs à partir de 70 ans.

Ces personnes actives après 60 ans sont essentiellement des non-salariés. Exploitants agricoles, commerçants, artisans, chefs d'entreprise constituent les gros bataillons des actifs âgés.

Ce poids sans cesse plus important des personnes âgées dans la population française et l'extrême hétérogénéité du « continent gris » devient un enjeu sociétal majeur dont les implications sont diverses.

2. Les enjeux et les conséquences

Il est loin le temps où l'arrivée dans le troisième âge impliquait, la plupart du temps, l'entrée, sinon dans le dénuement, tout au moins dans la pauvreté ou la gêne. Les lois sociales d'après-guerre – et d'abord celles de 1945 qui ont instauré la sécurité sociale et l'assurance vieillesse – ont nettement amélioré la situation matérielle des personnes âgées. Tant et si bien qu'actuellement les retraités constituent un groupe socialement extrêmement disparate et rien, sinon l'âge, ne rapproche les 10 % de personnes âgées (la plupart du temps des retraitées âgées) relevant du Fonds National de Solidarité, créé en 1956, des retraités, vivant en couple, cumulant plusieurs pensions et bénéficiant d'un patrimoine important constitué tout au long d'une vie active. De façon globale, on considère, précisément en raison des patrimoines, que la situation matérielle des retraités est meilleure que celle des actifs. Les plus favorisés étant les jeunes retraités qui ont bénéficié pleinement des Trente Glorieuses pour cotiser au maximum à leur caisse de retraite, qui ont constitué un patrimoine important et qui, en outre, profitent pleinement de la forte revalorisation des pensions. Il reste des îlots de pauvreté et c'est pour cela que le gouvernement est en train d'engager la réforme de l'aide aux personnes âgées : il s'agit d'une nouvelle allocation plus généreuse et plus étendue que l'actuelle prestation dépendance qui est destinée aux personnes qui se trouvent dans cet état.

Quoi qu'il en soit, le gonflement du « continent gris » globalement bien pourvu – disposant, surtout pour les jeunes retraités, à la fois du temps, de l'expérience et de capital – a des conséquences diverses et contradictoires. L'allongement de l'espérance de vie dilate le « quatrième âge » et cela a d'autres implications. Voyons celles d'entre elles qui nous paraissent les plus importantes :

2.1. La « question » des retraites

Le vieillissement de la population est lourd de menaces pour notre système de retraites et le dossier commence à empoisonner les rapports sociaux et intergénérations. En effet, le système actuel de financement des retraites dit « par répartition » traverse une période difficile et il est bien peu probable qu'il reste longtemps en l'état. Il implique, entre autres, une solidarité entre générations qui n'est jamais complètement acquise. Déjà, des évolutions vers le système dit « par capitalisation » sont observées et il n'est pas sûr que le modèle des fonds de pension à l'américaine puisse être complètement et définitivement rejeté.

Le dossier est explosif et plus d'un gouvernement a remis à plus tard la prise de mesures qui seront forcément impopulaires. Déjà, en 1993, les premières mesures, douloureuses pour les salariés du secteur privé, ont été adoptées en allongeant la durée des cotisations et en adoptant une formule moins avantageuse de calcul des retraites.

Ce n'est, à l'évidence, qu'un premier pas. L'arrivée à l'âge de la retraite, à partir de 2005, des enfants du « baby-boom » d'après-guerre va engendrer de vives tensions.

2.2. La détérioration continue du rapport actifs/retraités

Elle est préoccupante de façon générale. Elle l'est encore plus pour certaines catégories comme celle des agriculteurs, qui n'a pas adhéré, au lendemain de la guerre, au régime général des pensions et où l'on n'est pas loin de compter dix retraités ou préretraités pour un actif.

Cela pose en termes nouveaux la question de l'immigration de population étrangère non seulement pour pallier les besoins de main-d'œuvre, essentiellement en période de croissance, mais aussi… pour financer les caisses de retraite.

2.3. Le vieillissement et l'allongement de l'espérance de vie

Ils ont des conséquences multiples dans les domaines les plus variés :

• Il convient, par exemple, de concevoir de nouveaux logements appropriés, voire de nouveaux quartiers où sont résolues toutes les préoccupations des personnes âgées : sécurité sur tous les plans et présence de services spécifiques. Nombre de municipalités construisent des ensembles de logements du type « Jardins d'Arcadie » et mettent, parallèlement, en place des services du type repas à domicile.

• Nombre de services connaissent une embellie remarquable. Deux temps sont à distinguer favorisant deux types de services :

- le premier temps, celui des jeunes retraités – qui, souvent, disposent de revenus confortables – a provoqué un boom sur les agences de voyage. Par ailleurs, il s'agit de personnes susceptibles de dynamiser le secteur associatif ;
- le second temps est celui de la dépendance, qui intervient en général après 80 ans, et de la prise en charge des personnes âgées. Cela fait la fortune des maisons de retraite et des investisseurs dans ce secteur. Certaines spécialités, comme la gériatrie, font florès.

Ces enjeux et conséquences deviennent majeurs dans les régions et secteurs où le poids des personnes âgées est important soit en valeur absolue (dans ce cas, on note leur concentration dans certains espaces), soit en valeur relative (en raison, par exemple, du départ des populations jeunes).

3. Les disparités régionales

Le poids – en valeur relative et absolue – des personnes âgées est bien différent selon les régions et les départements. Il convient, aussi, d'opposer les villes et les campagnes.

3.1. Les disparités aux niveaux régional et départemental

Sur le plan strictement régional, on doit distinguer les régions les plus vieillies – par ordre décroissant, ce sont le Limousin, le Poitou-Charentes, l'Aquitaine et PACA où le poids des personnes âgées dépasse 20 % de la population totale – et les régions les plus jeunes : l'Île-de-France (de loin la région la plus jeune) suivie de la Picardie, l'Alsace et Rhône-Alpes.

Ces disparités régionales proviennent, en partie, des phénomènes de mobilité que l'on constate chez les personnes âgées. En effet, l'heure de la retraite se traduit assez souvent, en particulier avant 70 ans, par un changement du lieu de résidence. Ce sont les cadres qui déménagent le plus volontiers et les anciens agriculteurs le moins.

Les régions de départ sont souvent les plus urbanisées (surtout l'Île-de-France). En revanche, et c'est une des conséquences de l'exode rural, un migrant sur quatre regagne la région (ou la commune) dont il est originaire ; il s'installe alors, assez souvent, dans un canton rural. Cela contribue à vieillir les régions déjà vieilles comme le Limousin et la région Centre. Par ailleurs, l'héliotropisme joue en faveur des régions méridionales comme l'Aquitaine ou les régions méditerranéennes.

LA POPULATION AGEE EN FRANCE

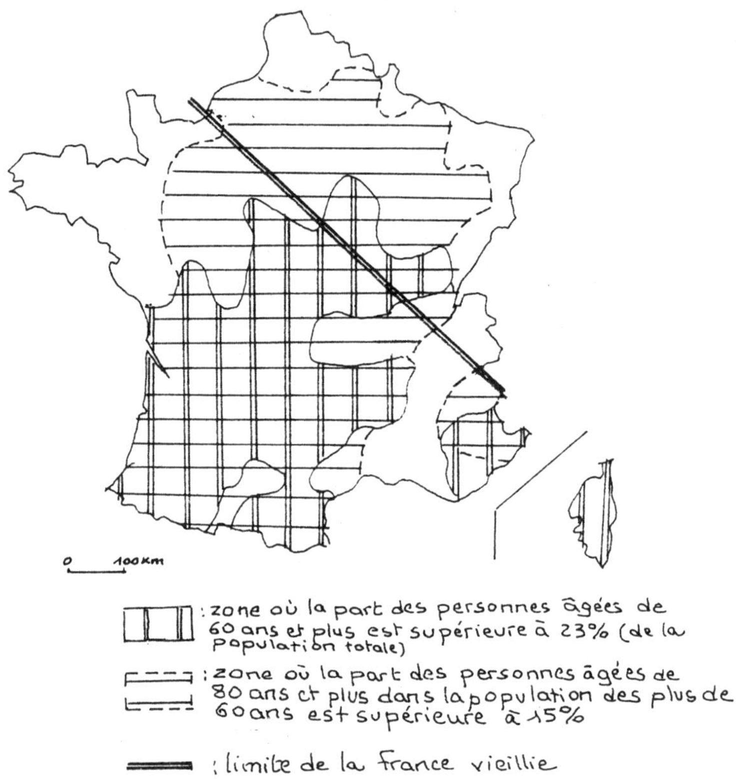

Le niveau départemental permet une analyse plus fine du phénomène : les départements les plus âgés sont, par ordre décroissant, la Creuse, l'Ariège et le Lot ; là, une personne au moins sur trois a plus de 60 ans. En revanche, ce sont les départements de l'Île-de-France, l'Oise et la Haute-Savoie qui comportent le pourcentage le plus faible de personnes âgées.

De façon plus générale, il convient d'opposer une France vieillie qui se situe, en presque totalité (car il y a des exceptions comme l'Ille-et-Vilaine, la Loire-Atlantique ou la Haute-Garonne) au Sud d'une ligne allant de Saint-Lô à Gap (de la Manche aux Hautes-Alpes), à une France plus jeune qui occupe l'essentiel des territoires qui se trouvent au nord de cette ligne. Dans la France vieillie, la tranche des plus de 60 ans représente presque toujours plus de 20 % de la population totale.

Si l'on considère seulement la part des 80 ans et plus dans la tranche d'âges des plus de 60 ans, on obtient une géographie sensiblement différente. En fait, on obtient la carte des régions où l'on vit le plus longtemps. Cette géographie recouvre les départements limousins, ceux de la région Centre, de l'Aquitaine et le département des Alpes-Maritimes. En ce qui concerne le pourcentage des centenaires (en France, il y a un peu plus de

5 centenaires pour 100 000 hab.), ils sont, relativement, les plus nombreux, par ordre décroissant, dans les départements de la Creuse et l'Ariège (plus de 18 centenaires/100 000 hab.) suivis de nombre de départements aquitains, pyrénéens et du Massif central.

3.2. Les oppositions villes-campagnes

Les contrastes villes-campagnes sont particulièrement marqués. Le vieillissement affecte principalement les zones rurales. De fait, peu nombreuses sont les régions rurales où les 60 ans et plus représentent moins de 20 % de la population. En réalité, dans de très vastes zones rurales – allant des Côtes d'Armor à la région PACA en passant par l'Aquitaine, les Pyrénées, le Massif central et la région Centre – plus d'un habitant sur quatre a 60 ans et plus.

Par contraste, ce sont les grandes villes – et, surtout, leurs banlieues – qui concentrent les jeunes : région parisienne, Nord – Pas-de-Calais, Haute-Normandie, Bouches-du-Rhône.

C'est donc en Limousin et en Creuse, département le plus rural du Limousin, que l'on enregistre des records (sur les plans national et international) de vieillissement. Celui-ci provient du cumul de nombre de causes : solde naturel depuis longtemps négatif, solde migratoire sans cesse négatif pour les jeunes, retour des personnes âgées (qui contribuent actuellement à rendre le solde migratoire positif).

Dans ce type de territoire, le vieillissement accusé de la population pose des problèmes particuliers. À court terme, le « continent gris » est source d'emplois et de richesses. C'est particulièrement le cas dans certains territoires, comme l'est du Limousin, où il a été implanté nombre de maisons de retraites jusque dans des communes minuscules comme Budelière. Ces maisons de retraite, lors de leur création, font véritablement « exploser » la population locale, sont fortement créatrices d'emplois et permettent de redresser les finances communales, auparavant exsangues, par la taxe professionnelle. Mais, à long terme, ce n'est pas sur cette classe d'âges qu'il faut compter pour relever le taux de natalité (!), ni pour trouver les capitaines d'industries dont ces régions rurales auraient besoin.

Conclusion

Si la France ne fait plus figure, en Union européenne tout au moins, de pays vieilli, le troisième âge – de mieux en mieux représenté et multiforme – pose des problèmes des plus divers qui vont tous aller en s'accentuant au cours de la décennie à venir. Étant donné que la pyramide des âges va se charger de plus en plus dans sa partie supérieure, c'est tout l'équilibre du pays qui se trouve posé non seulement en termes démographiques mais aussi économiques et sociaux.

Ne parlons pas de certains cantons ruraux dans les régions les plus vieillies comme le Limousin : la question de leur avenir démographique – et donc de leur existence même – se trouve posée à court terme.

Bibliographie

- Nombre de bulletins mensuels d'information de l'INED, par exemple, les n° 321, 327, 333, 341, 344, 353 et 356.

Étrangers et immigrés en France

Lors du recensement de 1990, les étrangers représentaient 6,3 % de la population totale du pays, pourcentage inférieur à celui de l'Allemagne (8,2 %) ou de la Belgique, mais supérieur à celui de presque tous les autres pays européens. Certes, ces chiffres sont à relativiser car, en France, il est beaucoup plus facile d'acquérir la nationalité française (et donc de disparaître des statistiques de population étrangère) qu'en Allemagne où le « droit du sang » s'impose toujours avec rigueur.

Quoi qu'il en soit, de façon récurrente et au gré de la conjoncture économique, le thème des étrangers et des immigrés suscite en France de vives polémiques. Le sujet est si sensible qu'il a pu devenir un thème majeur de campagne électorale. Pendant la crise des années trente, on accusait les étrangers de « manger le pain des Français ». Actuellement, on se demande si le modèle d'assimilation à la française n'est pas en panne ou si le processus d'intégration fonctionne toujours. Car la majorité des Français s'oppose au « communautarisme » à l'anglo-saxonne.

Mais, avant d'aller plus loin, il convient de définir rigoureusement les termes du sujet. Est étrangère toute personne qui n'est pas de nationalité française. En revanche, est recensée comme immigrée toute personne étrangère, née à l'étranger, résidant en France, mais qui a pu acquérir la nationalité française. Ainsi, en 1990, sur une population de 56,7 millions d'habitants, on dénombrait 3,6 millions d'étrangers (dont 2,9 millions nés hors de France). Sur 53,1 millions de Français, 1,3 millions étaient des immigrés (donc nés à l'étranger) qui avaient acquis la nationalité française. Ces Français issus de l'immigration ou ceux d'origine étrangère présentent une « allogénéïté » qui peut poser des problèmes dans la société française à l'instar de certains étrangers.

Ne confondons pas ces deux catégories de population – étrangers et immigrés – avec « la population d'origine étrangère », c'est-à-dire l'ensemble des personnes nées en France et ayant au moins un de leurs parents ou grands-parents immigré. On recense environ 10 millions de Français d'origine étrangère, mais cette catégorie de population n'entre pas dans le sujet. De même, il serait indécent de traiter de l'immigration des populations provenant des quatre DOM (voire des TOM) dans la mesure où il s'agit de Français. Par contre, si l'on veut étendre le sujet aux DOM, ce qui est tout à fait possible, il convient de traiter des Haïtiens dans les Antilles françaises ou des Brésiliens en Guyane.

Nous traiterons le sujet en trois parties. Dans la première, nous ferons un rapide historique des flux immigratoires et de leur importance. En seconde partie, nous caractériserons des populations étrangères et immigrées. Enfin, nous analyserons leur répartition sur le territoire français.

1. Les flux immigratoires

En raison de la singularité française du comportement démographique, caractérisée par la baisse du taux de natalité dès le XVIIIe siècle, des besoins en main-d'œuvre, et aussi à cause de sa réputation anciennement acquise de terre d'asile, la France devient, dès le XIXe siècle, un grand pays d'immigration. Deux périodes principales peuvent être distinguées.

1.1. Les flux anciens

Jusqu'à la Seconde Guerre mondiale, la France fait appel à une main-d'œuvre étrangère de proximité et, donc, essentiellement européenne. Le premier flux immigratoire important date de la première révolution industrielle en raison de la brutale augmentation des besoins en main-d'œuvre. Dès 1881, le nombre d'étrangers en France atteint le million, soit 2,7 % de la population totale du pays. Le nombre et le pourcentage d'étrangers croissent sérieusement dans les années précédant la Première Guerre mondiale, alors que l'Italie, par exemple, est touchée par une émigration massive, qui a pu dépasser 800 000 personnes en une seule année.

Après la saignée démographique du premier conflit mondial, la France fait massivement appel à l'immigration jusqu'à la grande crise économique de 1929. Au recensement de 1931, les étrangers constituent 6,6 % de la population totale et 7,4 % de la population active. À partir de 1932, en raison du chômage persistant et des manifestations anti-étrangères – ce sont alors les Italiens qui font les frais des mouvements d'humeur des nationaux –, la France prend des mesures pour inverser les flux migratoires. Ceci avec succès puisque, en 1936, les étrangers ne comptent plus que pour 5 % de la population totale et 6,1 % de la population active.

Jusqu'alors, les étrangers sont, dans leur immense majorité (au moins 90 %), des Européens. Au recensement de 1931, les Italiens constituent, de loin, le premier groupe (avec près de 30 % du total des étrangers), suivis des Polonais (près de 19 %), des Espagnols (13 %) et des Belges (9,3 %). Les Maghrébins ne représentent encore qu'un groupe infime (3,2 %) à égalité avec les populations originaires d'Asie. Enfin, certains groupes particuliers, comme des Arméniens, sont venus s'installer sur le territoire français à la suite du génocide de 1915 commis par les Turcs.

1.2. Les vagues postérieures à 1945

À partir de la fin de la Seconde Guerre mondiale, et en raison des énormes besoins en main-d'œuvre pour faire face à la reconstruction et au développement du pays, le mouvement immigratoire enfle considérablement et change progressivement de caractère.

Dans un premier temps et jusqu'au recensement de 1968, les étrangers d'origine européenne restent largement majoritaires (72,3 %) mais les nationalités évoluent. En effet, à partir du milieu des années cinquante, la France reçoit un flot d'Espagnols (premier groupe en 1968 avec 23,2 % de la population étrangère), puis une vague portugaise à partir de la seconde moitié des années soixante. P. George fait remarquer que le début de ces vagues migratoires euro-méditerranéennes coïncide paradoxalement avec le démarrage de l'économie de ces pays.

À partir du début des années soixante-dix, les étrangers d'origine européenne diminuent rapidement en nombre, de façon relative (il y a beaucoup de naturalisations) et absolue (le flux migratoire s'atténue), si bien qu'en 1990, ils ne représentent plus que 40,7 % de la population étrangère ; le premier groupe est portugais (18,1 % des étrangers). Notons qu'au maximum de la vague, la France a compté près d'un million de Portugais sur son territoire.

Ce qui est nouveau, c'est l'arrivée massive d'étrangers provenant de pays de plus en plus lointains. Ce sont d'abord les Maghrébins avec, en premier lieu, les Algériens (comptabilisés comme Français jusqu'en 1962), qui nourrissent les flux migratoires. On voit rapidement augmenter le nombre des Algériens jusqu'au début des années 80 (ils constituent alors près de 22 % de la population étrangère), puis leur nombre diminue. On assiste ensuite à la brusque montée en puissance du flux des Marocains (parti pratiquement de zéro en 1954, leur nombre égale presque celui des Algériens en 1990) et, secondairement, des Tunisiens. De sorte que l'ensemble des Maghrébins, qui ne fournissaient que 3,2 % de la population étrangère en 1931, passe à 12,9 % en 1954 et à 38,7 % en 1990.

PART DES ETRANGERS DANS LA POPULATION RÉGIONALE

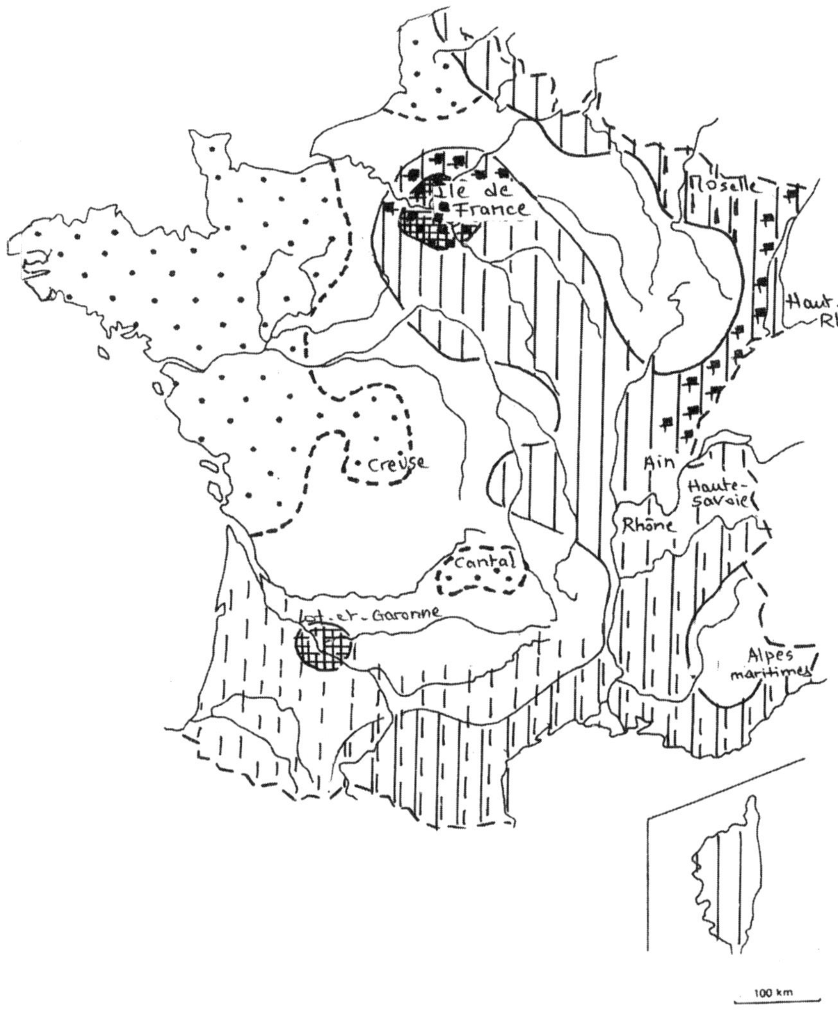

: zones où les étrangers constituent au moins 10% de la population

: zones où les étrangers représentent de 5 à 10% de la population

: zones où les étrangers sont les moins nombreux (moins de 2,5% de la population)

: zones où la part des étrangers a notablement diminué dans les 3 dernières décennies

: zones où la part des étrangers a considérablement augmenté au cours des 3 dernières décennies

De même, et surtout à partir des années soixante-dix, on voit arriver sur le territoire national un flot d'immigrés originaires de pays de plus en plus lointains : Afrique noire francophone et surtout Asie (pays de l'ex-Indochine, Turquie, pays du subcontinent indien).

Si bien qu'en 1990, Maghrébins, Asiatiques et Africains représentent près de 55 % des étrangers installés en France. Depuis la chute du rideau de fer, de nouveaux immigrés arrivent des pays d'Europe centrale et orientale (migrations d'origine économique et/ou politique).

Certes, à partir de 1975, en raison de l'apparition, puis de l'aggravation du chômage, l'augmentation du nombre d'étrangers se ralentit ; à partir de 1982, le mouvement s'inverse. Il n'en demeure pas moins que, sur la période 1962-1990, le nombre d'étrangers est passé de 2,16 M (soit 4,7 % de la population totale métropolitaine) à 3,6 M (6,3 %).

Cependant, à cause des mesures restrictives prises pour contenir les immigrants non originaires de la CEE, le nombre d'étrangers baisse en valeur relative. En même temps, la nature des immigrants se modifie. Jusqu'à la fin des années soixante, il s'agissait surtout de mouvements de travailleurs ; désormais, en raison des possibilités d'immigrer au titre du regroupement familial, la population étrangère se féminise et rajeunit.

Par ailleurs, alors que le nombre d'étrangers continue à croître (le flux annuel d'immigrants se situe présentement entre 100 000 et 150 000 personnes), on assiste, depuis le début des années quatre-vingt, à l'augmentation des naturalisations. Ainsi, au recensement de 1990, on dénombrait 780 000 Français par acquisition (3 % de la population), parmi lesquels 26 % nés en France. Depuis les années soixante, de 35 000 à 60 000 étrangers acquièrent annuellement la nationalité française. Jusqu'au début des années quatre-vingt, il s'agissait surtout de ressortissants européens (Italiens, Espagnols et Portugais). Ce groupe constituait, en 1990, 57 % des Français par acquisition. Désormais, le nombre de Portugais acquérant la nationalité française reste fort, mais la naturalisation est principalement acquise par des Maghrébins (surtout des Marocains) et des Asiatiques.

La population étrangère et immigrée est donc très hétérogène ; son comportement démographique et ses caractéristiques économiques et sociales ne le sont pas moins.

2. Caractères des populations étrangères et immigrées

2.1. Sur le plan démographique, quelques idées fortes doivent être dégagées

La répartition par âges des immigrés dépend essentiellement de l'ancienneté du courant migratoire. Certaines communautés, les Polonais ou les Arméniens, par exemple, ont vieilli et se sont fondues dans le paysage français. Il y a désormais très peu de jeunes immigrés d'origine européenne et la base de la pyramide des âges de ce groupe de populations est extrêmement étroite et se rétrécit encore : par exemple, la proportion de jeunes Portugais de moins de 20 ans dans l'effectif de la communauté portugaise a fondu en quelques années en passant de 20 à 5 %. À l'opposé, ce sont les communautés turque et marocaine qui comptent le plus de jeunes de moins de 20 ans. Ainsi, de façon globale, en raison du ralentissement des courants migratoires, la population étrangère et immigrée vieillit.

De façon plus générale, la structure par âges de la population étrangère se différencie de celle de la population française par une surreprésentation des adultes en âge de travailler et des enfants de moins de 15 ans. À partir de 65 ans, toutes les classes d'âges sont sous-représentées. Ces différences proviennent de la poursuite de l'arrivée d'adultes en âge de travailler et de procréer et au retour de certains retraités.

En dépit des regroupements familiaux, la population étrangère a un *sex ratio* qui continue à être déséquilibré en faveur des hommes. Cela est vrai pour toutes les tranches d'âges supérieures à 30-35 ans. Les distorsions du *sex ratio* restent encore fortes chez les Maghrébins, mais s'effacent pour les étrangers et immigrés d'origine européenne.

De façon particulière, le taux de fécondité des femmes étrangères est nettement supérieur à celui des Françaises, mais avec des différences notables. Ainsi, l'indice synthétique de fécondité (somme, pour une année donnée, des taux de fécondité à tous les âges de la procréation) était-il, en 1990, de 1,7 pour les Françaises et 2,8 pour les étrangères ; mais il n'était que de 1,4 pour les Italiennes, 1,5 pour les Espagnoles et 3,5 pour les Marocaines, 3,7 pour les Turques et 4,8 pour les Africaines noires francophones. C'est dans les ménages d'étrangers qu'il faut rechercher les familles nombreuses : ainsi presque 40 % des couples qui, en France, ont au moins 4 enfants et 67 % des familles ayant au moins 6 enfants sont composés de deux étrangers.

En règle générale, la fécondité des étrangères baisse sur le sol français et reste intermédiaire entre celle des Françaises et celle des femmes du pays d'origine.

2.2. Sur le plan économique, il convient de dégager quelques faits importants

Le taux d'activité des étrangers se rapproche, désormais, de celui des Français, même s'il subsiste des différences. Ainsi, les travailleurs étrangers ont tendance à prendre plus tard leur retraite que les Français ; le taux d'activité des étrangères est nettement moins élevé que celui des Françaises, quelle que soit la tranche d'âge (ceci est particulièrement vrai pour les Maghrébines).

En ce qui concerne la place des étrangers dans l'économie et la hiérarchie sociale, il faut insister sur le fait qu'ils sont surreprésentés (et donc au bas de l'échelle sociale) dans les métiers les moins qualifiés de l'industrie, du bâtiment ou des services directs aux particuliers. En 1990, sur 1,62 M d'actifs étrangers, près de 70 % étaient des ouvriers, majoritairement non qualifiés, des salariés agricoles (surtout des Espagnols et des Maghrébins) et du personnel de service. En revanche, peu nombreux sont les étrangers occupant un poste de cadre ou une profession intellectuelle supérieure.

Ceci s'inscrit dans la tradition française qui a systématiquement recours à la main-d'œuvre étrangère soit, comme autrefois, pour pallier les manques d'effectifs dus à la crise démographique, soit, comme aujourd'hui, pour pourvoir aux emplois les moins valorisants, qui n'intéressent plus les Français. C'est là la raison essentielle de la poursuite des flux migratoires : la main-d'œuvre étrangère occupe nombre de postes délaissés par les Français.

Cependant, on note, avec le temps, à la fois une tertiarisation et une élévation des niveaux de vie qui se traduisent par une ascension dans l'échelle sociale. C'est déjà le cas pour les immigrés anciennement installés : ainsi, les Italiens sont, de façon relative, plus nombreux que les Français dans la catégorie des artisans, commerçants et chefs d'entreprise. Les Maghrébins rattrapent leur retard grâce au petit commerce et à la restauration. Par contre, les Turcs restent majoritairement employés dans l'industrie, le bâtiment et la forêt et occupent les postes de travail les moins bien rémunérés.

2.3. Sur le plan social, qui découle des réalités économiques, deux faits, parmi d'autres, sont importants

1. Les ménages français gagnent, en moyenne, 36 % de plus que les ménages étrangers, mais, en raison de la dimension des familles, chaque Français dispose de 68 % de revenus en plus qu'un étranger. Là encore, il faut insister sur les énormes disparités

qui existent entre les ressortissants du nord de l'Union européenne (dont les revenus moyens sont supérieurs à ceux des Français) et celui des Marocains ou des Turcs qui se situent tout en bas de l'échelle sociale. Pour une part, ces écarts de revenus sont atténués par les lois sociales, si bien qu'en 1990, l'écart des revenus entre un ménage étranger et celui d'un Français n'excédait pas 14 %.

2. Les étrangers sont plus fortement touchés par le chômage que les Français. Globalement, en 1992, le taux de chômage s'élevait à 9,4 % pour les Français de naissance, mais à 13,8 % pour les Français par acquisition et 18,6 % pour les étrangers. De façon plus particulière, ce sont les Maghrébins et autres Africains qui sont les plus atteints par le chômage (le taux va de 27 à 34 %) et surtout les jeunes ; un jeune Maghrébin en âge de travailler sur deux est à la recherche d'un emploi.

Or, ces questions d'emploi sont, aujourd'hui, à la base de bien des problèmes. Ces derniers et surtout leur ampleur, dépendent donc fortement de la répartition régionale des populations étrangères et immigrées.

3. La répartition des populations étrangères et immigrées sur le territoire national

De la plus ou moins grande concentration des étrangers et immigrés dans les populations d'accueil dépend, pour partie au moins, la facilité de leur intégration ou, au contraire, l'émergence de malaises et malentendus.

De façon globale, le taux de population étrangère s'est accru d'un tiers environ en une trentaine d'années passant de 4,7 % en 1962 à 6,3 % en 1990. Cette augmentation n'est pas, par elle-même, un problème ni une source de difficultés. En revanche, et les problèmes viennent de là, on a assisté à une concentration relative de ces populations étrangères dans certains départements, certaines villes et certains quartiers. En règle générale, on observe une diminution sensible des étrangers dans les zones rurales et une concentration dans les régions urbanisées et, tout spécialement, dans les grandes villes : en 1990, plus des deux tiers des étrangers résidaient dans des communes de plus de 100 000 habitants. Les étrangers ne représentaient alors que 2 % de la population rurale, mais 7 % de celle des villes de plus de 200 000 habitants et 14 % des habitants de l'agglomération parisienne.

De fait, seuls dix départements présentent des taux élevés de population étrangère. Tout d'abord, les départements de l'Île-de-France regroupent plus de 38 % des étrangers résidant en France. Le Rhône, l'Ain, le Nord, le Nord-Est et la façade méditerranéenne sont aussi fortement marqués par la présence des étrangers.

Si l'on étudie le cas particulier de l'Île-de-France, entre 1880 et 1990, le nombre d'étrangers est passé de près de 27 % des étrangers installés en France, à plus de 38 %. C'est là que la population étrangère hors Union européenne est la plus forte, surtout à Paris et dans les départements de la petite couronne comme la Seine-Saint-Denis. Dans ce département, en 30 ans, le nombre d'étrangers a doublé ; dans les autres départements, il a triplé ou quadruplé. Les étrangers sont particulièrement nombreux dans certaines banlieues dites sensibles et plus précisément dans des quartiers qualifiés de prioritaires : plus de 500 quartiers de ce type, fortement marqués par une urbanisation sous la forme de grands ensembles, ont été recensés en France, dont 96 en Île-de-France. À Paris même, des quartiers ethniques se sont constitués comme à Belleville ou dans le *chinatown* du XIIIe arrondissement.

Un autre secteur a connu une forte augmentation du nombre d'étrangers : l'Alsace et les secteurs frontaliers de la Suisse. Les étrangers ne dépassaient pas 2,5 % de la population du Bas-Rhin ou du Jura il y a 30 ans et n'atteignaient pas 5 % dans le Haut-Rhin et le Doubs. Désormais, ils dépassent 5 % partout et peuvent localement arriver à 10 %. Cela explique certainement le succès du Front National dans les deux départements alsaciens.

À l'inverse, certaines régions n'ont jamais attiré beaucoup d'étrangers et leur part oscille entre 1 et 2 % de la population des régions comme la Bretagne, les Pays de la Loire, le Poitou-Charentes et la Basse-Normandie. Cela ne signifie pas qu'il n'y ait pas de problèmes, même dans les zones les plus rurales : ainsi, en Limousin, la concentration des travailleurs turcs dans les métiers de la forêt a pu générer des incidents violents qui ont défrayé la chronique.

Notons enfin que, dans bien des régions, la part des étrangers a diminué. C'est le cas de nombre de départements du Sud et du Sud-Ouest qui ont attiré de façon préférentielle les Italiens et les Espagnols. Ceux-ci ont même marqué la vie des campagnes en contribuant à pérenniser, voire un temps fortifier le métayage. L'intégration de ces communautés est maintenant pratiquement achevée et le nombre d'étrangers a sensiblement diminué. Il en va de même dans certaines régions anciennement industrialisées qui ont connu une sévère désindustrialisation comme la Lorraine sidérurgique ou le bassin minier du Nord.

Conclusion

La France, pays traditionnel d'immigration, a réalisé jusqu'à présent un authentique *melting pot* (par opposition aux États-Unis où le communautarisme est de rigueur), qui a abouti à l'assimilation, ou tout au moins à l'intégration, de vagues successives d'immigrés. Rien ne permet de dire que le processus soit en panne. Dans leur majorité, mais il y a des communautés qui font exception, les étrangers, y compris ceux dont la religion et la civilisation sont éloignées de celles des Français de souche, désirent ardemment s'intégrer. Il est clair que le taux actuel très élevé du chômage contribue grandement à ralentir ou compliquer une intégration que l'immense majorité des étrangers appelle de ses vœux. En revanche, l'émergence de figures prestigieuses d'origine étrangère dans le monde de l'art, des lettres ou du sport, voire de l'économie, et le rôle des enfants permettent d'envisager l'avenir de façon optimiste. Nul ne doit cependant oublier que l'intégration ne se réalise pas au niveau des communautés, mais au niveau individuel et que la différence provenant de son allogénéïté n'est une richesse pour la population d'accueil qu'après une intégration aussi poussée que possible.

Fragmentation, ségrégation, organisation de l'espace dans les grandes villes françaises

Depuis à peine plus d'un siècle, la croissance métropolitaine rapide a bouleversé de manière magistrale l'organisation spatiale des grandes villes françaises. Ce processus accompagne des mutations sociales et fonctionnelles et conduit à une redéfinition des espaces urbains, centraux et périphériques. Avec les tendances contemporaines au desserrement, une des qualités que l'on demande de plus en plus aux espaces urbains n'est pas l'originalité mais la flexibilité, afin de mieux s'adapter aux changements (Bastié, Dézert), c'est dans ce sens que leur organisation, qui reflète bien des tendances de la société et de l'économie françaises, est devenue un enjeu pour l'aménagement du territoire.

Cette évolution, qui s'inscrit dans un mouvement mondial de métropolisation, représente un volet des recompositions des espaces urbanisés dans les pays développés. La France apparaît, ici, dotée de caractères spécifiques qui la distinguent, en particulier, du modèle américain. La problématique suscitée par le sujet vise trois phénomènes qui concourent à définir l'espace urbain comme à la fois éclaté et unifié, soumis à l'effet de fragmentations et de spécialisations, complétées par une ségrégation sociale et spatiale. Loin d'être antinomiques, ces trois thèmes expriment l'évolution de l'organisation de l'espace urbain pour l'adapter à des fonctions précises, voire exclusives. Y a-t-il une lecture différente dans une métropole mondiale comme Paris et dans les grandes villes millionnaires en France ? S'agit-il de schémas reproductibles ailleurs, dans d'autres villes françaises ?

La première partie traitera des moteurs de changement dans la morphologie des grandes villes et des dynamiques à l'œuvre. Dans un deuxième temps, seront abordés les phénomènes de ségrégation, les fonctions et leurs effets sur les paysages urbains.

1. Morphologie urbaine et dynamique à l'œuvre dans les grandes villes françaises

L'accélération du processus d'urbanisation, de plus en plus étendu vers la périphérie des grandes villes, correspond à un phénomène général de desserrement urbain. Ses effets marquent à la fois les quartiers centraux – hypercentre – subissant des modifications profondes de leur contenu social et fonctionnel, comme de leur physionomie, et les banlieues, dont la restructuration est un fait majeur de l'organisation de l'espace urbain. En France, la morphologie des grandes villes a longtemps été polyfonctionnelle et hétérogène, elle tend aujourd'hui à s'uniformiser, au moins dans les périphéries, sous l'effet du cosmopolitisme.

Différents caractères modèlent la morphologie des grandes villes et s'appliquent à des degrés divers ; ils contribuent à singulariser les métropoles selon leurs spécificités régionales et, en même temps, à les distinguer du cas parisien.

1.1. La fragmentation du tissu urbain : à la fois visuelle et fonctionnelle

Les ruptures physiques, souvent à l'origine du site de la ville, créent des contraintes gênant la continuité du bâti : fleuve – d'où un effet rive droite/rive gauche – vallée large ou encaissée, collines, accidents topographiques, autant d'obstacles qui se lisent dans la morphologie urbaine. À Lyon, l'urbanisation originelle, en rive droite de la Saône, au pied de la colline de Fourvière, reste, aujourd'hui encore, un élément de fragmentation physique de l'urbanisation centrale. Butant, au nord-ouest, sur les hauteurs du Mont-d'Or, la ville s'est développée dans la presqu'île, sur la colline de la Croix Rousse, puis au-delà du Rhône vers l'est. D'autres ruptures physiques contribuent à fragmenter la morphologie urbaine : le noyau central de Lille est édifié sur des alluvions spongieuses d'anciens marais. On a remédié à cette contrainte en utilisant des pieux pour asseoir les fondations. À Marseille, les obstacles créés par la chaîne de l'Étoile, au nord, de Saint-Cyr, au sud, de l'Estaque, à l'ouest, gênent l'extension de la ville. Les coulées urbaines – accompagnant les axes de circulation – se glissent alors entre les hauteurs et se distribuent vers Marignane, entre la Nerthe et l'Étoile, ainsi que vers Aix et Toulon en suivant les passages naturels.

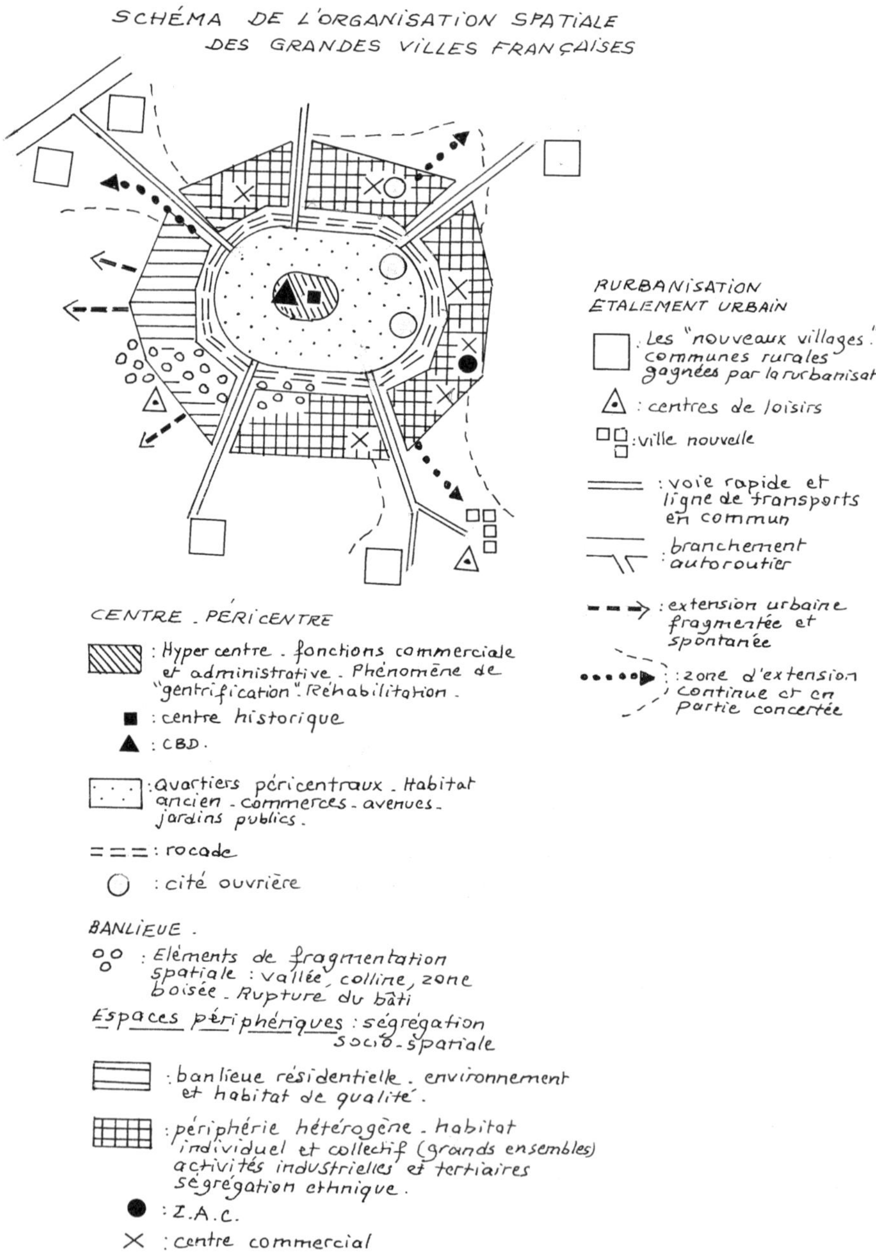

De même, les fissures et les discontinuités peuvent être dues à l'influence d'autres noyaux urbains, à la périphérie, ou bien au contact avec l'espace rural : une zone forestière, un parcellaire de cultures maraîchères, la rencontre de deux « fronts » d'urbanisation – comme dans la conurbation lilloise – coïncident parfois avec une rupture de la nappe d'urbanisation. En bordure de l'agglomération parisienne, le bois de Boulogne, à l'ouest, et le bois de Vincennes, à l'est, sont des éléments de discontinuité qui interrompent, localement, la coulée urbaine. Dans le Paris intra-muros, la vallée de la Seine et, originellement, l'île Saint-Louis et l'île de la Cité ont pu, temporairement, bloquer l'urbanisation. La fragmentation physique n'existe plus mais, par contre, entre rive droite et rive gauche de la Seine existe une rupture fonctionnelle qui caractérise le tissu parisien central. Autre exemple, vers l'est lyonnais, zone amphibie (le Rhône sauvage), avec l'assèchement des marais (endiguement par le canal de Jonage) et la platitude de la topographie, l'urbanisation a, très rapidement, colonisé l'espace (Vaulx-en-Velin). Ici, la maîtrise de l'eau a eu raison d'un obstacle naturel agissant comme une rupture majeure pour l'étalement de l'agglomération.

La fragmentation fonctionnelle est plutôt imposée par des causes économiques. Les « frontières » de l'espace urbain vécu, limites mentales, sont mouvantes et suivent généralement les migrations des fonctions urbaines. À Marseille, les friches portuaires du quartier de la Joliette créent une discontinuité que les politiques d'aménagement en cours tentent de réduire avec la réhabilitation des Docks (opération EuroMéditerranée). Les opérations engagées devraient permettre de relier des quartiers auparavant fractionnés. En effet, la percée de l'avenue de la République, sous le second Empire, était une opération urbanistique visant à relier la Joliette au Vieux Port. Or, elle n'a jamais joué son rôle et occasionne, en réalité, une fracture fonctionnelle dans la ville.

ZUP, ZAC et autres formes nouvelles d'urbanisation hors la ville subissent aussi les effets de coupures urbaines : voies de chemin de fer, rocades, autoroutes sont autant d'éléments de fragmentation qui interrompent les relations et peuvent marginaliser certains quartiers ; à Lyon, l'A6 qui traverse le centre-ville laisse à l'écart les banlieues de Vaulx-en-Velin à Saint-Fons.

1.2. L'étalement de l'urbanisation : *urban sprawl*

Il est l'effet du processus de desserrement urbain, lui-même dû aux exigences résidentielles et à celles de l'automobile. Le développement de voies d'accès rapides et la contraction espace/temps pour les transports quotidiens, ont engendré un remodelage important de la morphologie urbaine ainsi que l'agrandissement de l'espace urbain vécu. Dans les grandes villes, c'est un fait significatif commandé par la mobilité spatiale journalière, celle des Franciliens, par exemple, entre les espaces centraux, où sont concentrés les emplois, et les banlieues résidentielles.

Le conditionnement de l'étalement urbain aux capacités des infrastructures de transports rapides fut d'abord un mouvement spontané. La distance moyenne domicile-travail n'a cessé de s'allonger, passant de 7,4 à 11,5 km entre 1975 et 1990. Face à la congestion des axes de circulation, les politiques d'aménagement ont pris en compte ce phénomène de manière à orienter les extensions futures. L'amélioration des réseaux collectifs et des voies rapides a permis de stabiliser les temps de trajet. Toutefois ces résultats, parfois tardifs, sont efficaces : Vénissieux (Lyon) desservi par le métro, La Courneuve, par le tramway.

L'étalement de l'urbanisation, avec pour corollaire, la crise des centres-villes, se manifeste aussi par des faits sociaux : la quête de logements individuels, comme le souci d'une certaine qualité de vie conduisent au développement de quartiers résidentiels de plus en plus loin vers les périphéries, en raison du moindre coût du foncier. À différentes échelles, ce processus structure une autre morphologie urbaine.

Effet de politiques d'aménagement urbain, la création de quartiers *ex nihilo*, de type ZAC, contribue aussi à diversifier le tissu urbain. Programme plus ambitieux, pour limiter l'engorgement des villes, l'édification concertée de villes nouvelles – au cours des années 1965-1970 – complète le processus d'étalement : les *suburbia* (banlieues et villes nouvelles) composent de nouvelles formes de morphologie urbaine et engendrent d'autres modes de fonctionnement. Tel est le cas de l'Isle-d'Abeau (Lyon) ou de Villeneuve-d'Ascq (Lille), censées rééquilibrer l'espace métropolitain. Les cinq villes nouvelles parisiennes, prévues par le Schéma directeur de 1965, avaient pour but de contrecarrer l'évolution spontanée radio-concentrique parisienne : sorte de modèle « spatial tangentiel », à l'origine d'un paysage urbain moderne (logements, services, activités, desserte de transports) avec un objectif de population.

1.3. La permanence de clivages spatiaux

La division spatiale est activée par d'autres processus. Auparavant, les coupures, au sein du périmètre des agglomérations, étaient engendrées par la présence de quartiers et de banlieues industrialisés : dans la conurbation lilloise, les *courées*, caractéristiques de l'habitat ouvrier, étaient plutôt localisées *intra muros* à Roubaix et Tourcoing. Le tissu urbain lyonnais était ainsi structuré par les quartiers ouvriers du centre (La Croix Rousse, quartier des « canuts », les Brotteaux) et des périphéries industrielles au sud (Gerland, Saint-Fons) ou à l'est (Villeurbanne). Les politiques d'aménagement actuelles, animées par des mobiles sociaux (réduire les inégalités) et fonctionnelles (vitaliser les « marges »), s'appliquent à « lisser » les caractères de l'urbanisation : les interstices laissés vacants dans les centres-villes – en raison du glissement d'activités industrielles vers l'extérieur ou de périmètres de réhabilitation du bâti – sont réaffectés par des programmes de rénovation de l'habitat, d'implantation de services (centre d'affaires de la Part-Dieu à Lyon) et de conversion d'anciens sites industriels (Lille). Les clivages actuels prennent alors un autre sens, celui d'une ségrégation socio-spatiale qui redessine d'autres formes du paysage urbain dans les grandes villes.

2. Ségrégation, fonctions et paysages urbains

Parmi les aspects les plus contemporains de la division de l'espace urbain, la distribution de la population, selon modes de vie, appartenance sociale, ethnique, voire religieuse et niveau de revenus, s'effectue plus ou moins spontanément et marque les paysages urbains à toutes les échelles, du quartier, voire de l'immeuble, à l'espace urbanisé du centre ou de la périphérie.

2.1. La division sociale et division spatiale

La ségrégation socio-spatiale se lit d'abord dans la physionomie du quartier. Elle peut être à la fois horizontale – entre espaces centraux et faubourgs ou banlieues – et verticale, selon les caractères du bâti (logement sur rue, sur cour, dans les étages). Les étages « nobles » des immeubles haussmaniens étaient, en leur temps, l'expression d'une division socio-spatiale dans les centres des grandes villes. Dans un même quartier, au niveau de l'îlot, peuvent coexister des « poches » minoritaires aux caractères (ethnies, milieu social, âge) différents. On retrouve, aujourd'hui, de telles logiques, au sein même d'ensembles résidentiels collectifs des banlieues (y compris dans les ZAC) où s'exprime parfois une mixité sociale représentative des tendances contemporaines de réduction des inégalités. Toutefois l'imbrication de micro-espaces peut s'effectuer selon une composition sociale variée dans le même quartier, mais avec des pratiques urbaines différentes : on peut partager le même lieu mais vivre différemment sa ville ; tel est le cas de quartiers ethniques imbriqués dans des îlots urbains traditionnels : à Marseille, le quartier de Belsunce est un de ces micro-espaces ethniques imbriqués dans un ensemble urbain hétérogène où coexistent commerces traditionnels, commerces de type maghrébin (tissus, épiceries), habitat populaire et bourgeois, activités tertiaires (rénovation de l'Alcazar en bibliothèque multimédia). À Paris, la surconcentration d'immigrés a touché des quartiers bien différenciés. Si la ségrégation sociale à Paris, phénomène ancien, engendre une dissymétrie est-ouest, en ce qui concerne les concentrations ethniques, il faut distinguer diverses nuances d'échelle ; Belleville a pu concentrer jusqu'à 40 % de population immigrée du Maghreb, selon les îlots, la Goutte d'Or rassemble des Africains, souvent en attente de logements en banlieue, alors que les Asiatiques se sont installés pour vivre et pour travailler dans le *chinatown* du 13e arrondissement.

Entre les banlieues, par ailleurs, existent d'importants contrastes sociaux. En fait, en France, la ségrégation sociale est plus ou moins continue et reste plutôt sectorielle. Les banlieues françaises ne sont pas des ghettos. Il faut se garder d'une interprétation « américaine » du terme, qui s'applique à des territoires à forte homogénéité ethnique, c'est-à-dire où il y a quasi-absence d'une population autochtone. Dans les villes françaises, il s'agit davantage d'une mosaïque ethnique associée à une part de population autochtone. C'est là un aspect important pour comprendre l'organisation fonctionnelle des villes. L'existence de communautés résidentielles traduit la distance sociale et peut s'ouvrir vers des réflexes de communautarisme : les banlieues « sensibles » en sont l'expression (Val Fourré à Mantes-la-Jolie, les 4 000 à La Courneuve, Vaulx-en-Velin à l'est de Lyon). Inversement, pour des raisons sécuritaires, émerge une tendance à clôturer des secteurs résidentiels : les quartiers privés (*gated communities*) sont encore peu répandus dans les grandes villes françaises mais, dans les banlieues aisées (Collonges-au-Mont-d'Or, Saint-Cyr-au-Mont-d'Or, à l'ouest de Lyon) ou les « nouveaux villages » (rurbanisation à la périphérie parisienne), l'environnement boisé et la qualité paysagère restent des « barrières » à l'extension d'un habitat social.

2.2. Ségrégation démographique et fonctionnelle

La taille des ménages et les contraintes de logement entraînent une ségrégation démographique. Les plus vastes logements étant généralement construits dans des quartiers récents, à la périphérie, on assiste à un glissement de la population des centres-villes vers les banlieues où ne sévit pas la crise du logement et où le prix du loyer (ou du foncier) est moins élevé. D'où une sorte de discrimination sociale et démographique selon la taille des familles. La concentration d'immigrés dans les banlieues, selon ce principe, reste un fait constant : après une première installation dans des quartiers insalubres des centres, ils se déplacent ensuite vers les grands ensembles de périphérie.

À cette tendance, née de contraintes sociales et économiques (faibles revenus), s'ajoutent d'autres formes de clivages ethniques, nées de problèmes d'intégration sociale. Ces clivages se répercutent sur les modes d'habiter et conduisent souvent à des regroupements communautaires : à Marseille, ce sont les quartiers nord qui sont les plus touchés (peuplés de Maghrébins), avec une extension vers l'étang de Berre (Vitrolles, en particulier).

En un mouvement inverse, les paysages urbains des centres-villes connaissent des changements qualitatifs notables. Certes, les beaux quartiers sont l'objet d'améliorations importantes (espaces verts, rénovation architecturale) mais aussi les îlots insalubres de l'hyper-centre sont réhabilités et connaissent de profondes mutations fonctionnelles et sociales. Dans le centre-ville de Marseille, le huitième arrondissement (Giniest, Roucas) conserve son caractère de « beau quartier » avec villas de luxe et coulées de jardins privés, à l'image du Prado (fin XIXe siècle), à l'est de l'agglomération ; la rue Breteuil, avec ses immeubles du XVIIe siècle, aux façades austères mais de belle facture (cariatides et grands porches) est un exemple de ces beaux quartiers où l'apparence extérieure ne reflète pas le caractère cossu des aménagements intérieurs. À l'inverse, la Belle-de-Mai était un quartier populaire peuplé d'immigrés des premières générations (Italiens surtout), puis Maghrébins ; la rénovation urbaine et les opérations de réhabilitation, avec aménagements ludiques ou culturels (la Vieille Charité), ont donné à ce quartier un autre visage qui, de ce fait, attire une population plus aisée.

Le phénomène de « gentrification » en cours correspond à la réappropriation des quartiers du centre historique des grandes villes par une population au niveau de vie aisé. Ce mouvement de retour vers les centres inverse le mouvement de ségrégation sociale « par le bas » qui se déplace vers les espaces périurbains. Dans les quartiers insalubres (les *slums* des villes anglo-saxonnes) l'amélioration de la qualité du bâti, la rénovation architecturale conduisent à un accroissement du prix du foncier et à son corollaire, la sélection sociale ; l'élitisation dans les centres-villes confère ainsi d'autres caractères au paysage urbain. À Paris, le quartier du Marais connaît cette évolution depuis une quinzaine d'années avec la reconquête des immeubles, une fois rénovés, par des commerces de luxe (galeries d'art, boutiques de mode) et par de nouveaux habitants de catégories sociales aisées. Ce phénomène se double, en des lieux voisins, d'une mutation fonctionnelle récente : l'implantation de petites entreprises de haute technologie dans le Sentier (ce fut le quartier des *start up*), complète un processus amorcé beaucoup plus tôt par les fabricants de vêtements. Là coexistent plusieurs types de populations selon les vagues successives d'occupation du quartier.

2.3. Les banlieues en mutation

Après la guerre, la « Charte d'Athènes » (1943) définit de nouvelles relations entre la ville et ses fonctions : « habiter, travailler, circuler, se distraire », tel est le principe qui préside à un nouvel urbanisme. Ce « zoning » tend à dissocier les fonctions urbaines en rejetant, par exemple, l'industrie vers les périphéries. Cette tendance des années 50-60 conduisit à l'éclatement urbain et à accentuer la ségrégation sociale.

C'est dans le prolongement de ce modèle d'urbanisme (marqué par Le Corbusier), que s'inscrit, après 1958, la procédure des ZUP, suivie, quelques années plus tard, des ZAC, puis des villes nouvelles. Cette conception zonale de la ville, particulièrement sensible dans les grandes villes, déplace le phénomène de ségrégation vers d'autres logiques : la rupture spatiale et formelle avec le centre-ville.

Autre caractéristique, l'apparence urbanistique des banlieues. Ces espaces urbains périphériques sont touchés par la standardisation des paysages. Le processus d'exurbanisation, qui s'est accéléré à partir des années cinquante, a généré, de manière spontanée mais répétitive, des paysages standards : tours, barres, lotissements d'habitat individuel, correspondent à des techniques de construction et à un urbanisme destiné à accueillir le plus grand nombre hors des centres-villes : La Duchère ou Vénissieux à Lyon, La Rouvière à Marseille, Ronchin, Mons-en-Barœul, Marcq-en-Barœul, banlieue intersticielle entre Lille et Roubaix. À la périphérie de Paris, cette tendance s'exacerbe avec, toutefois, pour la proche banlieue, une certaine continuité économique et sociale qui tranche avec le contraste du bâti (le bas Montreuil en prolongement du faubourg Saint-Antoine, Aubervilliers et Pantin prolongeant La Villette…).

Additionnés les uns aux autres, les centres commerciaux, les zones industrielles, les équipements tertiaires, les enseignes stéréotypées, s'étalent de plus en plus loin vers l'extérieur. Les couronnes suburbaines deviennent, de la sorte, des espaces sans âme dont se préoccupent les politiques de la ville : la perception de l'espace vécu par ses habitants entraîne certains comportements (la « sarcellite » en est une manifestation) qui conduisent à la destruction de quartiers à risques et à l'amélioration de l'environnement urbain.

Dans d'autres cas, les politiques urbaines ont implanté dans les périphéries des fonctions destinées à restructurer l'habitat : ce fut l'opération La Défense-CNIT en 1958, ouvrant la voie à d'autres programmes d'urbanisation, l'Eurotechnopole, implantée sur le plateau de Saclay (Les Ulis, Orsay) illustre une étape de mutations contemporaines. La cité scientifique et le parc Eurodysney, à Marne-la-Vallée en sont une autre expression.

La banlieue change ainsi de physionomie, ce qui entraîne bien des modifications sociales et économiques. On retrouve un mouvement identique dans d'autres villes françaises (parc technologique Lyon-Est à Vaise, par exemple), illustration des mêmes tendances vers une spécialisation nouvelle des espaces urbains centraux ou périphériques.

La croissance périphérique actuelle, – qui marque le pas dans les grandes villes – correspond à un retour en force de l'habitat individuel. Sont ainsi privilégiés les espaces péricentraux bien desservis par des accès rapides et dotés de services commerciaux ; fruit des politiques d'aménagement urbain, les périphéries éloignées sont mises à la portée des citadins des classes moyennes grâce à la densification des réseaux de circulation, à l'abaissement du prix des transports en commun et au contrôle du foncier.

Toutefois, consommatrice d'espace et d'énergie, – contraire aux principes de développement durable – cette tendance à l'étalement est contrebalancée par une volonté de densifier les quartiers centraux. Le mouvement « reconstruire la ville sur la ville » traduit bien le ralentissement de l'extension périphérique.

Conclusion

On le mesure, à partir de ces exemples, c'est tout un urbanisme des années soixante qui est, peu à peu, corrigé sous l'effet des tendances en cours, liées, en particulier, à un souci de qualité de vie. Nombre d'aménagements des grandes villes ont mal vieilli, ainsi les « dalles » piétonnières avec centres commerciaux (Montparnasse, Choisy-le-Roi). Voies express, autoroutes s'infiltrant jusqu'au centre des villes (A6 à Lyon) témoignent d'un temps où la ville devait s'adapter à l'automobile, quitte à sacrifier des zones de respiration dans le canevas urbain. Le « tout automobile » a marginalisé des quartiers, déstructuré des espaces urbains. Aujourd'hui, d'autres logiques s'imposent, qui prennent naissance dans le vécu des habitants des grandes villes et qui visent à reconquérir les rues, les places, les jardins, à relier les quartiers et à se réapproprier des espaces oubliés : reconquête des berges du Rhône à Lyon, du front d'eau à Marseille (plage et promenade du Prado), des berges de la Seine (la « plage » des Parisiens, les jardins Citroën). Pris en compte par les politiques de la ville (les contrats de ville), d'autres modes d'habiter la ville intègrent la convivialité des quartiers centraux.

Les villes et l'eau en France

En France, comme dans bien d'autres pays, la plupart des villes sont situées sur des cours d'eau ou sur des littoraux et ont avec eux maints rapports. La question est de savoir quel est le rôle de l'eau dans les localisations et les activités des villes. D'autre part, l'eau est indispensable à la vie et aux activités des hommes, citadins ou non. Il convient donc d'assurer un approvisionnement de qualité et de traiter les eaux usées. Dans les villes, l'entassement de population rend difficile la solution de ces problèmes. Elle ne peut passer que par la mise en œuvre de moyens techniques lourds et coûteux, captages, stations de pompage et de traitement, réseaux d'adduction, réseaux de collecte des eaux usées et stations d'épuration efficaces, afin de minimiser les risques de pollution.

Nous traiterons le sujet en deux parties : la première sera consacrée au rôle de l'eau dans la localisation et les activités des villes, la seconde traitera de l'eau dans la ville.

1. L'eau et ses rapports avec la localisation et les activités des villes

Sur les 35 plus grandes villes de France (recensement de 1999), cinq sont situées sur le littoral, 22 sur un fleuve ou une rivière importante, huit seulement sur un cours d'eau modeste, parfois si discret qu'il ne tient aucune place dans le paysage urbain (Clermont-Ferrand, Saint-Étienne). Ce qui est constaté pour les villes importantes est valable aussi pour les villes moyennes et jusqu'aux plus petites (Mende sur le Lot, Civray sur la Charente). Cette intimité avec la rivière se traduit souvent dans le nom de la ville, complété par la mention « sur tel cours d'eau » (La Roche-sur-Yon, Chalon-sur-Saône).

1.1. Le rôle du franchissement du cours d'eau

Les cours d'eau de quelque importance ne se franchissent pas n'importe où. Les gués sont implantés là où la configuration du lit et l'écoulement des eaux permettent de réduire le péril. Les passeurs sont installés aux endroits où la sécurité est bonne et où la traversée demande le moins d'efforts. Ce sont les ponts qui offrent le moyen de franchissement le plus sûr. Mais jadis ils étaient rares. Bien des villes qui en possédaient un portent un nom qui en fait état. Le mot gaulois *briva* (pont) est à l'origine des noms de Brive-la-Gaillarde et de Brioude. Plus nombreuses sont les localités, urbaines ou rurales, qui ont le mot *pont* dans leur nom, en préfixe (Pontoise), en suffixe (Escautpont) et en compositions diverses, incluant le nom du cours d'eau (Pont-d'Ain), les autorités locales (Pont-l'Évêque, Pont-du-Château), voire Dieu et les saints (Pont-Saint-Esprit, Pont-Sainte-Maxence).

Les lieux de franchissement sont des sites privilégiés parce qu'ils font converger les routes vers eux. Les échanges se développent sur ces carrefours, suscitant à leur tour d'autres activités. L'ensemble est propice à la croissance d'organismes urbains. Ainsi la plupart des villes de la Loire ont dû leur premier développement à cette situation favorable, Orléans en particulier.

Le pont et la ville ont donc une histoire commune. Le plus souvent la ville est antérieure au pont, qui n'a été édifié que lorsque la cité a atteint quelque importance. Certaines villes sont restées longtemps sans pont. Jusqu'au XIXe siècle, par exemple, il n'en existait aucun sur la Loire entre Roanne et Decize ; plus en aval, Briare n'est reliée, aujourd'hui encore, à la rive gauche que par le pont-canal, qui n'est pas accessible aux automobiles. Le pont est souvent intégré au paysage urbain. À Orléans, le pont royal (pont George V aujourd'hui), construit au XVIIIe siècle, n'est qu'un élément d'un aménagement urbain, une percée perpendiculaire au fleuve, comprenant au nord la rue Royale, au sud l'avenue Dauphine. Les exemples de Tours, de Bordeaux, de Toulouse sont analogues.

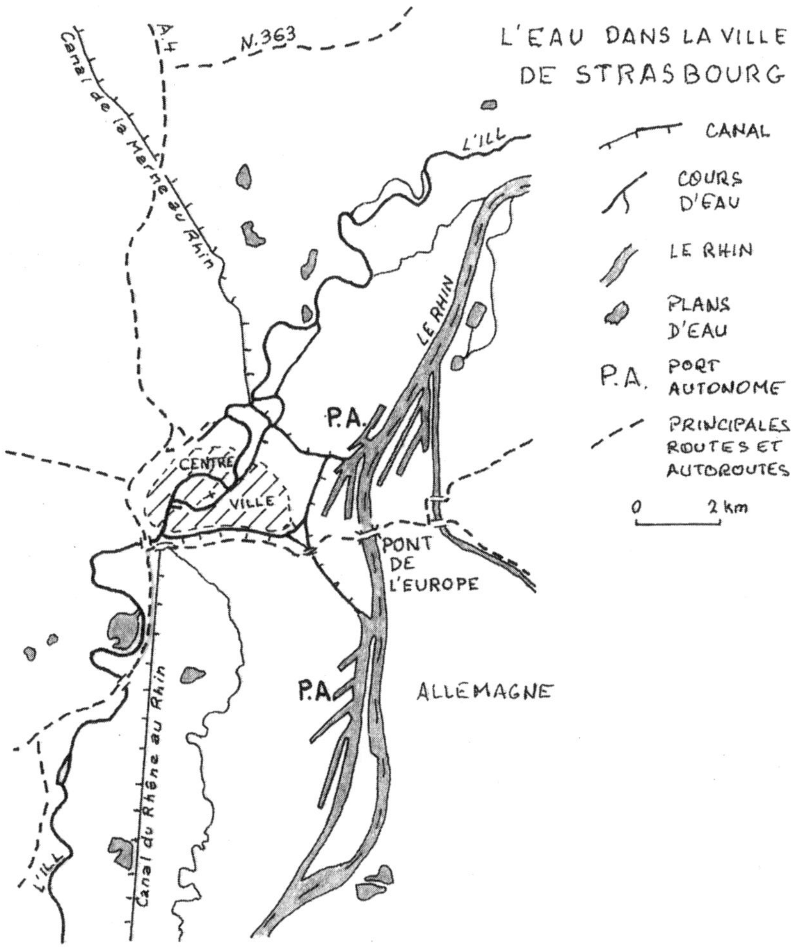

On constate souvent une dissymétrie de la ville par rapport au cours d'eau. Les quartiers sis sur une rive sont plus développés que ceux de la rive d'en face. À Blois, l'essentiel de la ville, et singulièrement son site d'origine, est sur la rive droite, escarpée, à l'abri des inondations et facile à défendre, alors que sur la rive gauche, le faubourg de Vienne, handicapé par sa position en zone inondable, est beaucoup moins important.

Ce schéma n'est pas valable partout, en particulier dans les très grandes villes. Paris s'est étendue sur les deux rives de la Seine, à partir des sites primitifs de Lutèce (Montagne Sainte-Geneviève) et de l'île de la Cité. Lyon est descendue des hauteurs de Fourvière pour prendre progressivement possession de la rive droite de la Saône, puis de la presqu'île, enfin de toute la plaine à l'est du Rhône.

1.2. Le rôle de la navigation fluviale

Très tôt dans l'histoire, la navigabilité d'un cours d'eau a été un atout supplémentaire dans le développement des villes riveraines. Jusqu'au XIXe siècle, le « chemin qui marche » est resté le meilleur moyen de communication. L'emploi de petites embarcations a permis d'utiliser les rivières les plus modestes. Ainsi en était-il, par exemple, de l'Ourcq, comme l'atteste encore l'existence d'une rue du Port à la Ferté-Milon (Aisne). Aujourd'hui les voies navigables françaises sont en déclin. Parmi celles qui restent en activité, les principales sont la Seine en aval de Paris (2e port fluvial européen), le Rhin et, plus modestement le Rhône. La navigation a entraîné l'aménagement de ports, comme ceux, aujourd'hui abandonnés, des villes de la Loire. Longtemps ils ont été situés au long des quais qui bordent le fleuve dans la traversée de la ville. Actuellement, les plus importants sont rejetés à la périphérie des agglomérations sur des espaces où de vastes bassins peuvent être aménagés, à la façon de ceux des ports maritimes. Ainsi l'un des ports de Paris est-il situé en aval, à Gennevilliers. Le dispositif est le même à Lyon (port Édouard Herriot), à Strasbourg, etc.

La présence d'un port important et celle d'une grande agglomération sont liées, au point qu'il est difficile de dire si ce sont les activités urbaines qui ont contribué à créer le port ou l'inverse ; les propositions sont sans doute vraies l'une et l'autre. Ce qui est incontestable, c'est que certaines activités citadines sont liées au trafic fluvial, celles qui sont directement en rapport avec la navigation elle-même (services de la navigation et de la gestion du port, entrepôts, bureaux d'affrètement, réparation navale) et celles qui s'occupent de la transformation et de la commercialisation des produits transportés (la meunerie parisienne). Parfois, au contraire, c'est une industrie qui profite de la proximité de la voie navigable pour lui confier des marchandises (automobiles entre Paris et Rouen).

1.3. Les villes littorales

Quelques-unes seulement se trouvent sur les rives des lacs ; celles qui sont au bord de la mer sont les plus nombreuses.

Les villes maritimes profitent de l'exploitation des ressources marines (pêche), répandue sur la plupart des côtes. Le trafic maritime joue évidemment un grand rôle ; les marchandises venues par mer croisent celles qui sont en provenance des arrière-pays. Les villes maritimes sont ou ont été des villes portuaires. Leurs histoires sont diverses. Certaines ont disparu, en particulier lorsque l'évolution des rivages a abouti à l'envasement des ports (Aigues-Mortes, Brouage) ; d'autres ont décliné ou ne se sont pas bien développées, la plupart du temps parce qu'elles sont trop éloignées des grands centres dynamiques de l'Europe du Nord-Ouest ou parce qu'elles sont mal reliées à l'intérieur par des voies d'accès modernes (certains ports bretons, La Rochelle, Port-Vendres, Sète) ; les ports de la mer du Nord et de la Manche, en revanche, sont plus actifs et associés à des villes plus dynamiques.

Quelques villes littorales sont des bases de la marine militaire (Cherbourg, Brest, Lorient, Toulon) ; d'autres ont possédé des ports de guerre et conservent des restes des fortifications élevées contre les envahisseurs venus par mer (ville haute de Boulogne-sur-Mer, Cherbourg, remparts de Saint-Malo, ville close de Concarneau, vieux port de La Rochelle, etc.). Ce sont aujourd'hui autant de sites touristiques. Le tourisme joue en effet un rôle très important dans la plupart des villes côtières, qu'il s'agisse de villes anciennes qui ont des activités autres que le tourisme très développées (Marseille, Nice, La Rochelle), ou de villes plus ou moins récentes et plus ou moins exclusivement touristiques (Deauville, Arcachon, Saint-Jean-de-Luz, La Grande-Motte).

Les villes côtières connaissent des aménagements spécifiques. Ce sont d'abord les installations portuaires, celles qui renforcent le rôle d'abri du port (môles, balises), celles qui permettent d'accueillir les navires (bassins, quais, entrepôts, voies de circulation et, dans les ports de pêche, bâtiment des criées). Viennent ensuite des espaces consacrés à l'industrie, souvent en rapport avec le port lui-même ; ainsi, au Havre, comme dans beaucoup d'autres villes, existe-t-il des zones industrielles portuaires aménagées récemment. Dans les villes les plus importantes, il faut distinguer les quartiers proches du rivage de ceux qui sont à l'intérieur. À Nice, le littoral est dédié en grande partie au tourisme, avec les aménagements appropriés (promenade des Anglais, grands hôtels, casinos, etc.) ; l'intérieur de la ville est tout autre, même si le tourisme y joue aussi un rôle important. À Marseille, la côte est largement occupée par les installations portuaires et industrielles ; d'autres activités concernent l'intérieur de la cité.

Une dernière spécificité des villes littorales est leur liaison avec leurs arrière-pays. Historiquement la présence de rivières plus ou moins navigables a valorisé les sites d'estuaires, sur la façade atlantique (Seine, Loire, et même Gironde et Adour). Aujourd'hui, la supériorité de la Seine tient à la proximité de la région parisienne.

Les villes au bord des lacs ne sont nées ni de la pêche ni de la navigation. Annecy a bénéficié de sa position sur une bonne voie de pénétration vers l'intérieur des Alpes et occupé un espace peu accidenté, où l'exutoire du lac, le Thiou, offrait sa force motrice. Les activités ne doivent pas grand-chose à son site lacustre à l'exception notable du tourisme. Trois villes thermales et de villégiature, Aix-les-Bains, Thonon-les-Bains et Évian ont des sites largement valorisés par leurs lacs (Bourget et Léman).

L'eau joue donc un rôle éminent dans la localisation et les activités des villes. Elle a pour certaines une telle importance qu'elles la font figurer dans leurs armoiries (Paris) et que jadis les organismes qui regroupaient les « marchands de l'eau » avaient une influence politique notable.

2. L'eau dans la ville

Dans la ville, l'eau est utilisée de mille et une façons. Elle entre dans le cadre paysager et sert de support à toutes sortes d'activités. Bien de consommation, sa distribution fait l'objet d'une gestion, qui s'avère souvent difficile.

2.1. L'eau dans les aménagements paysagers

L'eau comme ornement des villes relève d'une longue tradition qui remonte à l'Antiquité et a connu un remarquable essor dès la Renaissance. Aujourd'hui, la plupart des villes ont leurs fontaines et leurs bassins sur les voies publiques, dans les jardins et les parcs, tous espaces en eau intégrés dans un parti architectural ancien ou moderne. En France, Aix-en-Provence est réputée pour la profusion de ses fontaines. Les bassins du Luxembourg et des Tuileries sont intégrés à deux célèbres parcs publics parisiens. Ce sont parfois de véritables plans d'eau qui ont été aménagés (lacs des bois de Boulogne et de Vincennes à Paris, de la Tête d'Or à Lyon). Les urbanistes actuels perpétuent cette tradition de l'eau dans le paysage urbain (la rue de Siam à Brest, le jardin Citroën à Paris).

Beaucoup de villes ont récupéré les berges des cours d'eau pour la circulation (voies sur berges à Paris) ou pour le stationnement (Rouen), mais d'autres ont préféré aménager des promenades au bord de l'eau (Metz, Besançon).

Dans les villes côtières, la mer ou le lac est un élément très fort du décor que l'on cherche à mettre en valeur par des promenades (La Croisette à Cannes). Les « vieux ports », abandonnés généralement à la plaisance, sont aussi des sites importants à l'intérieur des villes (Marseille, La Rochelle).

2.2. L'utilisation de l'eau dans la ville

L'eau est, dans le paysage urbain, objet de contemplation. Certains sites urbains se prêtent admirablement à cette fonction : la passerelle des Arts sur la Seine à Paris, la Petite-France à Strasbourg, la promenade des Anglais à Nice. Les « guinguettes » des bords de Marne et de Seine sont aussi intimement liées à la présence de l'eau ; il en va de même pour les restaurants des bords du Loiret à Olivet, près d'Orléans.

Mais l'eau a d'autres fonctions. C'est d'abord le support de moyens de transport. Dans beaucoup de villes, des entreprises de navigation tirent parti des cours d'eau et des canaux pour organiser des croisières touristiques en totalité ou en partie *intra muros* (Paris, Nantes, Strasbourg). Les activités nautiques sont souvent présentes. Le canotage est une tradition ancienne (lacs des bois de Boulogne et de Vincennes), de même que la baignade ; jadis beaucoup de villes avaient des piscines, dont certaines étaient flottantes, amarrées aux quais (Bains Deligny à Paris) ; aujourd'hui, des bases de loisirs, des installations sportives sont implantées dans la ville (piscines) ou à proximité (Lac de Loire à Blois, Île Charlemagne à Orléans).

L'eau est enfin, et surtout, un objet de consommation.

2.3. L'approvisionnement en eau et le traitement des effluents

La consommation d'eau augmente continuellement, dans les campagnes comme dans les villes, qu'il s'agisse d'eau domestique ou d'eau dite industrielle. Plusieurs facteurs concourent à cette évolution. C'est d'abord, pour la consommation domestique, l'accroissement de la population et l'élévation des niveaux de vie. De leur côté, les industries, tout comme l'agriculture, requièrent des quantités de plus en plus importantes d'eau. Cette évolution est particulièrement sensible dans les villes, où la majeure partie de la population s'entasse et où se localisent beaucoup d'industries. La France consomme plus de 30 milliards de mètres cubes d'eau par an, dont 13 pour le seul refroidissement des centrales thermiques et nucléaires, un peu plus de 6 pour les besoins de l'industrie et 4,5 d'eau domestique (220 litres par personne et par jour) ; le reste est consommé par l'agriculture.

Si l'on rapporte la part des précipitations infiltrées dans les nappes et écoulées par les rivières, chaque Français dispose en théorie de 3 600 m^2 d'eau par an (Grande-Bretagne : 2 200, Pays-Bas : 6 800). La répartition de la ressource sur le territoire est assez harmonieuse, malgré des problèmes en Bretagne (la capacité des nappes est réduite et elles sont polluées), dans les régions méditerranéennes, qui souffrent de sécheresse l'été, et dans le grand Sud-Ouest où l'irrigation (maïs) compromet l'avenir des nappes. Il faut tenir compte aussi de la variabilité interannuelle des précipitations, qui provoque des périodes de sécheresse (période 1989-1992 p. ex.).

Les grands axes fluviaux très urbanisés font l'objet d'une pression accrue sur la ressource en eau (la Seine en aval de Paris, la Loire moyenne et armoricaine).

Dans les campagnes, ce sont les ressources locales qui sont mises en œuvre ; il ne peut pas en être de même pour les villes. Le problème de leur alimentation en eau est un problème ancien. Dans l'Antiquité, le Pont du Gard faisait partie d'un aqueduc qui alimentait la ville de Nîmes. Au XVIIe siècle, la construction de l'aqueduc de Maintenon, jamais achevée, devait permettre de porter l'eau de l'Eure à Versailles. Aujourd'hui, les villes sont encore au moins partiellement approvisionnées par aqueducs à partir de captages ou de réservoirs ; elles le sont aussi par pompages dans les nappes et dans les cours d'eau. Les points de captage bénéficient d'un périmètre de protection.

Chaque commune est responsable de la gestion de la ressource ; pour ce faire, elle a le choix entre plusieurs systèmes, la régie directe et la délégation à une entreprise qui est chargée de la totalité de la tâche, investissements inclus (concession), ou seulement de la fourniture de l'eau (affermage). En France, les trois plus importantes entreprises de distribution d'eau sont la Lyonnaise des Eaux, la Générale des Eaux et la SAUR (Société d'Aménagement urbain et rural – Groupe Bouygues).

À Paris la gestion de l'eau est assurée de façon originale par une société d'économie mixte, la SAGEP, dans le capital de laquelle entrent la mairie de Paris (70 %), deux des trois grandes entreprises de distribution, la Lyonnaise des Eaux et la Générale des Eaux (14 % chacune) et quelques autres entreprises (2 %). La SAGEP distribue chaque année 240 Mm^2 d'eau potable et 125 Mm^2 d'eau industrielle, dans deux réseaux séparés. L'approvisionnement est assuré pour moitié à partir de zones de captage (Avre, Dhuys, Voulzie, Vanne et Yonne, Loing et Lunain) reliées à la capitale par 600 km d'aqueducs. Le reste provient de pompages dans la Seine et la Marne qui alimentent trois usines de traitement (Orly, Ivry et Joinville).

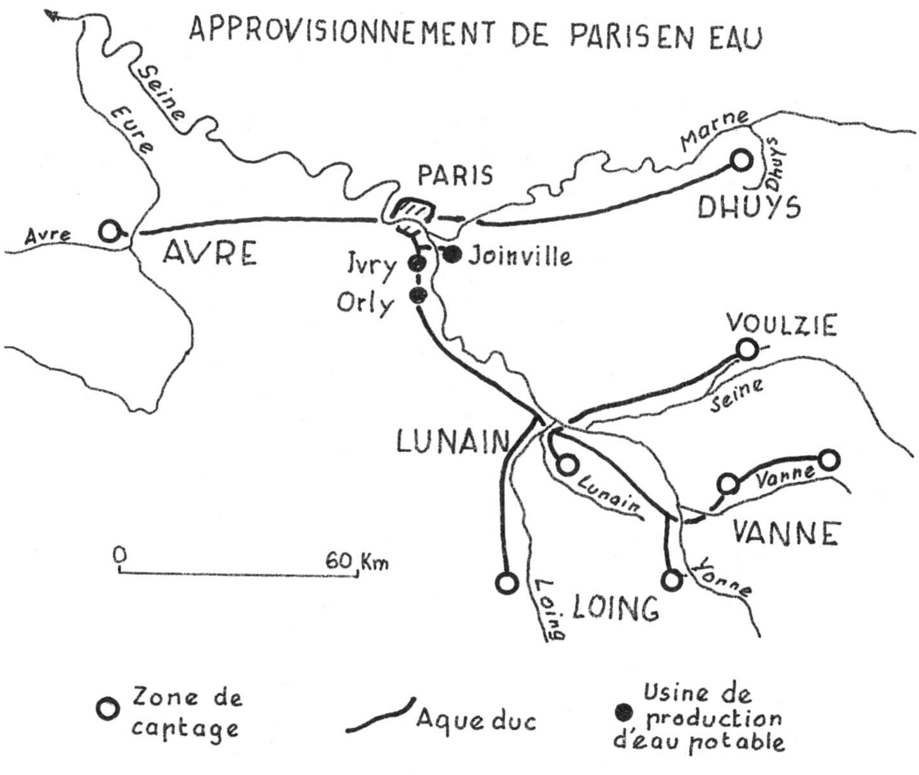

Le traitement des eaux usées (domestiques, industrielles, pluviales) est, comme la fourniture de l'eau, de la responsabilité des communes. La production de ces rejets pose dans les villes des problèmes d'une grande acuité. Pour un résultat valable, il faut que la ville soit équipée d'un réseau d'égouts et de stations d'épuration performantes. Les problèmes posés, en particulier dans certaines villes industrielles, sont souvent très difficiles à résoudre. Certaines entreprises rejetaient (et rejettent parfois encore) des produits toxiques, d'autres qui ne sont pas biodégradables, des métaux lourds, etc. La ville de Saint-Étienne a eu de grandes difficultés à réduire la pollution du Furens, affluent de la Loire qui lui sert de collecteur. Aujourd'hui de gros progrès ont été accomplis en matière d'épuration des eaux usées. En la matière, la Loi sur l'Eau de 1992, actuellement en cours de révision, est le texte fondamental ; les Agences de l'Eau sont les organismes chargés de gérer les problèmes engendrés par l'utilisation de l'eau.

Cela n'empêche pas les pollutions à la suite d'accidents, d'incendies, de défaillances des installations, de fausses manœuvres. En la matière, comme dans beaucoup d'autres, le risque zéro n'existe pas.

Conclusion

À la ville comme à la campagne, l'eau joue des rôles multiples et fondamentaux. Pour une ville, l'eau est un atout, dans la mesure où elle permet de subvenir aux besoins de la population et des activités existantes. C'est en même temps un facteur favorable au développement futur de la cité, car si l'on en dispose en quantités suffisantes, elle permet d'envisager l'implantation d'activités nouvelles et d'un supplément de population. L'eau peut aussi apporter un surplus d'agrément au cadre de vie, même si la présence d'un fleuve ou la proximité de la mer pose des problèmes particuliers. Chaque ville est amenée à chercher un équilibre entre les différentes utilisations de l'eau sur son territoire, de façon qu'elles ne se concurrencent pas les unes les autres. Il doit donc exister une politique citadine de l'eau.

La France est une des plus grosses consommatrices d'eau de la planète et sa consommation croît de façon continue. La réglementation en la matière ne cesse d'évoluer. De nouvelles dispositions sont d'ores et déjà à l'étude ; leur application est prévue pour 2006. Il y va du maintien quantitatif et, plus encore, qualitatif, de la ressource. Cela passe par une régulation des prélèvements ; en zone rurale, il s'agit de contrôler les ponctions effectuées dans les nappes ; dans les villes, tous les acteurs de la vie citadine sont concernés, du simple particulier à la grande entreprise industrielle, en passant par les services urbains de voirie. Aujourd'hui, l'eau ne peut plus être considérée comme un produit banal, fourni par la nature en quantité illimitée. Elle doit faire l'objet d'une gestion rigoureuse.

Villes et tourisme en France

La France est la première destination touristique au monde, avec 75 millions de touristes pour l'année 2000, et une part de 7 % dans le PIB du pays. Dans les villes, le tourisme occupe une part non négligeable ; avec 15 % des recettes touristiques totales et 145 000 emplois directs, le tourisme urbain connaît une explosion récente. C'est Paris qui détient, et de loin, la première place parmi les destinations touristiques. : près de la moitié des séjours d'étrangers en France. Avec son histoire riche, reflet d'une civilisation ancienne, la France possède un patrimoine culturel varié et prestigieux, souvent l'apanage des villes, support d'une véritable économie touristique en pleine croissance et en pleine mutation, en termes de clientèle comme pour les produits proposés. Ville et tourisme forment un couple très ancien, né des traces de l'histoire : villes de grandes foires, de pèlerinage, de thermalisme... Aujourd'hui, conjugué à d'autres facteurs, à des pratiques et à des comportements sociétaux nouveaux, le tourisme dans les villes crée une dynamique propre et modèle l'espace urbanisé. Depuis les années 1950-1960, le développement du tourisme revêt des formes variées et concerne des destinations diverses. En 1982, 20,9 % des séjours touristiques des Français concernent les villes, contre 32,1 % en 1995 sur un total de 69,2 millions de séjours. L'intérêt croissant pour le tourisme urbain crée des mutations fonctionnelles et urbanistiques importantes dans la plupart des grandes agglomérations françaises.

L'exposé traitera d'abord des supports et des facteurs de développement du tourisme urbain en France. Une seconde partie sera consacrée aux politiques d'aménagement et aux impacts des activités touristiques sur le milieu urbain. Enfin, nous distinguerons trois catégories de tourisme urbain selon les types d'espaces concernés.

1. Supports et facteurs de développement du tourisme urbain

L'histoire est un support fondamental du tourisme dans les villes. Mais, depuis une quinzaine d'années, les motivations touristiques s'ouvrent vers d'autres formes d'activités mettant en jeu des intérêts nouveaux : récréatifs, pédagogiques, ludiques, environnementaux. Il s'agit d'abord d'identifier les facteurs intervenant dans ces orientations récentes et les ressources qui servent de support pour attirer une clientèle, française ou étrangère.

1.1. Les facteurs de développement du tourisme dans les villes

Les villes françaises restent, indéniablement, des sites privilégiés de fréquentation touristique. Toutefois, les facteurs d'attractivité ont été sensiblement modifiés en raison de pratiques nouvelles et sous l'effet de la concurrence qui contraint les acteurs du développement à saisir des opportunités.

Les motivations des touristes ont changé. De nouveaux facteurs jouent en faveur du développement et de la diversification de l'offre touristique urbaine. L'intensification de la demande, alliée à la médiatisation d'événements, modifie le contexte dans lequel s'insère le tourisme urbain. C'est ainsi que nombre de villes, peu ou mal dotées en équipements culturels, ont saisi l'intérêt de valoriser un patrimoine urbain original : anciennes usines désaffectées, comme dans le quartier de la Joliette à Marseille (restauration des Docks), ou dans le « Pays Noir » Nord-Pas-de-Calais.

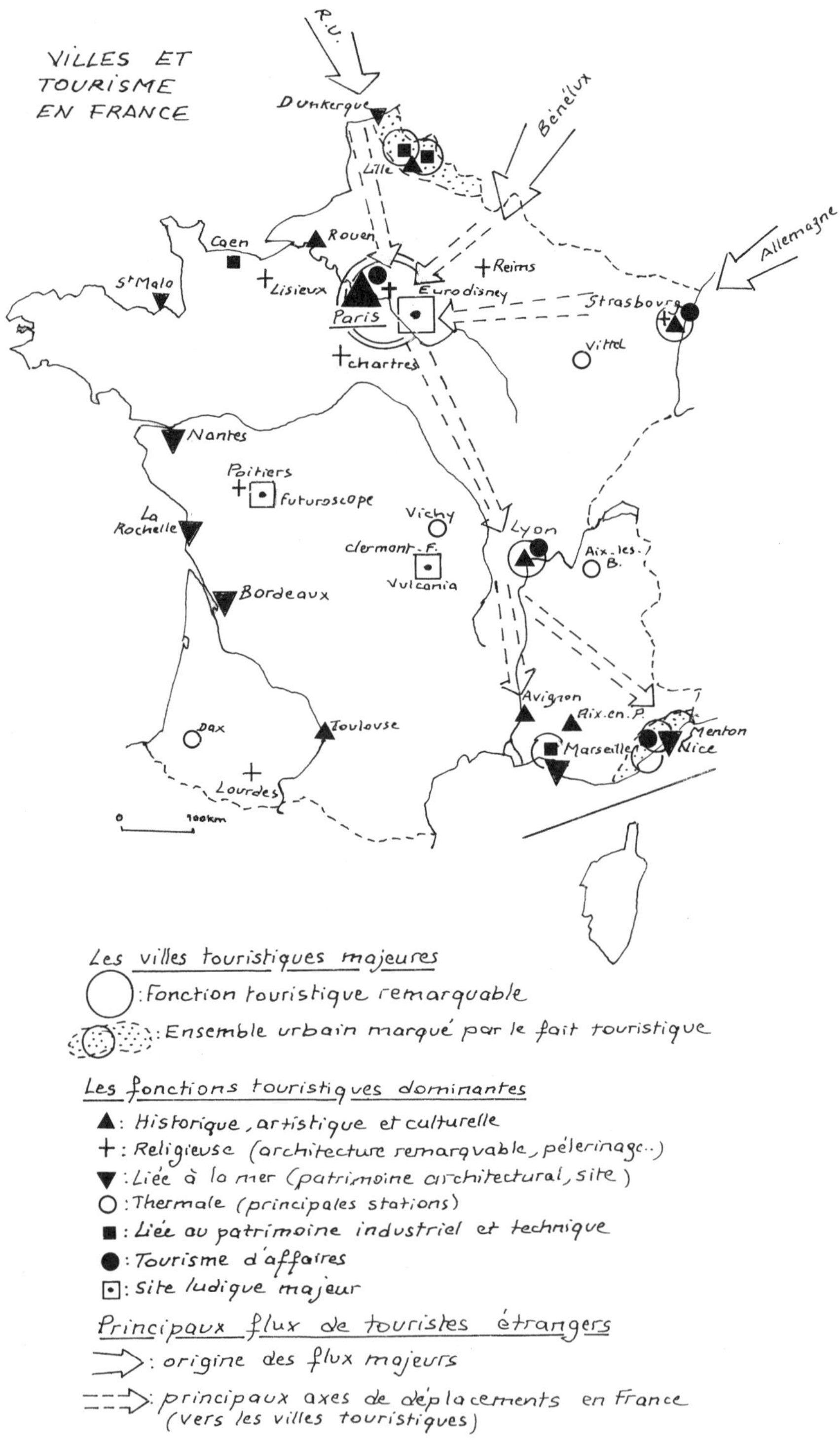

Les clientèles se diversifient. Le voyageur intéressé par les villes était, au XIXe siècle, un intellectuel, appartenant à une classe sociale favorisée, à une élite. Aujourd'hui, plusieurs facteurs expliquent l'évolution de la fréquentation et celle des changements dans les comportements. Le troisième âge représente une base essentielle de la clientèle des voyages organisés dont une grande partie des circuits concerne la visite de villes (monuments, musées, expositions). Un autre facteur tient aux actions en faveur de l'éducation culturelle des scolaires, suscitant des déplacements vers des destinations historiques et artistiques, tout autant que vers des manifestations thématiques ludiques valorisant les patrimoines urbains (Mémorial de Caen, technologies type Futuroscope).

La « mise en tourisme » des atouts qu'une ville entend valoriser répond à des impératifs divers : pédagogiques, commerciaux, de gestion ; pour ce faire, les outils du marketing sont de plus en plus élaborés : brochures, offres par Internet et salons du tourisme, en France et à l'étranger, servent de vitrine à la richesse des villes françaises et assurent aux organismes de tourisme des parts non négligeables d'un marché convoité où la France a acquis une place de choix. Les publications se multiplient – guide Gallimard, guide Bleu, guide Michelin – pour un public très divers, incitant à la découverte des villes et de leurs manifestations touristiques. D'autre part, les offres touristiques lors des grandes expositions ou des festivals incluent, sous la forme de forfaits, outre la visite de la ville, des prestations hôtelières et des excursions dans la région alors que l'hôtellerie urbaine sert de point d'ancrage.

1.2. Les supports du tourisme urbain

• Parmi les supports les plus traditionnels du tourisme dans les villes, c'est l'art et l'histoire[1] qui occupent la première place. Monuments, musées, églises et autres joyaux de l'architecture nationale, y compris les « mythes touristiques » (Tour Eiffel), sont, pour la plupart, localisés dans les centres historiques des villes. Ils attirent la part la plus importante de la clientèle touristique. C'est principalement à Paris que se concentrent la plupart des lieux de prestige et des sites les plus visités : la fréquentation de Notre-Dame est évaluée entre 8 et 12 millions de personnes. Près de la moitié des nuitées homologuées se passent à Paris : la capitale reste incontestablement la principale destination touristique en France et sert aussi de point de passage obligé pour qui arrive de l'étranger par avion. Les 58 Villes d'Art et d'Histoire (Poitiers, Aix-en-Provence, Lyon…) sont labellisées et attirent des touristes en groupe ou individuels. Les villes de pèlerinage conservent une clientèle spécifique ; le tourisme religieux reste un segment important de la fréquentation : Lourdes (5 millions de visites par an) est une des premières destinations de pèlerinage en Europe. D'autres villes (Paray-le-Monial, Lisieux, Vézelay…) bénéficient de cet attrait mais doivent moderniser un parc hôtelier parfois mal adapté à la demande.

Le tourisme thermal anime nombre de villes qui ont, grâce à des équipements complémentaires (casinos équipés de machines à sous, prestations de remise en forme), su renouveler leur offre en direction d'une clientèle plus exigeante. Vichy, Luchon, Aix-les-Bains, Vittel, confrontées à la concurrence et à de nouveaux comportements, réussissent à recréer une image attractive sur la base d'un tourisme ancien.

D'autres centres d'intérêt complètent ce tableau des supports touristiques : les festivals de musique et de théâtre, les expositions artistiques, ainsi que les hauts lieux de la gastronomie française en raison du caractère patrimonial de l'art du bien-manger.

• Diverses autres formes de tourisme urbain sont associées à des fonctions plus ou moins anciennes. Il s'agit, d'abord, des villes touristiques littorales, qui se sont développées au XIXe siècle à partir d'impulsions localisées (Côte d'Azur, Côte normande, Côte basque). Les stations *ex nihilo*, créées dans les années 60-70 (La Grande Motte, Port Barcarès) n'entrent pas véritablement dans cette problématique en raison de leur caractère balnéaire marqué. En revanche, la relation ville et tourisme sur les littoraux concerne, plus

1. Le tourisme culturel a fait l'objet d'un chapitre dans la deuxième édition du présent ouvrage.

spécifiquement, soit des sites touristiques *intra muros (*Deauville, Cabourg, Le Touquet, Biarritz), soit une extension de l'urbanisation touristique en périphérie, fusionnant en un linéaire quasiment continu plusieurs centres urbains touristiques (Côte d'Azur, de Menton à Cannes). Le tourisme des villes portuaires intègre aussi des caractères historiques (remparts, architecture, patrimoine lié à la mer) : c'est ce qui fait la renommée de Concarneau, La Rochelle, Saint-Jean-de-Luz. Ainsi, mer et tourisme, cristallisés dans le fait urbain, construisent une dynamique qui peut s'associer à d'autres supports plus contemporains : nautisme de plaisance (4 000 anneaux créés au port des Minimes à La Rochelle), aquarium (La Rochelle et Marineland à Antibes), patrimoine inscrit dans le passé des ports (Fondation LU à Nantes, La Corderie royale à Rochefort-sur-Mer).

Des supports nouveaux valorisent d'autres formes de tourisme dans les villes. Ils émanent de la demande contemporaine et servent à étayer des activités préexistantes :

- manifestations culturelles ou populaires telles que les festivals de musique ou de théâtre (Avignon, Antibes), les animations commerciales (Grande Braderie de Lille) ;
- tourisme d'affaires (*World trade centers* à Marseille ou au Havre) et de congrès (Nice, Strasbourg, Forum de Montpellier) ;
- création de sites ludiques, récréatifs voire pédagogiques ou futuristes (Futuroscope) à visée touristique, pour valoriser un patrimoine naturel (berges de la Scarpe à Douai) ou industriel (quai de la Fosse à Nantes, terrils dans le Nord, fonderies du Creusot).

2. Politiques touristiques et impacts du développement touristique dans les villes

2.1. Les politiques en faveur de la ville sont fortement imprégnées des caractères à valoriser dans un but touristique

Les politiques culturelles de l'État s'appuient sur des structures spécifiques : le Ministère de la Culture et ses structures spécialisées. L'UNESCO, pour sa part, au titre de ses actions culturelles, inscrit sur la liste du Patrimoine mondial les sites les plus remarquables : ainsi, la cathédrale de Chartres, le centre historique d'Avignon, la Grande Île de Strasbourg, la place Stanislas à Nancy, la Cité de Carcassonne, sont-ils parmi les 22 sites français retenus en 1997.

Des initiatives et des mesures incitatives contribuent à la valorisation du patrimoine architectural des villes avec, entre autres, la loi Malraux (en 1962, créant des « secteurs sauvegardés »), qui engage un processus de restauration du bâti historique, complétée plus récemment par des mesures d'inscription à l'inventaire des sites. Le financement de ces grandes opérations en faveur de la culture vient essentiellement des fonds publics, mais aussi de partenaires privés et de mécènes (Fondation Total, Fondation SEITA, par exemple). Des politiques plus strictement liées aux villes littorales traduisent une prise de conscience aiguë des risques de dégradation du milieu naturel. Le rapport Picquard (DATAR, 1973) souligne que, devant l'accroissement rapide de cette forme d'occupation urbaine (+ 5 % par an), il convient de protéger le littoral « patrimoine précaire et exigu » des villes côtières. Ses propositions seront, parfois, intégrées aux POS des communes touristiques littorales. En 1986, la loi Littoral confirme ces réglementations et est complétée par des Schémas d'aménagement (SAUM) par exemple pour la rade de Brest.

Le rôle des collectivités, dans la mise en valeur de sites d'intérêt touristique en ville est un volet actif de l'aménagement urbain. Conscientes de l'enjeu économique, en particulier dans les agglomérations touchées par le déclin d'autres activités, elles se tournent vers des créneaux de développement touristique en s'appuyant sur des valeurs sûres.

2.2. Les impacts du tourisme urbain

En termes de gouvernance urbaine, la recomposition spatiale et économique des villes sous l'effet du développement touristique conduit à distinguer plusieurs types d'impacts, parmi lesquels il faut faire le partage entre les impacts visuels sur les paysages urbains touchés par le tourisme et ceux, d'ordre économique et social, ainsi générés.

L'emprise touristique marque, avec des nuances, la morphologie urbaine. Le mitage résidentiel à vocation touristique touche davantage les villes du littoral et leur périphérie (extension de marinas, résidences de vacances, multiplication de ports de plaisance...). Le bétonnage des côtes, « tentation de la Croisette » constitue un abus urbanistique qui caractérise nombre de villes touristiques littorales (La Baule, Les Sables-d'Olonne). Les remblais qui s'étirent sur plusieurs kilomètres nuisent non seulement à l'esthétique des fronts de mer mais constituent une réelle menace pour le milieu naturel. Bien des formes de pollution, visuelles ou non, complètent le tableau des impacts négatifs générés par le développement touristique dans les villes.

Les prix du foncier subissent aussi le contrecoup de l'engouement massif suscité par certains programmes immobiliers à but touristique, dans ou près des villes. Des excès de tous types (financiers, spatiaux, architecturaux) confirment l'intérêt, pour les collectivités, de faire respecter la réglementation (POS). Mais les intérêts commerciaux priment sur ceux de la préservation des sites (Marina Baie des Anges, à Nice, en est un bon exemple).

Les impacts économiques représentent, sans conteste, l'aspect le plus essentiel de la « mise en tourisme » des centres urbains. Les dépenses touristiques des Français sont de l'ordre de 45 euros par nuitée dans les villes contre 17 euros à la campagne. L'ensemble de la dépense touristique « induite » est, en ville, 10 fois supérieure au prix de la visite d'un site et profite aux commerces, à la restauration, à l'hôtellerie, aux voyagistes : un visiteur de lieu culturel dépense 30 % de plus qu'un touriste moyen, soit deux tiers pour le droit d'entrée et un tiers pour les achats en boutique. Quant aux emplois de l'économie touristique en ville, ils représentent, selon les sites, une large part des revenus pour la population locale : création d'emplois publics (dans les services culturels des collectivités tels CDT, CRT, Offices de Tourisme et sur les sites eux-mêmes) et privés (guides, boutiques de souvenirs, restauration) ainsi que les emplois induits : hôtels, autocaristes, restaurants, commerces, entretien et restauration des monuments, avec leurs effets sur l'économie locale.

Les impacts « invisibles » sont aussi importants pour le développement du tourisme culturel. L'image de la France et de ses villes, véhiculée par les effets de la promotion et par les touristes eux-mêmes, est un effet essentiel des politiques culturelles qui a des retombées favorables sur la fréquentation des sites tout en consolidant la destination « France » auprès des voyagistes internationaux.

Le tourisme urbain se présente ainsi comme un excellent révélateur de l'état de santé des villes qui investissent dans ce type de développement.

3. Entre ville et tourisme : typologie d'une relation

Nous allons mettre en évidence trois catégories d'espaces urbains marqués par le tourisme : la capitale, première destination touristique en France, le littoral azuréen, puis le tourisme urbain né de friches industrielles dans le Nord – Pas-de-Calais.

3.1. Paris, capitale incontestée du tourisme urbain

Paris, modèle de touristicité centrale, représente le type le plus abouti du développement du tourisme en espace urbain, tant pour l'importance de la fréquentation que pour la diversité de l'offre.

La capitale rassemble un condensé magistral de l'histoire de la civilisation française. Capitale culturelle sans conteste, elle attire chaque année environ 13 millions de visiteurs. Les musées contribuent à l'accroissement de la fréquentation : la Pyramide du Louvre est devenue le symbole d'un renouveau. La situation privilégiée de Paris, au cœur d'un réseau de communications en fait un haut lieu du tourisme d'affaires : congrès et foires internationales créent une dynamique attractive pour une clientèle d'hommes d'affaires français et étrangers. Le parc hôtelier de la capitale, avec les enseignes les plus prestigieuses, capte une large part de cette clientèle qui est aussi attirée par les manifestations culturelles et festives, sans parler des grandes manifestations sportives (Stade de France) et des spectacles de variété (Zénith). Les équipements sont à la hauteur du prestige de la capitale et se doublent de structures *extra muros,* comme Disneyland à Marne-la-Vallée, le plus grand pôle récréatif français, pur produit de l'initiative privée : 12,5 millions de visiteurs en 1999, dont 60 % d'étrangers, et un chiffre d'affaires de cinq milliards de francs.

(*Pour illustrer la situation de Paris, il conviendra de développer quelques exemples caractéristiques de l'aménagement urbain et des politiques de développement touristiques propres à la capitale.)*

3.2. La conurbation touristique littorale de la riviera azuréenne

À la rencontre de la mer, des paysages méditerranéens, de centres d'intérêt culturels et historiques, l'ensemble urbain qui s'étire de Cannes à Menton regroupe tous les thèmes de la relation entre ville et tourisme dans un espace littoral. Les caractères paysagers de la Côte d'Azur (végétation méditerranéenne, corniches surplombant la mer) s'associent à un riche patrimoine architectural (Nice, Menton) et à des activités balnéaires (ports de plaisance, plages).

Le linéaire urbanisé quasiment ininterrompu jusqu'à la frontière italienne offre un exemple parfait de la symbiose entre le fait urbain (architecture du XIXe siècle témoignant de l'histoire de la Côte d'Azur sur la promenade des Anglais à Nice, par exemple), les fonctions de tourisme d'affaires (hôtellerie haut de gamme, centre des Congrès), de tourisme estival et climatique (résidences et ports de plaisance : Marina Baie des Anges à Nice, Cannes Marina), de même que les activités récréatives et culturelles (casinos, festivals de Cannes, d'Antibes, centre Acropolis à Nice, fête du Citron à Menton), auxquels il faut ajouter quelques points d'ancrage renommés dans l'arrière-pays (Èze-village, Grasse, Mougins).

Dans ce cadre idyllique de renommée mondiale, les villes, au travers de l'évolution de l'urbanisation (résidentielle, commerciale, industrielle), répercutent les impulsions nées du tourisme sur cette partie prestigieuse du littoral méditerranéen.

3.3. Dans le Nord – Pas-de-Calais, le tourisme urbain s'appuie sur l'histoire industrielle passée

Dans le Nord – Pas-de-Calais, région la plus urbanisée de France et la plus anciennement industrialisée, la crise a généré un déclin économique, contexte dans lequel le tourisme urbain apparaît comme un remède.

« L'enfer du Nord » n'était guère attractif pour des séjours touristiques et c'est le créneau culturel qui a servi d'ancrage au développement du tourisme dans les villes. Boulogne, Saint-Omer, Cambrai obtiennent le label « villes d'art et d'histoire », tout comme Lille et Arras sont estampillées « villes d'art ». Mais c'est la fermeture des mines de houille (en 1990 pour la dernière) et de nombreuses usines qui déclenche cette stratégie touristique, misant, aussi, sur la clientèle étrangère voisine. L'accent est mis sur la valorisation du patrimoine industriel de sites désaffectés du textile et de la métallurgie. À Roubaix, l'« Usine » est une filature reconvertie en centre de magasins d'usine (tourisme commercial) ; les terrils deviennent des lieux de la mémoire minière. Lille devient une ville-pilote du tourisme urbain, classée au quatrième rang dans l'opération « bon week-end en ville », elle valorise son centre : le Vieux Lille restauré devient le centre actif de ce tourisme urbain dont les efforts profitent aussi à l'ensemble du réseau de villes de la région.

Les impacts de cette mutation fonctionnelle se répercutent sur la physionomie des quartiers : le bâti industriel, comme celui des corons, est valorisé par des parcours thématiques. De plus, effet induit sur la société urbaine, les relations entre les habitants et leur ville se sont, de ce fait, transformés. Dans cet exemple, on mesure combien le fait touristique inscrit dans les politiques de la ville peut modifier, de manière positive, l'image de celle-ci, non seulement vis-à-vis de l'extérieur, mais aussi de sa propre population.

Conclusion

Le tourisme urbain, au travers des formes qu'il revêt et des dynamiques suscitées, est un bon révélateur de l'état de santé des villes qui, dans leurs stratégies de développement, s'appuient sur cette activité. Il engendre et influence le processus d'urbanisation, se présentant comme un facteur régénérant et stimulant des mutations fonctionnelles urbaines. Villes et tourisme composent ainsi une relation décisive par les transformations urbanistiques, économiques et sociales récemment engendrées par le fait touristique.

L'évolution récente des rapports villes-campagnes en France

Pendant des décennies, les rapports entre les villes et les campagnes se sont faits selon le même schéma qui, à partir du XIXe siècle, a été modifié par le dépeuplement des zones rurales, la croissance des villes, l'industrialisation, la révolution des transports. À la fin du XXe siècle, le mouvement s'est accéléré, au point qu'un nouveau schéma s'est imposé.

Le problème est double. Les nouveaux rapports entre les villes et les campagnes sont à comparer avec ceux qui étaient en vigueur au lendemain de la Seconde Guerre mondiale ; il faut aussi comprendre les raisons de ces modifications. La question sera étudiée en trois temps, d'abord un constat, celui de changements récents dans les rapports entre villes et campagnes, ensuite l'étude des bouleversements démographiques que ces changements ont provoqués, enfin un point sur les relations villes-campagnes, telles qu'elles sont aujourd'hui.

1. La transformation des rapports villes-campagnes au XXe siècle

Les campagnes françaises ont été des réservoirs de population au moins depuis la Renaissance. À la fin du XVIIIe siècle, la transition démographique, précoce en France, a accéléré le mouvement. Les ruraux gagnaient alors la ville moyenne la plus proche, pour peu que son économie se développe ; certains émigraient directement vers les grandes villes, Lyon, Marseille, et, bien sûr, Paris. Cet exode touchait deux sortes de campagnes, celles qui avaient un très fort dynamisme démographique (p. ex. la Bretagne) et celles dont les ressources étaient trop médiocres pour accueillir quelque surplus de population ; parmi ces dernières, les montagnes et aussi des plaines (Aquitaine, est du Bassin parisien, entre autres).

Jadis la campagne fournissait à la ville des denrées alimentaires qui devaient être, pour la plupart, produites à proximité, à cause de la lenteur des transports. Autour des villes, parfois à leurs portes, se développèrent des « ceintures » maraîchères et laitières, pour approvisionner les marchés citadins, qui étaient des lieux privilégiés de contact entre les mondes urbain et rural, où s'échangeaient produits, nouvelles et idées. De son côté, la ville était pourvoyeuse de biens d'équipement et de consommation, ainsi que de services. Plus ou moins fréquemment, les ruraux devaient venir à la ville, selon leurs besoins. De ceux-ci, les plus ordinaires pouvaient être satisfaits à la petite ville proche (là résidait le bien nommé médecin « de campagne ») ; en revanche, la satisfaction de besoins plus rares nécessitait un déplacement à la grande ville.

Ces mouvements n'en excluaient pas d'autres, dans le sens inverse, en particulier ceux qui conduisaient les citadins aisés, aristocrates et bourgeois sur « leurs terres », au milieu desquelles s'élevait un château ou, tout du moins, une maison de maître. En effet, la ville était largement détentrice du foncier rural, souvenir du temps où la possession de la terre assurait des revenus (rente foncière) et permettait à la bourgeoisie d'accéder à l'ordre de la noblesse. En gros, on peut dire que plus la ville était importante, plus son emprise foncière était forte. Il existait pourtant des exceptions, dans des régions comme l'Alsace, où la bourgeoisie plaçait ses capitaux dans le négoce plutôt que dans la terre.

Après la Seconde Guerre mondiale, le mouvement de dépopulation des campagnes s'est accentué. L'attraction des villes s'est faite plus intense : les emplois s'y développaient, alors qu'à la campagne les travaux agricoles demandaient moins de main-d'œuvre. Les jeunes partaient pour la ville et les vieux restés sur place finissaient par mourir. Les bilans naturels et les soldes migratoires étaient les uns et les autres négatifs. Ce mouvement a toutefois été inégal selon les régions. Les plus touchées ont été celles où les ressources de la terre étaient médiocres et où des emplois dans l'industrie et le secteur tertiaire ne venaient pas soutenir l'activité et permettre le maintien de la population. C'est ainsi que s'est constituée la « diagonale du vide », qui prend la France en écharpe, des Ardennes à l'Ariège.

D'autre part, dans la seconde moitié du XXe siècle, les villes n'ont plus demandé aux campagnes qui les entourent autant de produits agricoles qu'auparavant. Les innovations dans la conservation et le transport des denrées périssables ont rendu caduque la nécessité d'une proximité entre la ville et la campagne qui l'alimentait. En revanche, l'expansion urbaine et l'augmentation du nombre des citadins ont eu pour conséquence le débordement des villes hors de leurs limites, aux dépens des espaces ruraux, sous forme d'espaces périurbains complexes. La démographie et le contenu social des campagnes françaises en ont été bouleversés, d'autant plus qu'aujourd'hui, c'est la ville qui envoie des habitants à la campagne.

2. Les bouleversements démographiques

Contrairement à une idée encore répandue, la désertification des campagnes n'est plus à craindre dans une grande partie du territoire français. Les campagnes ont, globalement, gagné des habitants, et leur contenu social s'est modifié.

2.1. Une nouvelle donne démographique

Depuis un quart de siècle, la population des campagnes françaises augmente, de façon continue. Entre 1990 et 1999, le gain a été de 247 000 personnes. C'est par un solde migratoire largement positif (+ 410 000) que ce gain a pu être réalisé ; le bilan naturel reste négatif (– 163 000). On ne peut donc pas parler de renaissance rurale. En fait, ce sont les villes qui débordent sur les campagnes, en leur insufflant des habitants, les « néoruraux », dont la plupart continuent à avoir leurs activités en ville.

Les gains les plus forts sont, logiquement, à proximité des villes. Ce déferlement s'étend parfois jusqu'aux aires de dépeuplement qui, du coup, se rétractent. Mais dans ce qui en reste, les pertes s'accentuent. Ces zones dépeuplées couvrent environ 40 % du territoire : c'est la « diagonale du vide », avec le Massif central, ce sont les campagnes des Alpes du Sud et de Corse, celles du Bassin aquitain sauf les vallées, le cœur des Pyrénées, certains cantons de l'intérieur de la Bretagne et du Poitou, le Bocage normand. En revanche des campagnes bien peuplées couvrent l'ensemble de l'Ouest, les plaines et les plateaux au nord de la Seine, l'Alsace, les Alpes du Nord, les vallées du Rhône et de l'Aquitaine, enfin les plaines méditerranéennes.

Ce sont les villes qui contribuent à l'essor de ces campagnes, en leur envoyant des habitants. Il en résulte des modifications sensibles dans la structure sociale du monde rural.

2.2. La diversification des populations rurales

La société agraire traditionnelle s'efface devant une nouvelle société que l'on peut dire urbaine, même si sa résidence est campagnarde, et dont la composition est complexe.

ÉVOLUTION DÉMOGRAPHIQUE 1990-1999
DES CAMPAGNES ET DES PRINCIPALES AIRES URBAINES

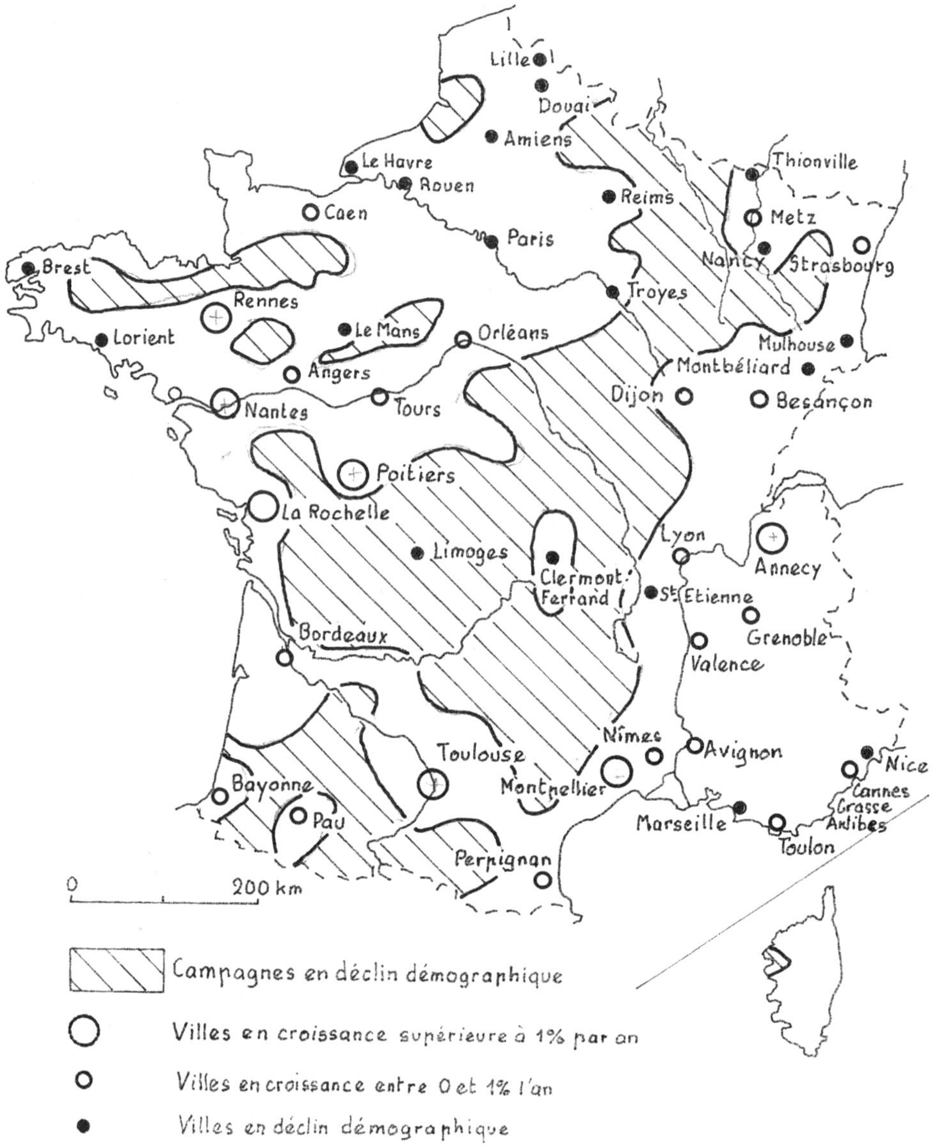

Les agriculteurs sont devenus minoritaires et ont souvent perdu le contrôle des territoires où ils exercent leurs activités. Cette perte de pouvoir, souvent mal vécue, se fait au bénéfice des néo-ruraux, ce qui va dans le sens d'une urbanisation de la campagne.

Les retraités sont nombreux. Beaucoup sont originaires des lieux où ils viennent finir leurs jours. D'autres transforment leur résidence secondaire en résidence principale. Les retraités les plus jeunes s'investissent dans l'action locale, dans les associations et dans les conseils municipaux, qu'ils finissent souvent par dominer.

Les actifs non agricoles sont le plus souvent très mobiles, la plupart d'entre eux travaillant en ville. Ce sont en majorité des employés et des ouvriers, comme le montre le tableau suivant :

Population rurale active hors agriculture

Catégories	Pour 100 actifs
Artisans, commerçants, chefs d'entreprise	8,9
Cadres, professions intellectuelles supérieures	6,1
Professions intermédiaires	18,1
Employés	29,3
Ouvriers qualifiés	19,9
Ouvriers non qualifiés	17,6

Dans certaines campagnes sans industries, les pourcentages d'ouvriers sont néanmoins supérieurs aux chiffres du tableau. Ces actifs vont travailler dans les villes voisines, par exemple, Sochaux et Montbéliard, Rouen ou encore de Saint-Nazaire.

2.3. L'attraction des villes sur la population rurale

Les villes n'ont pas perdu leur pouvoir d'attirer des ruraux pour une installation durable. Mais ce pouvoir a bien diminué en un quart de siècle. Aujourd'hui, lorsque 100 citadins vont s'installer à la campagne, 68 ruraux seulement gagnent la ville. Parmi eux, on compte quelques néo-ruraux qui renoncent à la campagne, soit qu'ils n'aient pas pu s'y habituer, soit que, très aisés, ils aient acheté des logements de grand standing dans des centres-villes réhabilités. Enfin bon nombre de jeunes ruraux, souvent encore célibataires, viennent en ville pour faire des études ou, diplômés, pour y occuper un premier emploi.

Malgré les apparences, les relations villes – campagnes, aujourd'hui, ne sont donc pas complètement à sens unique. Mais l'influence de la ville sur la campagne est la partie la plus visible du diptyque ; en effet, l'arrivée d'un ménage dans une commune rurale de quelques centaines d'habitants est un événement bien plus remarquable que l'installation d'un ménage d'origine rurale dans une ville, même modeste.

3. Des influences réciproques

3.1. Ce que la ville offre à la campagne

Par ses activités, la ville exerce sur les campagnes un rôle directif. C'est elle, on l'a vu, qui distribue les biens et les services. Ainsi, c'est dans les villes que se situent la plupart des établissements d'enseignement de niveau supérieur à celui de l'école élémentaire ; n'y échappent que certains établissements privés et surtout beaucoup de lycées agricoles.

C'est un rôle de structuration du territoire que la ville, celle du moins qui a quelque importance, joue en organisant le réseau de transport qui irrigue les campagnes tout en la reliant aux villes voisines.

Dans les départements, le chef-lieu a une importance déterminante, par la présence d'instances administratives et judiciaires dont l'autorité s'impose à toute la circonscription. Ce tableau souffre quelques exceptions. Ainsi, dans la Marne, la grande ville, Reims, dispute la prééminence au chef-lieu, Chalons-en-Champagne, pourtant capitale de région, en abritant le siège du rectorat et la cour d'assises.

Dans les villes, la présence d'activités variées induit celle d'emplois susceptibles d'attirer des candidats, en particulier des jeunes adultes en recherche de travail. La ville peut donc être très attractive, si elle est dynamique. Toutefois, les mouvements migratoires qui la concernent sont aujourd'hui plus aléatoires que jadis, où l'on gagnait soit la ville proche, soit une grande ville, Paris en particulier. Les migrants d'origine rurale qui gagnent une ville pour s'y installer viennent de toutes les régions et pas seulement des campagnes environnantes.

Les transformations des relations entre villes et campagnes ont provoqué une modification de la hiérarchie urbaine. La grande ville, grâce à la généralisation des transports individuels rapides, est plus facile d'accès que jadis. Elle concentre les fonctions tertiaires, tandis que les petites villes stagnent ou périclitent, surtout celles qui sont les plus proches de la grande. Le phénomène n'est pas général ; il concerne surtout les régions de faible densité de population, aussi bien celles qui ont des difficultés économiques que celles qui sont restées prospères. Dans ces campagnes peu peuplées, la clientèle potentielle pour les commerces et services citadins est faible. Dans la Vienne, les petites villes autour de Poitiers sont en difficulté ; il en va de la sorte à Vivonne, à 15 km au sud du chef-lieu, où le commerce traditionnel a d'autant plus de mal à subsister qu'il est concurrencé par une grande surface et qu'une partie des actifs, ceux qui travaillent à Poitiers, y font le plus clair de leurs courses. Dans de telles campagnes, les personnes sans voiture, en particulier les plus âgées, souffrent d'un cruel isolement. La hiérarchie urbaine est mieux conservée dans les « campagnes vivantes » où des activités non agricoles se sont développées, permettant le maintien d'une population plus dense, donc une clientèle plus importante pour les commerces et les services locaux. Tel est, par exemple, le cas de la Vendée.

Si la campagne attend de la ville ce que celle-ci lui a toujours fourni, des biens, des services, des emplois, elle ne les attend pas forcément dans la même ville que naguère. Le schéma classique s'en trouve quelque peu brouillé.

3.2. Ce que la campagne offre à la ville : des hommes et surtout des biens

La campagne fournit toujours à la ville des produits, surtout agricoles, et aussi des hommes en quête d'emplois ; ces offres-là ne sont pas nouvelles, mais elles ont changé de nature et d'importance.

On a vu que les mouvements migratoires vers les villes ne se sont pas taris et qu'ils concernent surtout des jeunes en quête de formation ou d'emploi.

L'offre de produits agricoles à la ville a beaucoup changé. Les produits voyagent plus vite et mieux que jadis, ce qui induit des modifications dans la localisation des productions. Les citadins ne sont plus nourris que partiellement par les campagnes proches. Ils peuvent consommer des denrées produites parfois très loin, hors des frontières nationales et sur d'autres continents. Du coup, les ceintures laitières ont pratiquement disparu et les produits viennent de régions spécialisées dans l'élevage, pas forcément proches ; ainsi le Pays de Bray n'est-il plus le producteur attitré de Paris. Le déclin des ceintures maraîchères et fruitières est parfois moins marqué, surtout dans les régions de grandes productions spécialisées, comme le Val de Loire. Autour de bon nombre de villes subsistent des exploitations dont la production est écoulée, en totalité ou en partie, sur les marchés urbains. Toutefois, les zones les plus proches des villes sont touchées par l'urbanisation, qui efface plus ou moins complètement le paysage agricole. Tel est le cas sur la rive sud de la Loire à Orléans, où immeubles et villas se sont substitués aux exploitations fruitières et horticoles ; de même, les marais de Bourges, ou ce qui en reste, n'a été sauvé de l'assèchement qu'*in extremis*, une partie ayant été utilisée pour installer un hypermarché et son parking.

Une nouveauté réside dans le développement de la vente directe à la ferme, qui s'adresse prioritairement aux citadins. Parfois, le client doit assurer lui-même la cueillette. La meilleure situation pour une exploitation de ce genre est au bord d'une route fréquentée et pas trop loin de la ville. Il est toutefois des cas d'exploitations en pleine campagne, dont la clientèle est attirée par le bouche à oreille. Un GAEC proche de Vendôme écoule ainsi la totalité de productions variées, volailles, légumes, fruits.

3.3. Ce que la campagne offre à la ville : des territoires pour son expansion

La campagne propose aussi son territoire à la diffusion du bâti et à l'installation des hommes. Le phénomène d'urbanisation des campagnes a pris une ampleur considérable, qui modifie profondément la physionomie de beaucoup d'entre elles.

La mainmise de la ville sur le foncier rural a connu un changement radical par rapport à jadis. Certes, il existe encore des propriétés appartenant à des citadins et louées à des agriculteurs, en Beauce par exemple, mais le phénomène devient rare, les exploitants cherchant à acquérir la terre. Ce qui est nouveau, ce sont des acquisitions foncières par des citadins, souvent près des villes, mais aussi en pleine campagne, à d'autres fins.

Une première cause d'achat est l'opportunité d'installer une usine, un entrepôt, un commerce sur de vastes espaces dont le prix est moindre qu'en ville. Il s'agit d'entreprises parfois héritées de traditions locales ; d'autres ont profité des décentralisations des années soixante, lorsqu'il a fallu tenter de décongestionner Paris et que l'on vantait les avantages des usines « dans la chlorophylle ». Un bon exemple de ces implantations en pleine campagne est fourni par une très importante imprimerie dont les bâtiments s'élèvent au milieu des champs, entre Malesherbes et Pithiviers. Beaucoup de zones d'activité ont été installées sur des terres qui furent agricoles. Le cas le plus spectaculaire est celui de l'implantation de l'aéroport de Roissy sur un des meilleurs terroirs céréaliers du monde, la plaine de France.

D'autres implantations sont réalisées en vue de l'installation des citadins qui quittent la ville, où ils gardent leurs activités professionnelles, pour aller habiter à la campagne. Certains achètent et réaménagent des maisons rurales, d'autres choisissent de faire construire une villa, souvent dans un lotissement. Dans ce cas, c'est la ville qui déborde et l'on ne peut pas parler de renaissance rurale. Les possibilités offertes par la motorisation permettent à ces migrants alternants d'aller résider jusqu'à une trentaine de kilomètres de la ville, parfois même davantage. Autour des plus grandes villes, les transports en commun irriguent les campagnes dans un rayon souvent supérieur à 50 km. Des tarifs particuliers sont consentis aux usagers, généralement avec l'appui des collectivités (carte Orange à Paris).

La mainmise foncière de la ville sert aussi à promouvoir des fonctions récréatives et de loisirs. Elle s'exerce surtout par la présence de résidences secondaires. Certaines, souvent héritées, deviennent des résidences principales de retraite pour des autochtones revenus au pays de leur enfance. D'autres sont achetées ou construites ; elles pourront aussi servir pour la retraite. Leur implantation est souvent moins proche des villes que celle des résidences des migrants alternants. Pour les résidences secondaires, la préférence des citadins va naturellement à des régions présentant des agréments paysagers, tout en restant faciles d'accès. C'est ainsi que la vague des résidences secondaires des Parisiens vers l'Ouest a envahi progressivement la Normandie, de l'Eure au Cotentin ; cette progression, qui éloigne de Paris, est due à la saturation des zones les plus proches de la capitale, conquises par les résidences principales, avec une augmentation du prix du bâti.

On constate aussi, en France, l'installation à la campagne de citoyens étrangers. Ils sont la plupart du temps d'origine citadine. Les plus représentés sont les ressortissants des Îles Britanniques, qui forment 81 % des étrangers ayant acquis une résidence, principale ou secondaire, en France. On trouve ces Britanniques de la Basse Normandie à l'Aquitaine. Un bon nombre se sont installés définitivement, parfois au prix d'un changement de profession.

La mainmise de la ville sur les espaces ruraux à des fins de loisirs concerne parfois des superficies plus importantes que celles des simples résidences secondaires, superficies qui peuvent atteindre plusieurs centaines d'hectares. Un bon exemple est celui des propriétés de chasse en Sologne ; leur superficie moyenne est d'environ 200 hectares chacune. Les prix, hors bâti, sont de l'ordre de 5 000 euros l'hectare. Dans cette région de sols pauvres, ces prix découragent les installations d'agriculteurs et ceux qui sont encore actifs sont incités à vendre. L'agriculture a complètement disparu dans bon nombre de communes. Aujourd'hui, la Sologne appartient, pour la moitié de sa surface à des personnes qui ont leur résidence principale ailleurs, citadins en majorité, un sur deux habitant Paris ou sa banlieue proche. On est ici dans un cas particulier de résidence secondaire.

Tout autre est la mainmise citadine pour l'implantation de parcours sportifs dans la périphérie proche, ainsi que l'aménagement d'espaces de loisirs, qu'il s'agisse des parcs d'attraction ou, à la montagne, des domaines skiables. L'acquisition n'est pas toujours la formule retenue. En montagne, par exemple, certains domaines appartiennent aux communes et sont concédés moyennant finances à des sociétés qui les exploitent, pour une clientèle majoritairement citadine.

Enfin, il faut aller encore plus loin en évoquant le cas des forêts domaniales et des collectivités territoriales. À leur rôle de production de bois s'est ajouté celui d'espace de récréation et de détente essentiellement à l'usage des citadins. On pense ici à la forêt de Fontainebleau ou à la forêt communale de Besançon, dans lesquelles la production ligneuse est devenue secondaire.

3.4. Des conséquences diverses

L'expansion urbaine dans les campagnes affecte les paysages. Près des villes, les lotissements pavillonnaires englobent les vieux villages, au point que, souvent, on a du mal à en retrouver les traces. Les besoins d'une population en essor entraînent l'implantation de centres commerciaux, en même temps que s'installent ateliers et usines. À la limite, le territoire cesse d'être rural. Plus loin de la ville, le mitage pavillonnaire affecte les campagnes. Çà et là, apparaissent des installations plus visibles encore, telles que celles des domaines skiables en montagne.

Qu'en est-il, par ailleurs de la situation des campagnards de souche ? Ils peuvent être gênés par l'augmentation du prix de la terre et du bâti. Certains se sentent frustrés lorsqu'ils ont perdu le pouvoir au sein des conseils municipaux. Les modifications dans la hiérarchie des villes, la perte des commerces et des services dans les plus modestes d'entre elles sont ressenties comme une catastrophe par ceux qui sont les moins mobiles, au premier chef les personnes âgées. Enfin la cohabitation avec les ruraux n'est pas toujours facile. Le chant des coqs, le bruit des tracteurs, l'odeur du lisier donnent lieu à des protestations de certains néo-ruraux.

Conclusion

Il est clair que l'évolution des rapports ville-campagne en France a scellé la domination citadine sur les espaces ruraux. Cette domination serait encore plus forte, probablement, si la France était beaucoup plus peuplée. Il subsiste des territoires sur lesquels l'influence de la ville est faible ; ce sont les moins peuplés d'entre eux, dont il n'est pas sûr qu'ils aient devant eux un avenir brillant, tant s'en faut. À l'opposé existe ce que certains appellent une « campagne des villes » où la mainmise urbaine est considérable.

Aujourd'hui, la différence entre citadins et ruraux est en voie de disparaître. Les modes de vie à la campagne sont les mêmes qu'à la ville. L'évolution des rapports entre la ville et la campagne, en accentuant le poids de l'influence urbaine sur l'ensemble du territoire, a uniformisé les mentalités.

Du fait de l'évolution des rapports ville-campagne, le monde rural a connu des transformations profondes. Il est important de constater qu'en revanche, les villes n'en ont pas été affectées, parce que les citadins emmènent avec eux à la campagne leur comportement, leur mentalité et leur perception d'hommes de la ville, alors qu'en revanche les ruraux qui s'installent en ville adoptent très rapidement des comportements de citadins.

Les réseaux de transport français et l'Union européenne

Pendant des siècles, le réseau de transport français a été conçu dans une logique de centralisation ; les transports jouant un rôle de premier plan pour le renforcement du pouvoir central et l'organisation de l'espace. C'est ainsi que la fameuse « toile d'araignée » a pris consistance et n'a pas cessé d'être renforcée envers et contre tout, surtout contre tout risque de dissidence. Cette logique a été appliquée de façon implacable sur toute l'étendue du territoire, que ce soit à Strasbourg, Nice ou Perpignan.

La construction de la CEE, puis l'agrandissement incessant de l'Union européenne ont imposé une autre logique qui, sur bien des points, s'oppose à la première. L'Union européenne s'édifie dans une logique de décentralisation – Paris n'est qu'une capitale parmi d'autres, qui plus est située en dehors de la « banane bleue » – en même temps que se renforce en France même, vaille que vaille, une décentralisation interne. Paris n'est plus, sur le territoire national, le pôle exclusif de convergence des réseaux et flux de transport quand bien même elle en reste de loin, encore, le plus important. D'autres pôles, secondaires pour l'instant, émergent. Cela a déjà des conséquences considérables sur l'organisation du territoire.

Nous ne traiterons, ici, que des transports routiers, ferrés, aériens et fluviaux et le plan comprendra trois parties portant sur les logiques anciennes et nouvelles ayant présidé à l'édification des réseaux, les nouveaux réseaux dus aux incidences de la construction européenne et les pôles émergents.

1. Logique passée et logiques nouvelles

1.1. La logique de la centralisation passée

Quand on considère la carte des réseaux de transports routiers, ferré ou aérien français, on est frappé par la répétition de la convergence des axes de transports vers la région parisienne. En partent et y convergent tous les axes importants en direction de Lille, Brest, Strasbourg, Nice ou Bayonne. C'est le résultat le plus évident de la politique de centralisation sur Paris menée depuis des siècles par tous les pouvoirs successifs, royal, impérial et républicain. Et c'est cette politique qui a assuré à la France sa cohésion et sa puissance, au XIXe siècle en particulier. Par ailleurs, la concentration des pouvoirs politiques sur Paris, à la différence des pays comme l'Allemagne ou l'Italie qui ont réalisé tardivement leur unité, a entraîné la concentration des sièges sociaux des entreprises. Ce cumul des pouvoirs politiques et économiques a, par effet boule de neige, renforcé la solidité du schéma étoilé.

Seul le réseau de transport fluvial a semblé échapper à cette logique… mais uniquement en raison de contraintes physiques trop coûteuses à surmonter ; car, là aussi, la volonté de créer une toile d'araignée a bel et bien existé. Le plan Freyssinet, au XIXe siècle, a réussi à interconnecter le réseau fluvial de la Seine avec ceux du Rhin et de la Loire ; ceci grâce à des ouvrages d'art qui suscitent aujourd'hui notre admiration. Il y eut même, toujours dans ce XIXe siècle, un projet de traversée par canal du Massif central !

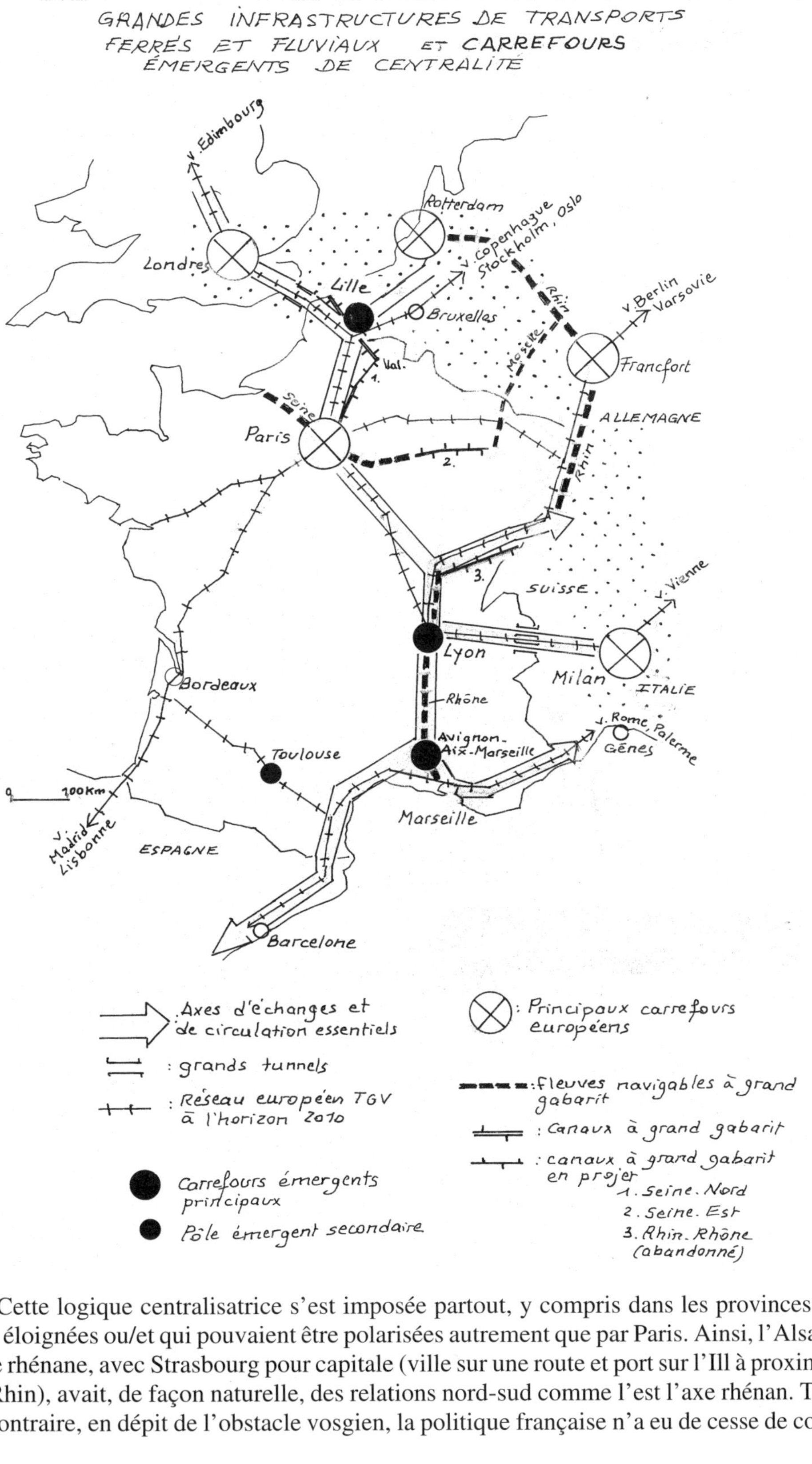

Cette logique centralisatrice s'est imposée partout, y compris dans les provinces les plus éloignées ou/et qui pouvaient être polarisées autrement que par Paris. Ainsi, l'Alsace, terre rhénane, avec Strasbourg pour capitale (ville sur une route et port sur l'Ill à proximité du Rhin), avait, de façon naturelle, des relations nord-sud comme l'est l'axe rhénan. Tout au contraire, en dépit de l'obstacle vosgien, la politique française n'a eu de cesse de construire des axes de transport vers Paris, donc vers l'ouest en contournant les Vosges par le col de Saverne et la Porte d'Alsace, perpendiculairement aux axes « naturels » des pays rhénans.

Tout récemment encore, les grands axes routiers et ferrés rapides ont été établis selon la logique traditionnelle. Cela s'est fait au détriment des liaisons transversales ou interprovinciales. Des secteurs entiers du territoire sont devenus des obstacles qu'il faut contourner. Ainsi, il n'est pas possible de faire dans la journée, par fer, un aller-retour Limoges-Lyon au travers du Massif central sans passer par Paris !

Avec la construction européenne, la logique centralisatrice s'efface quelque peu – sans toutefois disparaître – et une autre logique apparaît.

1.2. La logique européenne

La construction européenne est porteuse, par nature, de décentralisation. Parmi les pôles structurants, car décisionnels, il y a non seulement toutes les capitales politiques traditionnelles – comme Paris, Londres, Bruxelles, Madrid ou Rome – mais aussi les capitales économiques comme Milan, Francfort, Düsseldorf ou Barcelone. À cela s'ajoutent les trois capitales « européennes » qui sont Bruxelles, Luxembourg et Strasbourg.

Avec l'élargissement continu de l'Union européenne, il est nécessaire de faire en sorte que la France, et non plus seulement Paris, soit reliée le mieux possible non seulement à Francfort ou Madrid mais aussi à Vilnius, Athènes ou Bratislava. L'idéal étant, vu de Paris, que la France puisse se situer dans une position aussi centrale que possible grâce aux grands réseaux de transport. Jusqu'alors, la géographie l'a considérablement aidée : désormais, avec l'entrée des pays de l'Europe orientale, l'Allemagne devient le pays qui est géographiquement en position centrale (économiquement elle l'était déjà). Des efforts particuliers devront donc être consentis en matière de transports pour améliorer notre position. Tout cela ne fait que renforcer la nécessité de continuer à construire des moyens de transports rapides et performants qui sont, avec raison, privilégiés au détriment des autres.

Par ailleurs, des régions françaises font désormais partie d'ensembles européens transfrontaliers cohérents – comme l'ensemble Sar-Lor-Lux ou la *Regio basiliensis* – d'autres redécouvrent des solidarités nationales transfrontalières (Flandres, Pays basque, Catalogne par exemple) ; l'Alsace peut redevenir terre rhénane au sens fort.

Ces réalités nouvelles obligent les autorités françaises à infléchir sérieusement leur politique en matière de transport.

2. Les incidences de l'Union européenne sur les réseaux de transport français

Pendant longtemps, la France s'est trouvée en position de carrefour à l'intérieur de la CEE jusqu'à la veille du dernier agrandissement de l'Union européenne. Pendant les dernières décennies, elle s'est contentée, en matière de transports, de poursuivre, pour l'essentiel, sa politique favorisant à outrance Paris. Cependant, cela n'a pas empêché des pôles secondaires d'émerger.

2.1. Rail et route : la poursuite apparente de la politique de la « toile d'araignée »

Dans ces deux domaines, l'essentiel de la politique française a porté sur la construction de transports terrestres rapides qui partent de Paris et y arrivent. Ce n'est que tardivement que les nécessités intérieures et extérieures – dues à l'Union européenne – apportent quelques changements. Ceux-ci sont, en apparence, de faible ampleur ; en fait, la portée des nouvelles infrastructures rapides peut se révéler plus importante qu'il n'y paraît.

Le réseau rapide français de voies routières continue à s'étendre sur tout le territoire. Il s'agit maintenant de compléter le réseau existant en comblant les « trous », par exemple en établissant des voies routières rapides transversales à travers le Massif central. Désormais, ce massif n'est plus un obstacle que l'on doit contourner : une voie autoroutière directe Bordeaux-Lyon, via Clermont-Ferrand, est en cours d'achèvement et recoupe les autoroutes Paris-Montpellier, via Clermont-Ferrand, et Paris-Toulouse, via Limoges. Une voie directe Aix-Marseille-Grenoble, via Sisteron, est en cours d'aménagement progressif et sera la première autoroute intra-alpine parallèle à l'axe rhodanien. De même, la jonction des deux mers – Biarritz-Béziers, via Toulouse -, comble un manque. Par ailleurs, la saturation des transports en région parisienne oblige à construire des voies d'évitement ; par exemple pour aller de Lyon vers le Benelux, via Reims, ou de Lyon vers le Royaume-Uni, via Reims et Calais, ou encore de Biarritz à Caen, via Nantes. Désormais, ce sont près de 13 000 km d'autoroutes payantes et de voies rapides gratuites qui sont en service sur le territoire français.

Le réseau TGV s'étend de façon continue en dépit des retards dus à des problèmes de financement ou aux contestations d'ordre environnemental. À ce réseau, il convient d'ajouter les lignes empruntées par les TGV, comme Marseille-Vintimille. L'ensemble constitue un atout majeur pour le développement régional et, surtout, pour l'intégration européenne. À l'horizon 2010, demain donc, il est prévu que le réseau européen de trains à grande vitesse relie Paris à Madrid et Lisbonne, Paris à Londres puis à Edimbourg et Dublin, Paris à Oslo et Stockholm, via Hambourg et Copenhague, Paris à Varsovie, via Berlin, Paris à Palerme via Milan et Rome, Paris à Vienne, via Francfort. En définitive, seules Athènes et les capitales des pays baltes resteraient encore inaccessibles par transport ferré rapide. D'ici là, la liaison Paris-Strasbourg, capitale européenne encore si mal reliée à Paris, sera achevée.

C'est à ces réseaux, autoroutiers et ferrés, que l'on doit la construction des infrastructures les plus remarquables comme le tunnel sous le Mont-Blanc – qui a singulièrement rapproché Milan, la puissante capitale économique italienne, de Paris – ou le tunnel sous la Manche qui, pour la première fois, crée une continuité terrestre entre la France et le Royaume-Uni et une brèche à son insularité.

De même, les grands ouvrages permettant de franchir estuaires et vallées encaissées, comme la spectaculaire enjambée du canyon du Tarn à Millau, qui est en voie d'achèvement, procèdent de la même logique tout en ayant un énorme intérêt régional.

2.2. Voies d'eau et air : les inflexions volontaires ou imposées

Dans le domaine des voies fluviales, en dépit des apparences, jamais n'a existé une véritable centralisation du réseau, même à l'époque de Freyssinet. En raison de la concurrence du rail et des contraintes de la topographie, une grande partie du réseau fluvial est tombée en désuétude et l'on a assisté, progressivement, à une sorte de démembrement de l'édifice avec trois axes, isolés les uns des autres : ceux de la Seine, du Rhin-Moselle et du Rhône-Saône. En dehors de ces axes, rarissimes sont les canaux – comme celui de Dunkerque à Valenciennes – à grand gabarit. La France s'étant désintéressée de son réseau de navigation intérieure, seulement 3 % des marchandises (contre 43 % aux Pays-Bas et 14 % en Allemagne) empruntent la voie d'eau.

Cependant, la construction européenne n'a pas manqué d'avoir quelques effets. Sans elle, la Moselle ni même le Rhin n'auraient pas été portés à grand gabarit. Trois grands projets ont vu le jour pour, tout à la fois, relier ces ensembles entre eux et au réseau européen : le projet Seine-Nord (Seine-Oise-canal Dunkerque-Valenciennes), le projet Seine-Est (de Nogent à Nancy) et, plus connu en raison des polémiques, le projet de canal Rhin-Rhône. Ce dernier projet était le plus important car il aurait permis de relier par voie d'eau, via la France, la mer du Nord et la Baltique à la Méditerranée et, par l'intermédiaire du Main et du canal Main-Danube, le réseau rhodanien à la mer Noire. Pour des raisons écologiques (bien que le transport par la voie d'eau coûte dix fois moins d'énergie que le rail) et économiques, le projet a été abandonné.

Dans le domaine de la desserte aérienne du territoire français, Paris – grâce à ses deux plateformes aéroportuaires que sont Roissy-Charles-de-Gaulle et Orly – concentre 87 % du trafic de passagers et 59 % du fret. C'est dire que Paris est la porte d'entrée essentielle de la France dans le domaine aérien ; alors qu'en Allemagne, c'est Francfort qui occupe cette place, très loin devant Berlin. Les autres aéroports français – Nice, Marseille et Lyon – ont une position secondaire. Cependant, la construction européenne incite de nombreuses villes de province à nouer des contacts directs avec les aéroports étrangers. L'avantage incontestable du transport aérien – qui n'a pas besoin de structures construites continues – laisse envisager un renforcement certain, même s'il est lent, des liaisons directes entre les villes de province et les grandes capitales européennes comme Londres, Francfort, Milan, Amsterdam, Madrid ou Rome. Par ailleurs, le développement du tourisme intra-européen, mais aussi la multiplication de résidences transnationales, permet à de petits aéroports de province de vivre et de prospérer.

3. L'émergence de carrefours nouveaux

Paris, nous l'avons vu, continue d'occuper, en France, une position centrale dans le domaine des transports (transports fluviaux exceptés). Son rôle n'est, pour le moment, aucunement remis en cause. Toutefois, des carrefours nouveaux émergent.

La capitale reste le pôle incontesté de tout le trafic en territoire français. C'est par excellence la porte d'entrée – et de sortie – de la France. Le revers de la médaille est constitué par l'excès de polarisation, source d'engorgement et donc de lenteurs qui ne sont plus admissibles dans le cadre de l'Union européenne où la compétition est vive entre les différentes capitales. Sur le plan routier, on a vu que des voies d'évitement étaient déjà construites ; d'autres sont en construction pour contourner, à une distance plus ou moins éloignée, la région parisienne. Les problèmes sont autrement plus difficiles pour le rail et, surtout, pour la voie aérienne. Les liaisons entre les deux grands aéroports, Roissy et Orly, sont particulièrement lentes. Par ailleurs, Roissy est singulièrement éloigné, en temps, du centre de la capitale… alors que l'on ne met que 20 minutes pour gagner, à partir de l'aéroport, le centre de Francfort, capitale économique européenne. C'est pour cela que l'on travaille à la construction de plate-formes multimodales complètes et majeures comme celle de Roissy : comprenant une plate-forme aéroportuaire avec une gare d'interconnexion par TGV, un raccordement autoroutier et une desserte RER.

Parmi les carrefours émergents, deux peuvent être considérés comme majeurs (hors Paris) : Lille et Lyon.

Lille, autrefois, était une sorte de « bout du monde » occupant une position excentrée non seulement par rapport à la France (et à Paris) mais aussi par rapport aux pays flamands. La région lilloise est devenue désormais un carrefour presque complet et incomparable en France. Le Nord est, en effet, la région de France qui a la plus forte densité d'autoroutes parfaitement reliées aux grands réseaux proches du Benelux et d'Allemagne. Le carrefour ferré est devenu exceptionnel grâce au tunnel sous la Manche et aux liaisons avec les pays du Nord et de l'Est. Seuls problèmes : si la liaison du canal à grand gabarit « Dunkerque-Valenciennes », prolongé jusqu'à Lille, est assurée avec l'Escaut belge, la jonction avec la Seine s'effectue par l'archaïque canal de Saint-Quentin. Par ailleurs, l'aéroport de Lille souffre gravement à la fois de sa proximité de Paris (par TGV, Lille n'est qu'à 55 minutes de Roissy) et de Bruxelles.

Lyon bénéficie à peu près des mêmes avantages que le carrefour lillois tout en souffrant des mêmes inconvénients. Lyon est toutefois devenu un pôle émergent qui acquiert un peu d'indépendance par rapport à Paris grâce aux liaisons privilégiées vers l'Italie (par l'intermédiaire des tunnels alpins), vers l'Allemagne et le Benelux, vers la péninsule ibérique, via Perpignan. Le carrefour lyonnais est désormais matérialisé par une toile d'araignée autoroutière particulière.

Des carrefours plus modestes apparaissent. En particulier celui, éclaté principalement à cause de la topographie, que constitue l'ensemble Aix-en-Provence – Marseille – Avignon. En raison de l'augmentation incessante des échanges entre les péninsules ibérique et italienne d'une part et entre la péninsule ibérique et les pays du nord et de l'est de l'Europe d'autre part, le carrefour du sud de la France est de plus en plus encombré.

Toulouse, pour l'instant, reste un carrefour essentiellement français. Mais sa « dimension » européenne prend quelque importance. La ville souffre encore de ne pas disposer de voies de communication rapides et directes, au travers des Pyrénées, vers la péninsule ibérique. Le contournement des Pyrénées, par l'est ou par l'ouest, reste un obstacle pour que Toulouse puisse espérer se trouver sur une des voies majeures reliant Lisbonne et Madrid soit à Paris soit au carrefour marseillais et au reste de l'Union européenne.

Conclusion

La « toile d'araignée » centrée sur Paris est toujours solidement en place. Des accrocs, cependant, ou des fissures sont à signaler. Ceux-ci se situent essentiellement sur ou à quelque distance des frontières septentrionales et orientales du pays, à proximité de la « banane bleue » qui va du Sud-Ouest britannique à la Toscane en contournant le territoire français. Plus que jamais, le réseau de transport français doit, d'abord, se rattacher à l'axe polarisé par les villes de Londres, Amsterdam, Düsseldorf, Francfort, Munich, Milan. Cette nécessité favorise les pôles lillois et lyonnais. De façon seconde, mais non secondaire, les raccords aux réseaux de transports ibériques et la nécessité d'assurer des liaisons rapides avec des capitales qui apparaissent plus lointaines comme Berlin et Varsovie renforcent les pôles périphériques. À l'inverse, l'impérative nécessité, pour la France, de mieux se positionner en Europe grâce à son réseau de transport a pour conséquence la concentration des investissements sur les moyens de transports rapides au détriment des autres… et donc de nombreuses régions qui souffrent d'un nouvel enclavement.

La France souffre-t-elle de désindustrialisation ?

Le sujet, tel qu'il est posé, est à double ressort. Il s'agit, tout d'abord, de savoir si la France se désindustrialise puis, dans un second temps, d'apprécier s'il y a souffrance pour le pays ou/et les populations.

En tout cas, il n'est guère de semaine, voire de jours, sans que la presse, spécialisée ou non, se fasse l'écho de telle ou telle fermeture d'usine générant chômage, troubles et manifestations. Même les activités qui plongent leurs racines dans la première révolution industrielle et qui sont à l'origine de véritables civilisations ouvrières ne sont pas épargnées, tout au contraire : c'est ainsi que le dernier puits de mine de charbon vient de cesser toute activité en Lorraine.

Les raisons de ces drames accompagnant la désindustrialisation peuvent être diverses mais quelques-unes reviennent sans cesse : dépôt de bilan, restructurations des activités, délocalisation au bénéfice d'un pays à bas coût salarial. Sur une échelle de temps plus longue, on a vu l'industrie se retirer, partiellement ou totalement, de certains espaces… d'où l'impression d'une désindustrialisation de grande ampleur. Comme le chômage est devenu un mal français structurel – bien plus grave que dans la plupart des pays développés – le phénomène de désindustrialisation est mal vécu et est perçu comme une souffrance à la fois par les populations directement concernées mais aussi par des régions entières, l'effritement de l'appareil industriel se traduisant par la destruction d'une partie plus ou moins importante de l'emploi induit et la dégradation de l'image de marque des espaces concernés.

Nous traiterons la question en trois temps :

- dans une première partie, nous examinerons la réalité et l'ampleur du phénomène de désindustrialisation ;
- dans une seconde partie, nous verrons les causes et les limites de la désindustrialisation ;
- enfin, nous considérerons le phénomène dans ses dimensions régionales.

1. Le constat : les réalités de la désindustrialisation et de la souffrance

Le stigmate, apparent et en principe évident, de la désindustrialisation est le recul du secteur industriel dans les structures socioprofessionnelles. Quelques chiffres sont, à cet égard, édifiants :

Évolution de la population active française (en %)

	1975	2002	Évolution 2002/1975
Agriculture	10,1	4,1	- 59 %
Industrie	29,4	18,2	- 38 %
Construction	9,1	5,9	- 35 %
Secteur tertiaire	51,4	71,8	+ 40 %
Nombre de chômeurs	912 000	3,06 M	+ 330 %

DÉSINDUSTRIALISATION. INDUSTRIALISATION

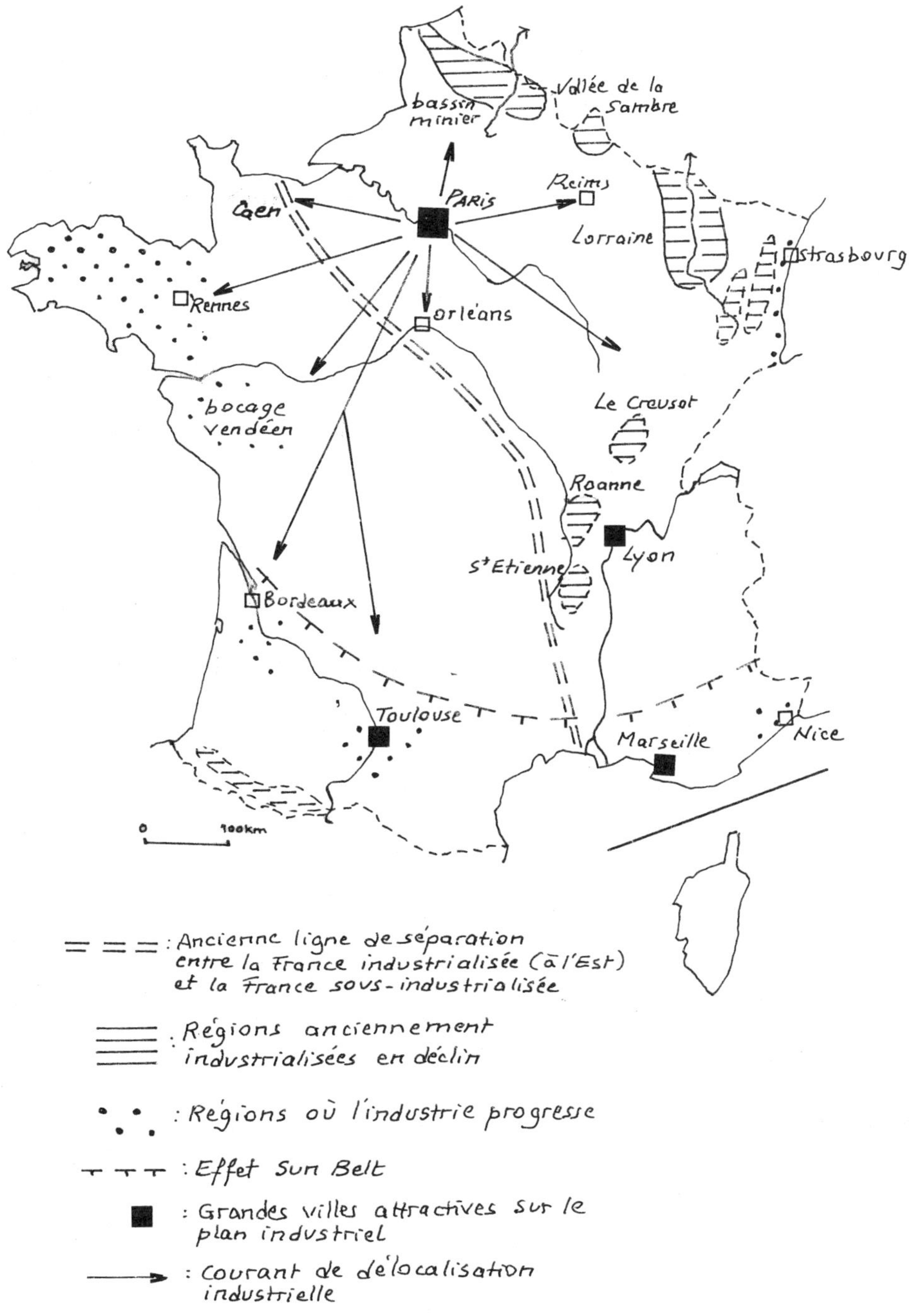

La part de l'industrie dans la population active s'est effondrée. Et l'évolution semble loin d'être achevée ; selon certaines sources, il n'y aurait plus véritablement que 15 % de la population active qui serait, aujourd'hui, employée dans l'industrie. Quantitativement, cela signifie que la France perd sans cesse des emplois industriels, car la population active continue de croître. Ainsi, depuis 1989, la France voit s'évaporer 40 000 emplois industriels chaque année.

Au-delà de ces chiffres généraux, qui ne sont pas très expressifs et qui n'intéressent guère le grand public, il y a les réalités de terrain qui, elles, sont traumatisantes. En une cinquantaine d'années, la France a vu disparaître la plupart de ses activités extractives : charbon, fer, non ferreux comme l'uranium ou la bauxite. Cela s'est traduit par la multiplication des friches minières que l'on essaie de réaménager comme on peut : terrils végétalisés ou servant à la glisse, excavations transformées en plans d'eau, etc. De très nombreux sites industriels liés à l'eau – soit pour l'énergie soit pour l'eau utilisée dans les *process* industriels – ont disparu, laissant un peu partout des traînées de friches hydrauliques et industrielles. Des pans entiers de l'industrie ont pratiquement disparu du territoire français, comme l'industrie de la chaussure et du cuir en général, ou ont été dramatiquement réduits. C'est le cas de l'industrie textile qui était, autrefois, présente sur l'ensemble du territoire. De façon générale, un très grand nombre d'industries de main-d'œuvre cessent leur activité en France. Même les groupes industriels les plus puissants externalisent les productions les plus gourmandes en main-d'œuvre ou celles qui génèrent les plus-values les plus faibles. Ainsi, en 2001, Alcatel, géant français des télécommunications, a décidé de transférer à l'étranger sa production de composants classiques et de batteries.

Tout cela provoque des chocs qui traumatisent les populations. C'est à cette désindustrialisation que l'on attribue – certainement à tort – le taux de chômage qui est bien plus élevé en France que dans les autres pays développés. Ce taux était, en 2000, de 10,6 % en France, 9,1 % en Allemagne et dans l'ensemble de l'Union européenne, de 5,9 % dans le Royaume-Uni, de 4,6 % au Japon et de 4,1 % aux États-Unis. La souffrance qui en résulte au niveau des ménages touchés par le chômage ne peut pas manquer de se répercuter sur le plan local, voire sur le plan régional. Combien de villes sont pour ainsi dire sinistrées par la fermeture de leur seule entreprise ! Avec la disparition de la masse salariale s'évapore tout l'emploi induit ; ce qui se traduit par la fermeture des commerces. Les budgets communaux sont à leur tour sinistrés.

Les causes de la désindustrialisation sont multiples et bien diverses et les désordres qui s'ensuivent ont, heureusement, des limites.

2. Les causes et les limites de la désindustrialisation

2.1. Les causes de la désindustrialisation

Deux temps peuvent être distingués : avant et après la mondialisation qui se situe au tournant des années 1980. Ces deux temps coïncident à peu près avec deux autres périodes, avant et après les chocs pétroliers, la charnière se situant à la fin des années soixante-dix.

Jusqu'à la fin des années soixante-dix, l'énergie n'était pas chère et il n'y avait guère, pour les pays industrialisés, de concurrence externe pour les produits industriels. Les pays développés possédaient alors un quasi-monopole de la recherche et de la production, les autres pays se contentant d'être des pourvoyeurs de matières premières et des marchés. Certes, dans le cadre de la concurrence entre les industries des pays développés, il y avait ici ou là des problèmes ; mais, à l'époque, on ne parlait pas encore de désindustrialisation globale, seulement de difficultés sectorielles ou locales. Les industriels procédaient alors à des adaptations au marché et à des restructurations internes aux entreprises.

Des secteurs commencent à souffrir : le textile en particulier qui, en premier, est concerné par l'industrialisation naissante dans les pays qualifiés alors de sous-développés et par la concurrence des pays industrialisés. Extrêmement dispersée, l'industrie textile se concentre progressivement et nombre de sites industriels, répondant à une logique ancienne, sont abandonnés. De même, l'extraction charbonnière, qui culmine dans les années soixante, initie un repli qui va devenir inexorable ; elle doit alors faire face à ce que l'on a appelé le « tout pétrole ». Il en va de même de toutes les industries qui dépendaient du charbon et qui se situaient sur ou à proximité des bassins charbonniers, comme la carbochimie, qui commencent leur dégringolade. Dans une autre logique, des sites industriels anciens – ceux liés à l'énergie des cours d'eau par exemple – sont abandonnés au profit de sites portuaires ou de sites situés sur de grands axes de communication.

Pendant cette période, la population ne souffre guère. D'ailleurs, le chômage est inexistant avant 1974, premier choc pétrolier. La mobilité est suffisante pour faire face à la désindustrialisation locale. Seules des localités (villes ou villages) souffrent en perdant leur unique usine. Quand intervient le second choc pétrolier, les hommes politiques considèrent que la France ne pourrait pas supporter un million de chômeurs.

Avec le second choc pétrolier et la mondialisation, tout change. Aux raisons anciennes de désindustrialisation s'en ajoutent de nouvelles, bien plus graves. C'est alors que, dans l'opinion, on prend véritablement conscience du phénomène et de l'importance de la désindustrialisation. En même temps que s'opère la révolution des transports, apparaissent des différences énormes dans les niveaux de salaires et les protections sociales ; ceci, entre pays développés et pays appelés en voie de développement puis, après 1990, entre pays occidentaux développés et pays de l'Est. Alors commence un mouvement de délocalisation vers les pays à bas coût salarial. Ce mouvement va s'amplifiant sans cesse, d'abord vers des pays européens proches comme le Portugal ou des pays du Sud comme le Maroc ou la Tunisie. Sont concernées alors des industries ne générant que peu de plus-value ou à technologie élémentaire : industries du cuir, textile, montage automobile, électroménager… Puis, surtout après 1990, on délocalise massivement vers l'Extrême-Orient (Chine en particulier) et les pays de l'Est toutes sortes d'industries. Il s'agit de bénéficier des différences de coûts salariaux (encore énormes) et de se placer sur des marchés de consommation émergents. Dans le même temps, et pour faire face à la concurrence, nombre d'entreprises investissent massivement en automation et compressent au maximum leurs effectifs salariés pour augmenter leur productivité ; ou bien elles externalisent les productions périphériques ou celles qui engendrent peu de plus-value. C'est cette phase qui est ressentie comme particulièrement traumatisante.

2.2. Les limites de la désindustrialisation et des souffrances

La réalité – ou l'impression – de désindustrialisation doit être relativisée et replacée dans un contexte plus général : celui des pays développés et des pays industriellement émergents.

Évolution de l'emploi industriel dans quelques pays
(en % de la population active)

	1975	2000	2000/1975	Part de l'industrie dans le PIB (1999)
France	29,4	18,3	– 38 %	26 %
Royaume-Uni	40,4	24,9	– 38 %	31 %
Allemagne	45,4	32,9	– 28 %	38 %
États-Unis	30,6	22,4	– 27 %	26 %
Italie	39,2	32,4	– 18 %	31 %
Japon	35,9	31	– 14 %	37 %
Corée du Sud	25,5	27,4	+ 7 %	44 %
Chine	12,1	18,1	+ 50 %	45 %

Ces chiffres montrent que la France est certainement, avec le Royaume-Uni, le pays qui a subi la plus forte désindustrialisation. La plupart des pays, comme l'Allemagne ou l'Italie, ont connu une régression bien moins rapide et importante. Cela signifie que la France a moins bien réussi que les autres pays développés la reconversion de son appareil industriel. Sur le plan industriel, la France s'est par trop crispée sur la défense d'industries vieillissantes et a pris beaucoup de retard pour développer les services et les industries *high-tech*. Par exemple, il y a deux décennies, la France était à peu près au niveau des États-Unis dans les biotechnologies ; aujourd'hui, l'écart va de 1 à 5 en faveur des États-Unis. De même, dans les dix dernières années, l'Allemagne a doublé la France dans le domaine des sciences du vivant. Il apparaît que le véritable problème de la France n'est pas la désindustrialisation en soi mais le fait que le pays ne se soit pas spécialisé dans certains secteurs industriels porteurs. Ainsi, l'Allemagne, qui a perdu, en valeur absolue, beaucoup plus d'emplois industriels que la France – mais cela est surtout dû aux problèmes de reconversion des industries situées dans ses provinces orientales – a un excédent commercial trente fois supérieur à celui de la France grâce à ses spécialités manufacturières très fortes comme dans les biens d'équipement et de transport ou le secteur de la machine-outil. De façon générale, ce sont les pays qui, comme les États-Unis ou le Japon, ont fait le plus d'efforts en faveur de la recherche qui souffrent le moins de l'évolution du tissu industriel.

Il n'est donc pas étonnant que la France soit l'un des pays qui souffrent le plus de désindustrialisation au travers de la valeur structurellement record de son taux de chômage. L'Allemagne, que l'on classe volontiers aux côtés de la France, n'est affligée de chômage massif que dans ses provinces orientales. Et c'est pour la France une bien piètre consolation de voir que la mondialisation – qui se traduit par le déferlement des produits chinois dans tous les pays développés – provoque plus de chômage dans les premiers pays, comme le Mexique, la Tunisie ou le Maroc, à avoir bénéficié des délocalisations.

Cependant, tout n'est pas noir et la France dispose d'atouts pour lutter contre la désindustrialisation. Tout d'abord, le pays, les régions et les communes mettent tous les moyens en œuvre pour retenir ou attirer des industriels français et étrangers. Certaines régions, bénéficiant d'un littoral ou de soleil, mettent en avant la qualité de vie et leur image de marque. Pratiquement toutes les grandes villes – surtout celles situées dans les espaces anciennement industrialisés, ont créé un technopôle où l'on essaie de mettre en synergie des centres de recherches, des services et des entreprises performantes. Enfin, les programmes européens peuvent être sollicités : nombre d'espaces sont éligibles au titre des objectifs 2 et surtout 5B ; ces objectifs concernent, entre autres, la reconversion économique et sociale de zones où, en particulier, les mutations industrielles s'avèrent indispensables.

Délocalisations et chômage doivent donc, heureusement, être appréciés dans un cadre régional.

3. La diversité des situations régionales

Sur le plan régional, le phénomène de désindustrialisation est d'une ampleur très inégale. À l'inverse, certaines régions connaissent un bilan industriel très honorable et se réindustrialisent ; car, tout de même, la France excelle dans certains créneaux comme l'industrie du luxe, l'agroalimentaire, les productions télématiques, l'aérospatiale et l'armement pour ne citer que quelques-uns des plus importants. Nous devons donc classer nos régions en fonction de l'ampleur des processus de désindustrialisation.

Évolution (en %) de la population active industrielle (1) et taux de chômage (en 2002) de quelques régions françaises

	1975	2002	Évolution %	Taux de chômage
Languedoc-Roussillon	27,9	17,3	– 38	13,7
PACA	25,7	16,4	– 36	11,5
Nord-Pas de Calais	41,4	26,9	– 35	11,9
Rhône-Alpes	40,6	27,3	– 33	8,1
Aquitaine	29,4	20,8	– 29	9,2
Lorraine	36,8	27,9	– 24	8,6
Poitou-Charentes	31,9	24,9	– 22	8,6
Midi-Pyrénées	27,9	24,7	– 11	9,2
Alsace	39,5	33,2	– 16	6,8
Bretagne	26,8	25,2	– 6	7,7

(1) Il s'agit, ici, de la population active employée dans l'industrie proprement dite, plus le secteur de la construction.

Ce sont les régions les plus anciennement industrialisées qui subissent le plus cruellement le processus de désindustrialisation car ce sont les secteurs qui ont fait leur fortune – textile, extraction minière, sidérurgie et métallurgie – qui souffrent le plus.

Dans les cas les plus tragiques, comme dans les villes qui vivaient d'une mono-industrie, et parfois avec une seule entreprise, la disparition de celle-ci génère le vide avec la désindustrialisation complète. C'est le sort qu'ont connu tant de petits bassins miniers (du Massif central en particulier), de régions où le textile ou la métallurgie étaient disséminés en petits centres. C'est ainsi que nombre de villes et villages de Normandie, des Pyrénées, du Languedoc ou des Ardennes ont perdu leur principal, voire unique, employeur. Dans les Vosges, ce sont des vallées entières qui connaissent le martyr en raison de la fermeture de tant et tant d'entreprises. Dans toutes ces localités de petite dimension, la disparition de l'industrie signifie la régression ; le tertiaire ne peut pas assurer la relève. C'est une des raisons pour lesquelles le taux de chômage en Languedoc-Roussillon est si élevé.

Dans les grandes régions anciennement industrialisées comme le Nord ou la Lorraine, la crise des principales industries – du textile, des industries extractives (charbon, fer, sel), de la sidérurgie et de la carbochimie – ont eu des conséquences graves. Des ensembles industriels entiers (comme les vallées de la Chiers, de l'Orne ou de la Sambre) sont désormais couverts de friches industrielles. Toutefois, la souffrance des populations a pu être atténuée grâce à des reconversions industrielles, au tertiaire (surtout dans le Nord) ou aux migrations de travail (« navetteurs ») vers les pays voisins (Allemagne, Luxembourg).

En revanche, des régions se portent plutôt bien comme l'Alsace, Midi-Pyrénées et la Bretagne. Il s'agit de régions traditionnellement peu industrialisées qui ont perdu une partie plus ou moins importante de leurs industries traditionnelles (comme dans les vallées vosgiennes) mais qui ont connu un boom industriel récent dû à des investissements étrangers (comme en Alsace), à de multiples industries nouvelles comme dans le secteur agroalimentaire (Bretagne, Vendée), ou des industries de *high-tech* comme en Aquitaine.

Conclusion

La France, à l'instar des pays les plus développés, a connu – et continue de connaître – le phénomène de désindustrialisation. N'est-on pas, comme certains auteurs l'affirment, à la fin de l'ère industrielle ou dans une phase post-industrielle ? Cela peut se traduire, dans les cas extrêmes, par la mort à terme de villes ou d'espaces autrefois florissants. En fait, ce sont surtout les industries employant une main-d'œuvre nombreuse et peu qualifiée qui ont disparu du paysage industriel. À l'inverse, on a assisté, dans les régions possédant une image de marque fortement positive – comme les Midis français – à une nouvelle industrialisation sur des bases complètement nouvelles. On a donc, tout à la fois, des phénomènes bien réels de désindustrialisation et un redéploiement de l'appareil productif industriel. La France, résolument entrée dans un âge post-industriel, peut donc souffrir, sur un plan local ou régional, de la désindustrialisation.

Cependant celle-ci n'est pas une fatalité. Des problèmes, moins connus du grand public et moins médiatisés, sont certainement plus redoutables. C'est ainsi que la France est le seul grand pays industriel où le capital des principales entreprises cotées en bourse soit détenu par des étrangers. C'est ainsi que des fleurons de l'industrie française, comme Péchiney, sont désormais entre les mains de groupes étrangers (Alcan en l'occurrence). Pour nombre d'économistes, faute de fonds de pension nationaux et de retraite par capitalisation, la dépendance de l'industrie française – donc sa vulnérabilité – risque de s'accroître. C'est une menace qu'il convient de prendre au sérieux.

Les problèmes posés en France par la production, le transport et la distribution de l'électricité et leurs conséquences territoriales

Il est toujours décisif de lire avec attention un libellé de sujet, qu'il soit court ou non. Dans le cas présent, la formulation est longue et, en apparence seulement, compliquée. Quoi qu'il en soit, on ne pourra bien traiter le sujet que si l'on comprend bien la problématique qui est à l'origine de la formulation. En l'occurrence, il ne s'agit en aucun cas de traiter de « la production d'électricité en France et ses problèmes » ; cela ne signifie pas qu'elle ne puisse pas être évoquée en introduction (générale ou des différentes parties). En revanche, la production, le transport et la distribution de l'électricité posent des problèmes majeurs – ayant des conséquences territoriales incalculables – dans la conjoncture actuelle marquée par la fin des monopoles et la libéralisation du secteur imposées par Bruxelles. C'est dire que le devoir est, pour partie, prospectif et que le thème se raccroche à une actualité brûlante ayant des implications politiques et syndicales majeures.

Jusqu'alors, les Français – dans leur vie quotidienne mais aussi souvent dans le fonctionnement des entreprises – ne se posaient guère de questions concernant l'électricité. Ils avaient affaire à un opérateur unique, EDF, qui détenait le quasi-monopole à la fois de la production, du transport et de la distribution. Nous disons quasi-monopole puisqu'il existe, aux côtés d'EDF, une petite production autonome d'électricité provenant à la fois du secteur privé, d'entreprises parapubliques ou de régies. Ces dernières, qu'elles soient communales ou départementales, ont échappé aux lois de nationalisation et continuent à assurer des fonctions de production, de transport ou de distribution. Mais, ces « accrocs » au monopole ne représentent jusqu'à aujourd'hui qu'une partie marginale de la production d'électricité qui s'élevait en 2000 à un peu plus de 498 milliards de kW/h dont 415 milliards étaient d'origine nucléaire (soit 83 %) et 69 provenaient de l'hydroélectricité (14 %). Le reste étant produit par du thermique classique ou d'autres sources d'énergie.

Ce type de situation quasi monopolistique était d'une grande simplicité mais, insistons là-dessus, était peu fréquent dans l'Union européenne En effet, la grande majorité des pays de l'Union européenne, à la fin du siècle dernier, vivait, dans le domaine de l'électricité, une situation de concurrence et seuls des pays comme l'Italie, la Grèce ou le Portugal connaissaient une situation à la française. Bien entendu, la présence d'un opérateur en situation monopolistique n'était pas sans importance dans l'aménagement du territoire, ne serait-ce que par la concentration de la production sur un nombre le plus réduit possible de sources d'énergie. Maintenant, l'absolue nécessité d'évoluer pour appliquer les directives de Bruxelles – impliquant en particulier la fin de tous les monopoles et la promotion des énergies renouvelables – pose toute une série de problèmes ayant des conséquences territoriales importantes.

Le libellé du sujet invite à le traiter en deux parties. On peut, dans une première partie, traiter des problèmes qui font référence à la production ; puis parler des autres problèmes. Il est aussi possible de regrouper dans une partie l'ensemble des problèmes traditionnels et, dans une seconde partie, traiter des problèmes engendrés par les évolutions en cours. Le premier plan permet, certainement, une approche plus équilibrée.

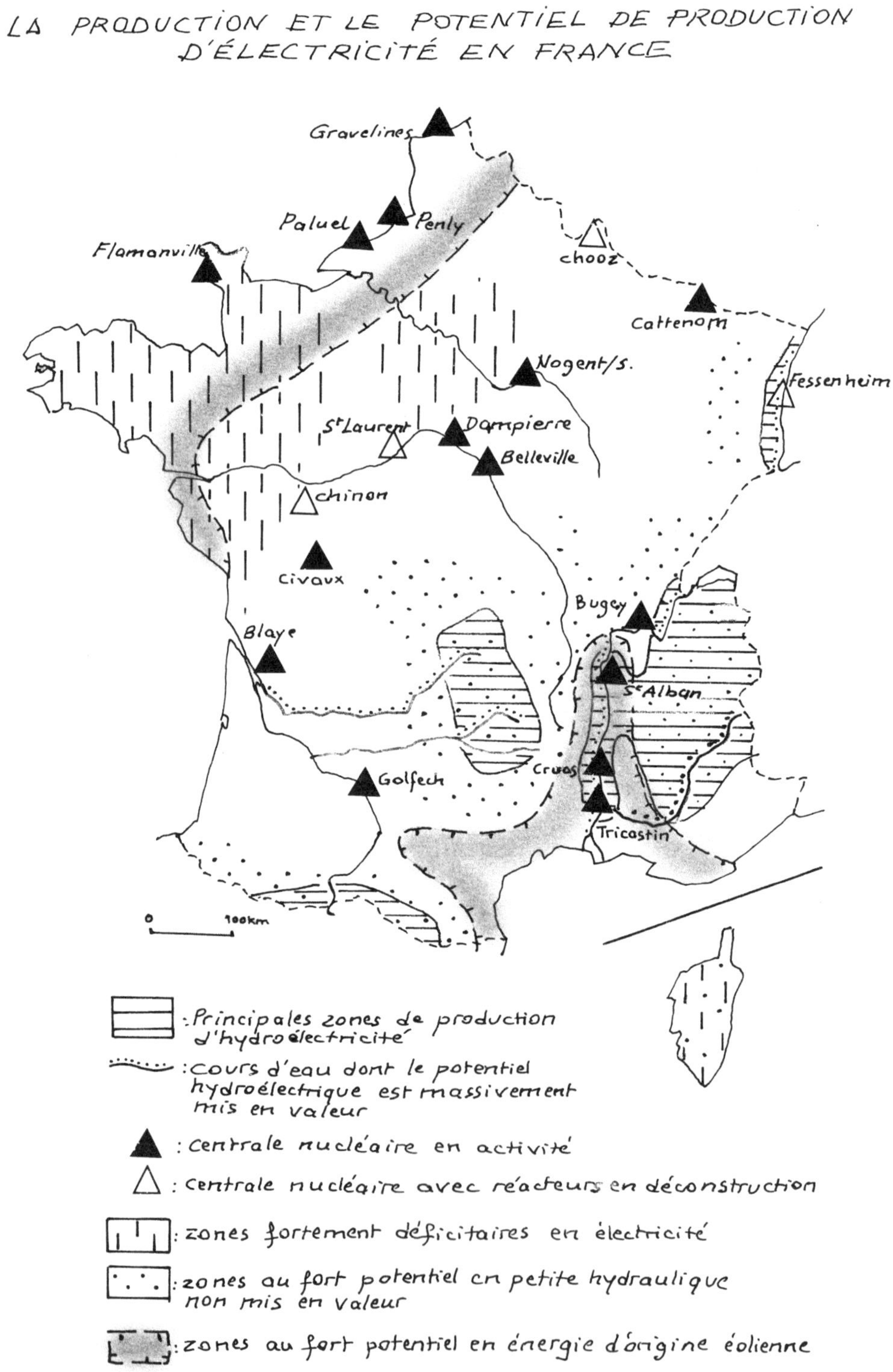
LA PRODUCTION ET LE POTENTIEL DE PRODUCTION D'ÉLECTRICITÉ EN FRANCE
Gravelines
Paluel
Penly
Flamanville
Chooz
Cattenom
Nogent/S.
Fessenheim
St Laurent
Dampierre
Belleville
Chinon
Civaux
Bugey
Blaye
St Alban
Cruas
Golfech
Tricastin
0 100km
: Principales zones de production d'hydroélectricité
: cours d'eau dont le potentiel hydroélectrique est massivement mis en valeur
: centrale nucléaire en activité
: centrale nucléaire avec réacteurs en déconstruction
: zones fortement déficitaires en électricité
: zones au fort potentiel en petite hydraulique non mis en valeur
: zones au fort potentiel en énergie d'origine éolienne

1. Les problèmes, présents et à venir, posés par la production d'électricité

Trois grands types de problèmes se posent. Ils sont dus, tout d'abord, à la concentration spatiale de la production liée à une politique qui privilégie un nombre réduit de sources d'énergie. Cette politique engendre des problèmes économiques et environnementaux plus ou moins graves.

La création du quasi-monopole EDF, au lendemain de la Seconde Guerre mondiale, s'est immédiatement traduite par une politique concentrant au maximum la production sur un nombre réduit de centrales de plus en plus importantes. De fait, le gigantisme pour réduire les coûts de production a toujours été préféré à la dissémination de la production. C'est ainsi que, dès le lendemain de la guerre, un programme ambitieux de centrales relevant souvent de la grande hydraulique a été mis en place. C'est l'époque de la « domestication » – d'aucuns disent « l'harnachement » – des grands cours d'eau comme le Rhône (avec Génissiat en particulier), la Dordogne, la Truyère, le Rhin (mais Kembs date de 1932) ou la Durance. C'est aussi l'époque où les techniciens déploient des trésors d'ingéniosité pour obtenir le maximum de puissance installée en montagne grâce à d'audacieux transferts d'eau entre bassins versants (par exemple le système de Montpezat). Parallèlement, EDF, jusqu'au premier choc pétrolier de 1974, favorisa sans cesse davantage le pétrole au détriment du charbon. Puis, à partir des années 1970, pour des raisons de coût et d'indépendance énergétique, le très ambitieux programme nucléaire concentre sur une vingtaine de sites une énorme capacité de production : le nucléaire représente actuellement environ 80 % de la production française d'électricité. C'est ainsi que l'on peut dire que l'essentiel de la production française d'électricité est assuré sur une centaine de sites. Par ailleurs, EDF est devenu le plus important électricien de l'UE, loin devant les sociétés allemandes RWE et EON, avec 17 % et 91 % des parts de marché en Europe et en France.

1.1. Les problèmes économiques

Cette politique, si elle s'est révélée particulièrement efficace pour fournir au pays l'électricité dont il avait besoin, y compris aux heures de pointe grâce à la grande hydraulique avec d'imposantes retenues, génère bien des problèmes.

Le choix de deux grandes sources d'énergie – la grande hydraulique et le thermique nucléaire – s'est révélé désastreux pour les sources d'énergie traditionnelles comme la petite hydraulique qui, jusqu'à la dernière guerre, avait une grande importance, tout particulièrement pour les espaces ruraux. En peu de temps, la « France des 80 000 moulins » (on estimait leur nombre à 100 000 à l'époque de Vauban, en tenant compte des moulins à vent et à marée), disséminés sur l'ensemble du territoire, s'est muée en une France où la production énergétique est assurée par une soixantaine de « cathédrales » modernes que sont les tranches de nucléaire. Cela s'est traduit immédiatement par la multiplication des friches hydrauliques – associées à des friches industrielles – et le retrait de la vie de nombre de petites vallées de montagne. De façon générale, la concentration de la production énergétique a été particulièrement funeste aux espaces ruraux et n'a pas peu contribué à amplifier l'exode rural et les déséquilibres sans cesse croissants entre les villes et les campagnes. Rares ont été les espaces ruraux à avoir durablement bénéficié, directement ou indirectement, de la manne de la « fée électricité ». Il y a tout d'abord les communes qui possèdent sur leur territoire une grosse centrale. C'est alors la fortune assurée pour les conseils municipaux concernés. Les régions productrices d'uranium ont, elles aussi mais pour un temps seulement, amplement bénéficié de retombées économiques importantes (c'est le cas, entre autres, des bassins uranifères en Limousin, Auvergne, Vendée ou Lozère). Mais, désormais, la France importe la quasi-totalité de ses besoins en uranium et la reconversion des zones minières est loin d'être aisée.

Dans cette même logique, la France a pour ainsi dire tiré un trait sur toutes les sources d'énergie renouvelables hors la grande hydraulique. Pendant des décennies, une idée perverse a été diffusée à hue et à dia selon laquelle il y aurait des sources d'énergie modernes (comme le nucléaire) et d'autres archaïques (comme la petite hydraulique). Cela s'est traduit par des conséquences redoutables pour l'industrie : alors que la France a toujours été à la pointe du progrès dans la construction des roues puis la fabrication des petites turbines, faute de marché sur son propre territoire, les industriels français ont largement perdu pied dans la concurrence internationale. Il en va de même aujourd'hui avec les autres sources d'énergie renouvelables. Rappelons, par exemple, l'énorme retard français pour le photovoltaïque ou l'éolien. Dans ce dernier secteur, la France – avec ses 230 MW de puissance installée, contre 15 000 en Allemagne et 5 000 en Espagne – fait figure de mauvais élève dans le concert des pays de l'Union européenne. Face au développement des énergies renouvelables, la France est d'une étonnante passivité. Elle n'adopte qu'avec retard et à reculons les nouvelles sources d'énergie : c'est une catastrophe pour la recherche et pour l'industrie. Un peu comme dans la filière bois où la France semble ne plus rien savoir produire, elle est désormais obligée d'importer l'essentiel de son matériel dans le domaine de la petite production d'énergie. Ceci, au moment même où nous vivons une révolution technologique par la miniaturisation des moyens de production. Ne parlons pas du désastre que cela représente pour les espaces ruraux fragiles qui, souvent, détiennent un potentiel énergétique important... qu'il n'est pas possible de mettre en œuvre.

Par ailleurs, en dépit de son agressivité sur les marchés extérieurs, il n'est pas sûr que la situation d'EDF soit économiquement très saine. Premier exportateur de courant en Europe, EDF peut, au moindre incident ou pour un simple accident climatique comme la sécheresse de l'été 2003, devenir importateur, l'empêchant d'honorer ses contrats et provoquant des flambées de prix sur les marchés spot de l'énergie. Par ailleurs, le parc de centrales nucléaires – qui assure la stabilité des prix et sécurise les approvisionnements – vieillit rapidement. Heureusement pour elle, nombre d'externalités (recherche, santé, etc.) ne sont pas à sa charge.

1.2. Les problèmes environnementaux

La concentration de la production d'électricité est la source de macro-problèmes environnementaux. Certes, EDF peut lancer de multiples campagnes publicitaires sur le thème de l'énergie propre qu'elle produit par le fait que ni l'hydraulique ni le nucléaire ne génèrent de gaz toxiques propres à alimenter l'effet de serre. Cependant, la grande hydraulique – par opposition à la petite – n'est pas sans inconvénient, ne serait-ce que par les inévitables bouleversements des écosystèmes fluviaux et l'ennoyage de surfaces importantes. Cependant, elle est absolument irremplaçable pour assurer au pays du courant lors des heures de pointe. Le nucléaire pose des problèmes autrement plus préoccupants : nulle solution n'a encore été trouvée au stockage des déchets radioactifs ultimes, personne ne peut affirmer qu'il n'y aura pas d'incidents majeurs du type Tchernobyl (le vieillissement du parc de centrales renforce le risque d'accidents) et, enfin – les techniques du nucléaire civil pouvant être facilement adaptées au nucléaire militaire – nul ne peut désormais exclure qu'il n'y aura pas de terrorisme nucléaire.

2. Les problèmes posés par le transport et la distribution de l'électricité

Jusqu'à présent, tout était simple. EDF détenait le quasi-monopole du transport et de la distribution. Seules, une cinquantaine de régies – communales ou départementales – échappaient au monopole. Ces régies, dont la création est antérieure à la dernière guerre, représentaient des éléments relictuels ayant échappé aux lois de nationalisation. Elles ont continué à fonctionner sur les bases qui prévalaient en 1945, avec leurs réseaux et leurs agents dont le statut est calqué sur celui d'EDF.

Cette situation de simplicité s'oppose à la complexité qui existait avant guerre. Alors, des centaines de sociétés, petites et grandes, vendaient à leur entourage l'énergie produite. La source d'énergie la plus fréquente étant la petite hydraulique, cela a longtemps bénéficié à la montagne en général et à la moyenne montagne en particulier. C'est ainsi que, grâce à l'électricité produite sur place, nombre de vallées montagnardes (Alpes, Pyrénées, Massif central, Vosges) se sont industrialisées. Surtout avant que Marcel Desprez, en 1900, ne découvre le moyen de transporter l'électricité : la première ligne électrique a relié Vizille aux vieilles halles de Grenoble. À partir de là, en dépit d'une rente de situation évidente, la possibilité de transporter l'énergie en haute tension sur de longues distances a engendré une désindustrialisation des espaces montagnards.

Avec la libéralisation en cours du secteur électrique, dans le cadre de l'Union européenne, des problèmes complètement nouveaux sont en train d'apparaître ; d'autant plus que l'on va voir, bon gré mal gré, émerger une multitude de nouveaux producteurs d'électricité en raison de la véritable révolution en cours des *process* de production. Cette dynamique pose en termes complètement nouveaux les questions de la production, du transport et de la distribution du courant.

Sur le plan du transport de l'énergie tout d'abord, une nouvelle société, RTE – en principe indépendante d'EDF – se doit d'appliquer la loi commune aux citoyens de l'Union européenne Cette loi fait obligation d'éliminer toute discrimination entre les usagers des différents pays de l'Union européenne. Cela signifie que tout producteur européen d'électricité doit pouvoir, dans les mêmes conditions, faire circuler son énergie sur tous les réseaux des différents pays. Par voie de conséquence, il sera possible – cela n'est vrai qu'en théorie car il y a des pertes de charge importantes sur de longues distances – à un producteur d'énergie finlandais de vendre du courant à un consommateur grec ou portugais.

La libéralisation totale de la distribution va représenter une véritable révolution dans les habitudes des Français. Celle-ci est en marche et se fait graduellement : tout d'abord, seuls les très gros consommateurs (des industriels surtout), appelés clients « éligibles », eurent la possibilité d'acheter leur courant à l'opérateur de leur choix ; dès l'été 2004, cette possibilité est largement étendue en particulier aux collectivités ; à partir de 2007, tout consommateur, privé ou non, pourra s'adresser à l'opérateur de son choix. Cela ouvre la voie à toutes sortes de possibilités et des problèmes vont apparaître du fait d'une concurrence de plus en plus active qui va, très certainement, entraîner une baisse des prix. Celle-ci est déjà une réalité pour les gros consommateurs et EDF, si dynamique à l'exportation, a déjà perdu de bons clients sur le territoire national.

C'est dire que l'émergence de très nombreux producteurs d'électricité ou opérateurs (ce sont les *utilities* des auteurs anglo-saxons), petits et grands, français et étrangers, va complexifier le marché de l'électricité. On va voir naître ou renaître une multitude de sociétés non seulement de production mais aussi de distribution. Des *traders* en électricité – cette profession existe déjà dans les pays qui nous environnent comme l'Espagne – vont se multiplier et exploiter à leur profit les différentiels de prix qui peuvent exister de part et d'autre des différentes frontières. C'est ainsi que l'on pourra voir un *trader* espagnol acheter du courant français produit par EDF et le vendre à un client italien ou hongrois. De même, tout consommateur pourra acheter du courant à différents producteurs travaillant à partir d'énergies différentes. Il sera possible d'acheter à un producteur son courant en heures de pointe (car il dispose, grâce à des réservoirs d'eau, de la possibilité de travailler en éclusée) et à un autre (qui aura des centrales nucléaires) son courant de nuit et en heures creuses. Alors que tout consommateur pourra acheter son électricité à un opérateur lointain, il aura souvent intérêt à s'adresser à un producteur du cru. Cela redonne raison à Thomas Edison qui considérait qu'il est infiniment plus logique de consommer l'énergie sur les lieux de la production… comme avant Desprez !

Les conséquences spatiales seront alors énormes. Les régions rurales – surtout celles de moyenne montagne – disposeront de nouvelles ressources qui deviendront des outils de production. Et ces outils ne seront pas délocalisables. Un processus de régénération d'espaces qui n'en finissent pas de se dévitaliser, va s'arrêter et un mouvement inverse a toutes chances de se mettre en marche. Même les régions actuellement fortement déficitaires en électricité, comme la Bretagne, peuvent, grâce à l'énergie éolienne, redevenir des espaces de production énergétique. Autrement dit, il n'est pas impossible de voir se dessiner, dans les prochaines années, une nouvelle géographie de l'énergie en France.

Il est ainsi facile de comprendre qu'une concurrence féroce oppose déjà les différents producteurs. Cela fait le bonheur des publicitaires. Actuellement, à la télévision, GDF essaie de promouvoir son gaz et se propose de vendre de l'électricité. La réaction d'EDF ne va pas tarder : l'opérateur va proposer à ses clients de l'électricité bien sûr mais aussi toutes sortes d'énergies et bien des services. Très bientôt des opérateurs étrangers, qui démarchent actuellement les gros clients français, vont alimenter les spots publicitaires. Cela pourra se faire au niveau national, par le biais de la télévision par exemple, ou au niveau local.

Conclusion

La France occupe depuis trois décennies une position singulière, par rapport à tous les autres pays au monde, dans le domaine de la production d'électricité : c'est le champion toutes catégories du nucléaire et de la concentration.

Nous vivons actuellement dans une période de transition. Sur des problèmes anciens, qui découlent essentiellement de la production (problèmes environnementaux, problèmes d'aménagement du territoire), s'en greffent de nouveaux dus à la libéralisation du secteur énergétique et à la fin du quasi-monopole d'EDF. La somme de tous ces problèmes est l'indicateur évident que la France entre vraiment dans une période nouvelle. Les habitudes de chacun vont devoir évoluer. Cela s'est effectué sans trop de douleur dans le domaine de la téléphonie. La différence, dans le cas présent, c'est que cela concerne un secteur encore plus important sans lequel il n'est plus concevable que fonctionne une économie moderne ou une société.

Les industries de haute technologie en France dans le contexte mondial

Ce sont des industries de pointe, liées aux plus récents progrès des sciences et des techniques. Leurs caractéristiques les distinguent du reste du secteur secondaire. Pourtant, elles concernent des branches d'activité diverses et des entreprises de toutes tailles. Il s'agit de montrer cette originalité et cette diversité et d'en comprendre les raisons, avant de passer à l'étude de la localisation de ces industries sur le territoire national.

1. Les industries de pointe

1.1. Un problème de définition

Quatre critères permettent de définir ces industries.

• Elles emploient des techniques de pointe, ce qui leur pose souvent des problèmes de rentabilité et même de survie, à cause des évolutions rapides des procédés de fabrication et surtout des produits eux-mêmes, vite frappés de caducité. Ainsi, la « révolution du portable » a entraîné une véritable guerre technologique et commerciale entre entreprises.

• Ces industries sont étroitement liées à la recherche, qui met à leur disposition les nouveautés destinées à soutenir la concurrence. Cette recherche est faite soit dans les départements Recherche et Développement (R&D) des entreprises, soit dans les établissements de la recherche publique. Dans tous les cas, des brevets sont déposés. Cela n'exclut pas le recours à des brevets étrangers. La vie de ces industries repose en grande partie sur les transferts de technologie.

• Les industries de pointe utilisent une forte proportion de personnel hautement qualifié. Certaines ont leurs propres centres de formation ; d'autres s'installent près d'organismes susceptibles de leur fournir de tels services, universités, grandes écoles, centres de recherche.

• Les produits élaborés par ces industries ont une très forte valeur ajoutée. Le prix des matières premières, le coût de la main-d'œuvre, celui des transports n'entrent que pour une part modeste dans la valeur finale, qui tient surtout au prix de la recherche, de la rémunération des brevets, de l'amortissement des moyens techniques, qui doit être très rapide dans des domaines où l'innovation est constante.

1.2. Des produits de forte valeur ajoutée, élaborés dans des secteurs diversifiés

Le secteur le plus important et le plus diversifié est celui de l'électronique et de ses applications. Les autres branches sont l'aéronautique et l'aérospatiale, la chimie fine, l'industrie nucléaire et d'autres activités qui ne se rattachent ni à l'électronique, ni à la chimie. Les produits de ces industries sont tous très élaborés et tellement nombreux qu'il est impossible d'en donner la liste exhaustive. Retenons qu'ils se partagent entre biens de consommation (médicaments, p. ex.) et biens d'équipement (avions...).

• L'électronique et ses applications ont pour base l'utilisation des circuits intégrés, de plus en plus performants grâce aux progrès réalisés dans le domaine des semi-conducteurs. Le plus spectaculaire de ces progrès est la miniaturisation, grâce à laquelle sont produites des « puces » électroniques de plus en plus petites, qui équipent les objets les plus variés, du lave-linge au missile, en passant par l'automobile et bien sûr l'ordinateur. Les industries concernées par l'électronique travaillent pour le secteur civil et pour l'armée. C'est ce qui fait qu'elles sont considérées comme vitales pour la puissance du pays.

L'électronique « grand public » fournit des biens de consommation et d'équipement pour les ménages. Si la fabrication des « produits blancs » (lave-linge, réfrigérateurs, etc.) ne relève pas des industries de haute technologie, les « produits bruns » (téléviseurs, vidéo, hifi, optique), plus exigeants en niveau de recherche et en qualification de main-d'œuvre, font partie des industries de pointe, d'autant plus que les entreprises qui les produisent travaillent aussi sur des biens d'équipement (matériel de télévision professionnelle, optique industrielle, etc.). En ces domaines, les nouveautés ne cessent de déferler (CD, CDrom, DVD…).

Avec le téléphone et l'ordinateur, on entre dans le domaine de la télématique, qui fournit des biens de consommation, du PC au « portable », et des biens d'équipement (ordinateurs lourds, centraux téléphoniques, satellites de télécommunication, etc.). En ces domaines, les évolutions sont parfois spectaculairement rapides (téléphonie, p. ex.).

Les autres secteurs de pointe

La France se situe parmi les pays les plus importants dans les secteurs de l'aéronautique et de l'aérospatiale, dont les entreprises construisent des avions civils et militaires, des lanceurs de satellites, des missiles

Ce qu'on appelle chimie fine connaît une croissance continue, grâce au développement de nouvelles molécules et de nouveaux procédés de fabrication. L'industrie pharmaceutique et celle des cosmétiques sont particulièrement concernées par les progrès de la biologie, des biotechnologies et des sciences de la santé, en rapport avec les exigences du public visant au contrôle de la maladie et du vieillissement.

L'industrie nucléaire est entre les mains de la COGEMA, qui exploite des mines d'uranium dans le monde entier, raffine et enrichit le minerai, élabore des combustibles, retraite et recycle les produits après utilisation.

Enfin viennent des productions très variées, dont certaines sont réalisées par des PMI ; ainsi trouve-t-on, dans les campagnes et les petites villes à l'est de Lyon un réseau de petites entreprises spécialisées dans l'élaboration de tissus techniques à base de fibre de verre[1].

La question se pose de la place de la France dans ces différentes branches industrielles. Une réponse globale est impossible pour plusieurs raisons :

- la gamme des produits est presque infinie, fluctuante, et l'accès aux sources statistiques difficile, impossible même dans certains cas ;
- une grande partie de la production est réalisée par des sociétés multinationales pour lesquelles l'existence de frontières est un élément négligeable.

On peut toutefois avancer quelques éléments de réponse. La place de la France est faible dans les domaines de la plupart des produits bruns et de l'informatique, qui sont contrôlés par les États-Unis et par des pays d'Extrême-Orient (Japon, Corée du Sud…) ; elle est nettement meilleure pour la production des semi-conducteurs, la téléphonie et la pharmacie ; enfin, la France est aux tout premiers rangs dans les domaines de l'aéronautique (Airbus industrie, Dassault aviation…), de l'aérospatiale (CNES), des armements (Thalès) et du nucléaire (COGEMA).

1. HOUSSEL (Jean-Pierre), « Le district lyonnais des tisseurs de verre, ou l'ancrage de la haute technologie à la campagne à travers la mondialisation », *Des campagnes vivantes, un modèle pour l'Europe*, Mélanges offerts au Professeur Jean Renard, Nantes, mai 2000, CESTAN, IGARUN.

La mondialisation joue ici un rôle de choix, car la part des capitaux étrangers dans les entreprises françaises est souvent très forte ; la plupart des entreprises concernées sont des entreprises européennes ou mondiales, dans lesquelles la place de la France est très variable.

2. Des entreprises diverses

Les entreprises de pointe sont nées de l'évolution des sciences et des techniques. Elles dépendent aussi du cadre économique et politique dans lequel elles évoluent. En effet, elles passent pour être vitales pour la nation et sont l'objet d'un intérêt fort de l'État. Par ailleurs, pouvant générer des bénéfices considérables, elles suscitent des spéculations qui peuvent les fragiliser et conduire à des mécomptes, comme ceux que « l'éclatement de la bulle Internet » a suscités à la fin de 2001 ; à Wall Street, les fluctuations de l'indice des valeurs technologiques, le NASDAQ, pèsent sur la santé des industries de pointe du monde entier, France comprise.

2.1. Historique

À l'origine, en France, l'État a soutenu les industries d'armement, pour essayer d'assurer l'indépendance nationale. La tradition des arsenaux, entreprises d'État, remonte à l'Ancien Régime. Plus récemment se sont développées d'autres productions, considérées, elles aussi, comme essentielles à l'indépendance du pays. Au premier plan s'est trouvée l'informatique, à cause de ses applications dans l'armée. Dans les années cinquante, conscience fut prise du retard de la France en la matière. Le développement de l'informatique aurait pu reposer sur la seule grande entreprise de ce secteur, la Compagnie des Machines Bull ; mais celle-ci passa sous le contrôle de l'Américain General Electric dès 1964. Le gouvernement du Général de Gaulle lança néanmoins le « Plan Calcul » et suscita la création de la Compagnie Internationale pour l'Informatique (CII ou C2I), qui, faute de moyens, disparut *de facto* en 1976, par son union avec une autre société américaine, Honeywell, lequel avait déjà racheté Bull à General Electric en 1970. Le Plan Calcul disparut en même temps.

Les nationalisations des années quatre-vingt répondaient à d'autres points de vue, souvent dogmatiques. Elles ne résistèrent pas à la contradiction entre les volontés « nationales » qu'elles exprimaient et la montée de la mondialisation, qui a suscité les privatisations des années quatre-vingt-dix. À partir de là, les grands groupes multinationaux se sont affirmés, englobant un nombre parfois très élevé d'entreprises qui se possèdent les unes les autres par des participations croisées de leurs capitaux respectifs.

2.2. De puissantes multinationales

Il n'est pas possible de citer tous les grands groupes impliqués dans les productions de haute technologie, d'autant plus que leurs activités sont multiples, n'ont pas toujours de liens entre elles et ne sont pas toutes des activités de pointe. Ainsi le groupe Bouygues s'occupe de travaux publics depuis son origine, mais y a adjoint d'autres branches, dont les télécommunications (Bouygues Telecom). Le groupe Lagardère, au sein duquel se trouvent les entreprises Matra, dont Matra Bae Dynamics (missiles), produit des biens qui vont des automobiles à la presse et au livre.

En revanche, certaines multinationales occupent des créneaux plus étroits. Tel est le cas de ST Microelectronics, société spécialisée dans les semi-conducteurs[1]. Cette société

1. DAVIET (Sylvie), « Émergence et structuration d'une multinationale européenne du semi-conducteur : le cas de ST Microelectronics », *Annales de Géographie,* n° 612, mars-avril 2000, pp. 132-151.

provient de la fusion en 1987 d'une société italienne, SGS (*Società Generale Semiconduttori*), devenue SG Microelectronica, et de l'entreprise Thomson Semiconducteurs. Avant 1987, chacune avait déjà une histoire complexe, faite de regroupements, de partenariats et aussi de séparations. On notera l'appartenance de la branche française au groupe Thomson (devenu Thales), dont les activités vont de la télévision aux armements.

Plusieurs raisons expliquent la complexité de ces grandes entreprises et, pour la plupart, la diversité de leurs activités. On a évoqué l'évolution rapide des produits, en rapport avec les innovations initiées par la recherche. Dans ce contexte, la concurrence entre entreprises est souvent virulente. Enfin, la fragilité de la conjoncture pousse les responsables à constituer des groupes à l'envergure parfois colossale, réputés plus solides. Pour se protéger, en effet, il existe plusieurs possibilités, qui ne s'excluent pas les unes les autres.

• On vient de voir l'importance de la diversification des activités. Un exemple récent l'illustre, celui de l'achat du groupe Socpresse par l'avionneur Serge Dassault.

• Les regroupements, les fusions d'entreprises sont monnaie courante, et pas toujours par des arrangements à l'amiable, comme le montre l'assaut lancé par le groupe pharmaceutique Sanofi-Synthélabo contre son concurrent franco-allemand Aventis (on notera que ces deux groupes sont eux-mêmes issus de fusions réalisées en 1998 et 1999).

• Beaucoup d'entreprises ferment les sites estimés peu ou pas rentables (STMicroelectronics à Rennes) ou délocalisent des unités de production vers des pays à bas prix de main-d'œuvre.

2.3. Des groupes plus modestes

Des entreprises de taille plus modeste entrent dans le domaine des industries de pointe. Tel est le cas des entreprises de tissage de verre du Bas-Dauphiné, déjà citées[1]. Certaines sont passées sous contrôle américain, d'autres sont restées des affaires familiales indépendantes. La plus importante, Porcher, est même devenue leader mondial de la branche et a absorbé le deuxième tisseur de verre et l'un des premiers filateurs américains. Des affaires moyennes, comme le groupe Mermet, se maintiennent bien, grâce à des spécialisations poussées.

Qu'il s'agisse de grands groupes ou de PMI, les caractères de ces industries, en particulier l'importance de la recherche, la nécessité d'évoluer rapidement pour s'adapter à de nouvelles techniques ou pour fabriquer des produits nouveaux, condamne d'avance les entreprises sans capacité d'adaptation.

3. Des localisations variées

Quels sont les facteurs les plus influents pour la localisation des industries de pointe ? Où la plupart d'entre elles sont-elles situées ?

3.1. Les facteurs de localisation

En premier lieu, il faut constater que beaucoup d'entreprises, et singulièrement les grands groupes, possèdent des établissements éparpillés non seulement sur le territoire français, mais aussi à travers le monde ; ces groupes, nés de la fusion d'entreprises dispersées, ont conservé leurs implantations ou tout au moins certaines d'entre elles.

En second lieu, les localisations ne dépendent ni de la proximité des matières premières, ni des gisements de clientèle, les transports ayant une faible incidence sur le prix de revient des produits. On pourrait donc penser que ces industries peuvent s'installer

1. HOUSSEL (Jean-Pierre), *op. cit.*

n'importe où. Tel n'est pourtant pas le cas. Rares sont les entreprises situées loin des grandes métropoles, en milieu rural. Il en existe pourtant quelques-unes ; un exemple fréquemment cité est celui de l'entreprise Synelec Telecom Multimedia, qui fabrique des écrans géants et des panneaux d'affichage électronique à Saint-Sernin-sur-Rance, un village de moins de 400 habitants du sud de l'Aveyron, à 60 km d'Albi, sur une route particulièrement peu roulante. Cette entreprise est leader mondial dans sa partie et possède filiales et agences dans le monde entier[1]. C'est un cas exceptionnel. Pour la plupart des entreprises de pointe, les motifs de regroupement dans les grands centres l'emportent en général sur toute autre considération.

Plusieurs facteurs entrent alors en jeu, avec des interactions différentes d'un lieu à l'autre, d'une région à une autre.

• L'existence d'une tradition industrielle est un élément particulièrement important, surtout dans les régions bien peuplées, où les possibilités de recrutement d'une main-d'œuvre de qualité sont plus importantes qu'ailleurs. L'ancienneté des tissages du Lyonnais et la forte densité de population de la région rendent compte de la présence des tissages de fibres de verre. Il en va de même à Toulouse, où les fabrications aéronautiques remontent aux débuts de l'aviation. Mais toutes les traditions industrielles ne sont pas également porteuses : les exemples du Nord et de la Lorraine le montrent, où, malgré les aides publiques, l'implantation d'industries et particulièrement d'industries de haute technologie a du mal à se faire.

• C'est donc, bien souvent, la présence de main-d'œuvre bien formée au travail industriel de qualité qui explique l'implantation d'industries de haute technologie. La proximité de centres de formation et de recherche de haut niveau est alors un atout particulièrement important. Il n'est pas étonnant de voir les industries s'agglutiner autour des villes où siègent universités et grandes écoles (Grenoble – Meylan par exemple).

• L'industrie de pointe appelant l'industrie de pointe, des concentrations dans ce domaine ont vu le jour. Certaines se sont faites spontanément, d'autres ont été réalisées au sein des « technopoles », comme celle de Sophia-Antipolis près de Nice. Le succès de certaines de ces créations *ex nihilo* a multiplié les tentatives de fondations de toutes tailles, avec des réussites, mais aussi bien des échecs, surtout là où se sont implantées des entreprises insuffisamment armées pour faire face aux évolutions rapides des techniques et des produits.

• Un bon équipement en infrastructures de transport et de commerce est un atout supplémentaire. Dans ce domaine, la proximité d'un aéroport est recherchée, parfois plus encore que celle d'une voie ferrée ou d'une autoroute. Orly, puis Roissy ont attiré des industries de pointe (Marne-la-Vallée). En revanche, la zone d'activité installée à proximité de la gare TGV du Creusot a du mal à se remplir

• Dans certains cas, le cadre de vie joue aussi un rôle important. La prolifération des industries de haute technologie et des centres de recherche et de formations qui leur sont associés dans les régions méditerranéennes tient pour une part à l'attrait du climat et de la mer. De la même manière, Grenoble bénéficie de sa situation au cœur des Alpes.

1. www.synelec.com

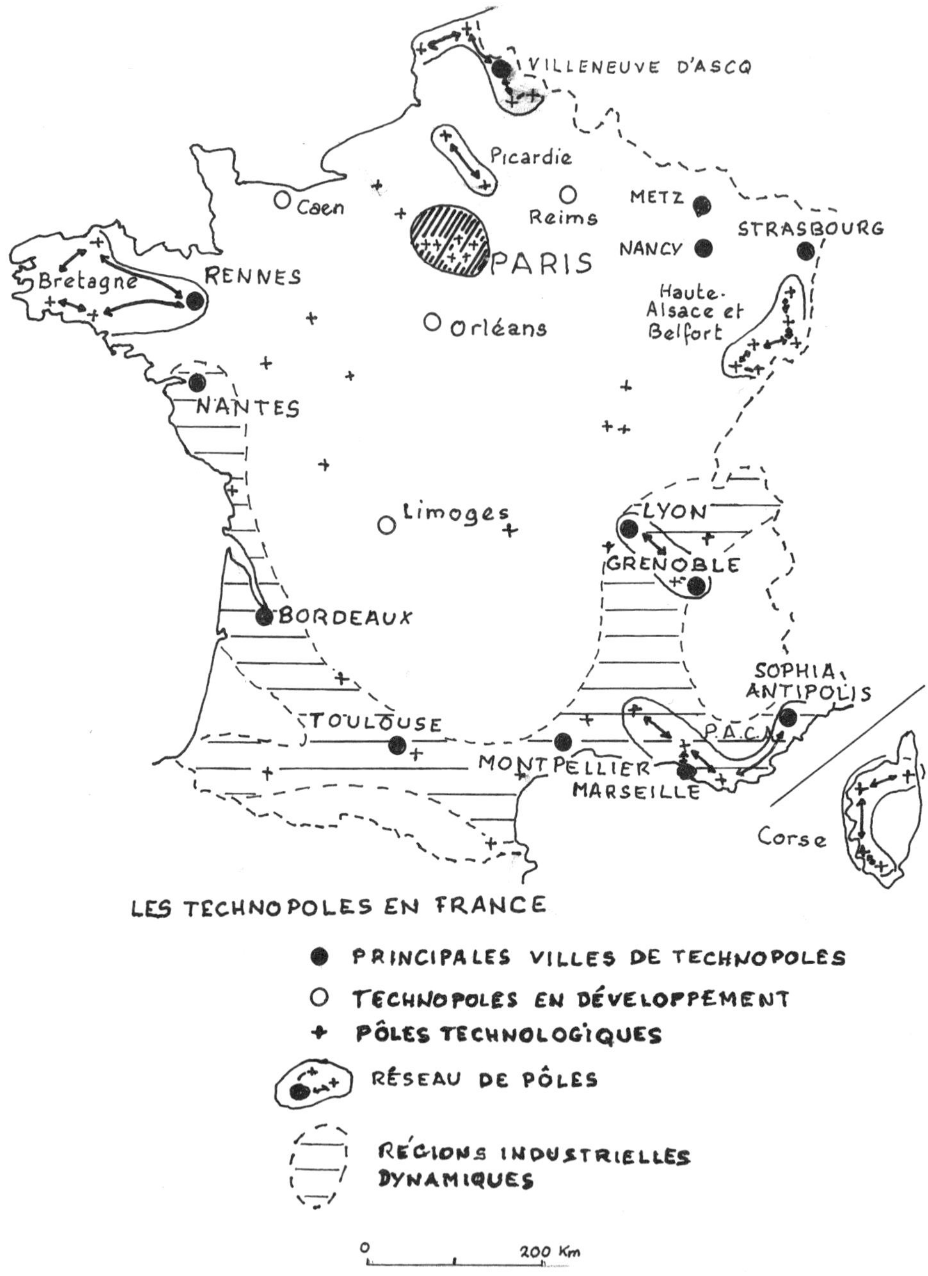

3.2. Trois régions phares

• *La région parisienne* est celle qui accumule le plus d'atouts. C'est la partie la plus peuplée et la plus active du pays. C'est à Paris que siègent les principales instances politiques, économiques et financières françaises. Paris est le plus grand nœud de communication en France. La concentration des organismes de recherche et de formation (grandes écoles, universités) est à un niveau qui n'est atteint nulle part ailleurs. Enfin, l'industrie est née très tôt à Paris et dans sa banlieue ; ce furent la chimie et le textile au XIXe siècle, la métallurgie et la mécanique au XXe. Les décentralisations et les desserrements de la deuxième moitié du XXe siècle, en particulier ceux de l'industrie automobile, ont laissé de la place pour d'autres activités, parmi lesquelles les industries de pointe occupent le premier rang. Les productions sont très diverses, surtout dans le domaine de l'électronique, de l'aviation, de l'armement et de la chimie fine (pharmacie). Les implantations se sont étendues à la deuxième couronne de la banlieue, à la faveur des créations de villes nouvelles et de technopôles engendrés par les schémas directeurs d'aménagement et d'urbanisme de 1965 et de 1994. C'est la banlieue sud-ouest et Marne-la-Vallée qui ont le plus bénéficié de ces implantations.

• *La région lyonnaise* bénéficie, à une échelle différente, d'atouts analogues. Le dynamisme démographique y est remarquable, la concentration des moyens de communication tout à fait satisfaisante. Lyon est aussi une capitale dans le domaine de la recherche et de l'innovation. Enfin, la tradition industrielle est ancienne, dans le textile et la chimie surtout. Les industries de haute technologie, très diversifiées, se sont implantées en nombre, à Lyon même, mais aussi dans un rayon assez vaste, y compris en zone rurale, ce qui correspond à une pratique ancienne de la soierie lyonnaise.

• *La région Provence – Alpes – Côte d'Azur* n'a pas de tradition industrielle aussi marquée que les régions parisienne et lyonnaise, sauf à Marseille. Elle bénéficie d'un atout que les deux autres n'ont pas à un pareil degré, un environnement naturel de réputation internationale, avec la mer, la montagne et le climat. Mais le relief prive une bonne partie de la région de facilités pour l'implantation de grandes zones industrielles. La région marseillaise est concernée surtout par l'électronique (zone de Luminy) et par l'aéronautique (Istres et Marignane). La Côte d'Azur possède des entreprises de chimie fine (parfumerie entre autres) et surtout d'électronique, dont la plupart sont implantées dans la technopole de Sophia-Antipolis, dont la réalisation a commencé dans les années soixante et qui est la plus importante de France. Elle associe centres de recherche et de formation (enseignement supérieur) et entreprises de haute technologie de toutes tailles. Elle a bénéficié très tôt d'équipements ultramodernes (p. ex. un réseau câblé de 500 km). Du coup bien des villes de la région ont voulu implanter des pôles technologiques, même là où l'environnement scientifique faisait défaut. Beaucoup de ces centres ont échoué et ceux qui ont réussi sont le plus souvent très limités et très spécialisés (Toulon, avec des recherches et des productions liées à l'exploration sous-marine).

3.3. Des centres isolés

Nombreuses sont les villes qui ont développé des technopôles, parfois avec succès (p. ex. Orléans, avec la chimie fine, la pharmacie et les cosmétiques). Deux villes sortent du lot, Grenoble et Toulouse.

• *Grenoble* est depuis longtemps à l'avant-garde de la recherche, dont l'essor repose sur la houille blanche, qui a connu ses premières applications dans la région. D'autres activités sont venues conforter le secteur de la haute technologie. Ainsi, le Centre d'Études Nucléaires y a été fondé dès 1957. La ville et ses environs abritent de nombreux centres de recherche privés. On peut d'ailleurs avancer qu'ici, la recherche est plus importante que la production. Aujourd'hui, la branche la mieux développée est celle de la microélectronique. Une partie des entreprises est concentrée sur la ZIRST (zone pour l'innovation et la recherche scientifique et technique) de Meylan qui abrite aussi des organismes universitaires.

• *Toulouse* a une tradition bien connue dans le domaine de l'aéronautique. Des entreprises s'y étaient installées entre les deux guerres. En matière de haute technologie, l'aéronautique et l'aérospatiale sont les deux spécialités toulousaines. La première est représentée par le consortium européen Airbus Industries, qui produit des longs et moyens courriers et est leader mondial avec l'Américain Boeing, et par la firme franco-italienne

ATR (Avion de Transport Régional) dont la spécialité est la fabrication de petits avions (entre 40 et 70 places). L'autre fleuron de l'industrie toulousaine, l'aérospatiale, fait vivre un grand nombre d'entreprises, autour du CNES (Centre National d'Étude Spatiales). Arianespace assemble les éléments des fusées Ariane et est aussi un des leaders mondiaux dans la fabrication des lanceurs.

Conclusion

Les industries de haute technologie sont, dans l'ensemble, bien représentées en France, mais de façon cependant très inégale selon les branches. De très grands succès comme ceux de l'aéronautique et de l'aérospatiale ne doivent pas jeter le voile sur des réalités moins brillantes : le secteur de l'informatique et celui de la pharmacie travaillent en partie sous licences étrangères. Dans toutes les branches, et même dans celle de l'armement, les entreprises françaises ont des liens très étroits avec des entreprises extérieures. La haute technologie est un secteur de l'activité industrielle qui demande trop de moyens en investissements et en matière grise pour rester, sauf exceptions souvent temporaires, cantonnée au périmètre national. La mondialisation frappe ici particulièrement fort.

Les industries agroalimentaires françaises et le marché mondial

Seconde branche de l'industrie française, l'agroalimentaire (IAA) connaît depuis une trentaine d'années un accroissement important de son poids économique. Ce secteur valorise les deux tiers de la production agricole française. C'est la seule industrie qui présente une croissance de l'emploi, avec plus de 376 000 salariés, dans 4 240 entreprises. La France est le second producteur européen, après l'Allemagne. Le poids de ce secteur dans la balance commerciale reflète une progression rapide des parts de marché à l'étranger. Les IAA réalisent de bonnes performances à l'exportation : la valeur a pratiquement doublé en dix ans. Le solde extérieur est excédentaire et atteint 6,8 milliards d'euros en 2002, en accroissement de 4 % entre 2001 et 2002.

Le terme d'agroalimentaire comprend les industries situées à l'amont du système agricole et celles qui, à l'aval, transforment les produits bruts de l'agriculture et les valorisent pour la consommation. À la charnière entre deux secteurs de l'économie, agricole et commercial, les IAA sont l'interface entre agriculteur et consommateur, à l'aval du système de la production agricole. Dans cette articulation sensible, l'agroalimentaire serait-il au service de l'agriculture française ? On peut alors s'interroger sur le rôle qui revient à l'agriculteur, contraint à des choix de production commandés par le marché et par les industriels de la transformation.

La première partie sera consacrée aux liens entre IAA et agriculture, avec les logiques de filières qui commandent l'organisation spatiale et sectorielle de cette branche industrielle française. Dans une deuxième partie, seront évoquées les transformations en cours, l'évolution accélérée de ce secteur économique, fortement liée aux mutations structurelles, et sa place sur les marchés internationaux. Enfin, une typologie mettra en évidence les principaux aspects caractérisant les IAA françaises.

1. Les relations entre agroalimentaire et agriculture

Elles sont, à l'origine, fondées sur une adéquation spatiale et commerciale entre production et transformation.

1.1. Évolution du poids des IAA

Depuis un siècle, le poids de chacun des principaux secteurs des IAA a varié, reflétant les caractéristiques des systèmes de production agricole et celles du marché, propres à chaque époque. Au XIXe siècle et jusqu'à l'entre-deux-guerres, la base de l'agroalimentaire repose sur la meunerie, la distillerie, la conserverie et la fabrication de corps gras. Ces branches correspondent, en 1860, à 80 % de l'emploi des IAA, contre 5 % en 1987.

Du début du siècle aux années cinquante, certaines industries déjà en place connaissent un développement accru : biscuiteries, chocolateries, fabrications à base de sucre, à base de blé. À partir des années soixante-dix et surtout après 1980, les industries de la viande et du lait enregistrent un essor spectaculaire, bien que tardif par rapport aux États-Unis. En France, où n'émerge à cette époque ni bassin de production de viande ni débouché « de masse », les procédés d'abattage et de transformation artisanaux étaient mieux adaptés aux principes de l'offre et de la demande. Ce décalage dans le temps reflète les mutations profondes qui ont affecté l'agriculture et traduit aussi les nouvelles donnes de la conjoncture. L'évolution de l'emploi reflète bien cette évolution : 15 % de l'emploi dans les années vingt, 25 % en 1954 et 50 % en 1987, la viande et le lait devenant les premières branches de l'agroalimentaire.

La répartition spatiale des IAA s'est d'abord calquée sur des zones de production et les schémas économiques régionaux ; puis, de plus en plus, sur des objectifs commerciaux en relation avec l'accroissement de la demande.

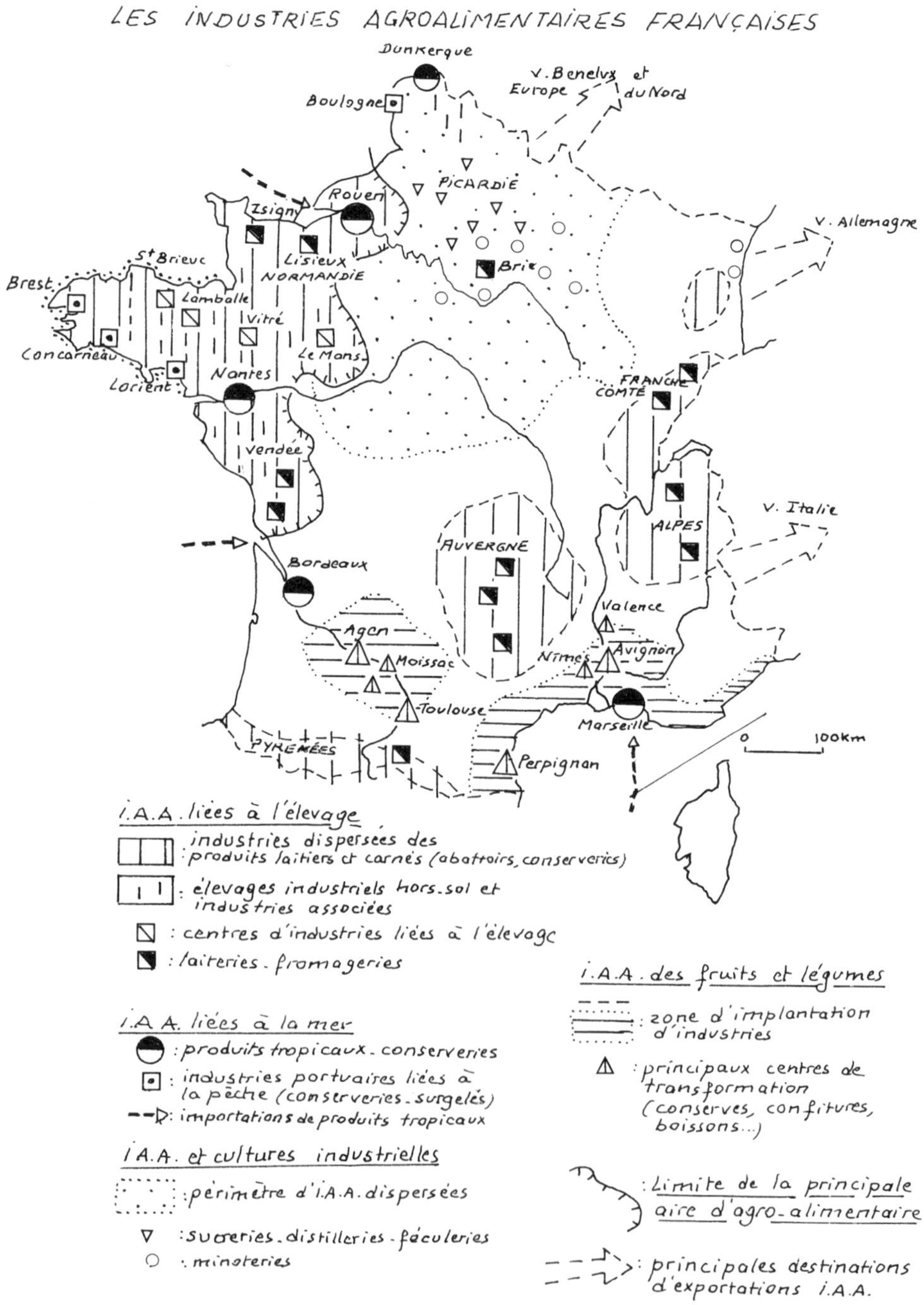

1.2. Agroalimentaire et littoraux

La pêche et les importations de denrées agricoles de type colonial ont donné naissance à un secteur de l'agroalimentaire implanté sur les littoraux, dans les ports de pêche et de commerce. Il s'agit essentiellement des conserveries. Sur le littoral atlantique, en Bretagne en particulier, les conserveries de poissons ont constitué une des premières formes de l'agroalimentaire, dès la fin du XIXe siècle. D'abord par des ateliers artisanaux, souvent d'origine familiale, puis avec l'installation de petites usines, les ports de pêche ont connu un développement économique bien adapté au potentiel de main-d'œuvre féminine disponible.

Dans les ports de commerce, liés aux circuits commerciaux coloniaux, se développe une industrie de transformation de produits agricoles tropicaux : fruits, café, chocolat, sucre, arachides. L'industrie des huiles et corps gras a fait la fortune des ports de Marseille, Bordeaux, Rouen, Dunkerque. Aujourd'hui, les importations de soja complètent l'approvisionnement avec l'implantation d'autres industries à Dieppe et Saint-Nazaire.

Cette logique d'implantation littorale des IAA est bien représentative de l'articulation entre l'activité portuaire de pêche ou de commerce et la valorisation locale des produits.

1.3. Bassin de production et IAA

Il s'agit d'un autre type de localisation. Les produits de l'élevage, viande et lait, approvisionnent une puissante industrie de transformation, bien ancrée dans les zones à vocation herbagère de l'Ouest français qui produit 47,5 % du fromage et les trois quarts du beurre fabriqués dans l'hexagone. L'industrie laitière emploie 59 000 salariés dans 428 entreprises. La balance commerciale des produits laitiers est excédentaire. Lait, beurre et fromage sont des valeurs sûres et sont associés à un secteur de produits carnés, par les unités d'abattage, de découpe et de transformation des viandes. Avec 115 000 salariés et le plus fort chiffre d'affaires (31,4 milliards d'euros en 2002), l'industrie de la viande arrive en première place des IAA.

Dans les grandes plaines céréalières et betteravières, zones de l'agriculture industrielle du Bassin parisien, l'industrie agroalimentaire est dispersée. La transformation des grains – blé, maïs – conditionne une production de farine panifiable et d'aliments du bétail. La meunerie est représentée par de grandes sociétés comme les Grands Moulins de Paris, appartenant au groupe Vilgrain. La fabrication d'aliments du bétail permet d'utiliser les sous-produits de la meunerie et connaît une rapide évolution : Duquesne-Purina ou Sanders sont les leaders de ce secteur, principalement localisé dans l'Ouest, avec 63 % du total produit.

Les sucreries sont des industries rurales, implantées dans les régions de grande culture betteravière (Bassin parisien). La France est le second producteur mondial et le premier en Europe pour le sucre de betterave : 4 millions de tonnes dans une cinquantaine d'usines, principalement en Picardie. La production enregistre une progression record : +15,9 % entre 2001 et 2002. Les raffineries de sucre sont d'abord implantées dans les ports, dès le XVIe siècle (importation de canne), puis dans le Nord, à Thumeries par exemple. Avec 24 000 emplois, le secteur de la sucrerie est dominé par trois grands groupes : Beghin-Say, Générale Sucrière et la Compagnie Française de Sucrerie. Les exportations vers l'Union européenne progressent nettement, en particulier vers l'Allemagne et l'Italie.

Parmi les autres productions spécialisées, les cultures fruitières et légumières du Midi méditerranéen et aquitain et de Bretagne alimentent des conserveries : fruits, légumes ainsi que poisson représentent 420 entreprises et 40 000 emplois. C'est le secteur le plus expressif de la tradition agroalimentaire française : implanté sur les lieux de production, parfaitement en accord avec le tissu local, c'est aussi la branche des IAA qui est restée la plus familiale.

Témoin de valeurs identitaires de l'agriculture française, la logique spatiale définit un tissu industriel calqué sur l'emprise de l'agriculture où la notion de terroir de production sert de support au schéma économique des IAA de la première génération.

2. Du productivisme à la sécurité alimentaire

Avec les Trente Glorieuses et l'avènement d'une société de consommation, on assiste à l'industrialisation de l'alimentation, véritable bond en avant qui transforme totalement les relations d'interface des IAA. Celles-ci se tournent désormais vers l'aval du système : l'attente du consommateur, avec ses exigences alimentaires, et l'organisation de la filière commerciale. L'agroalimentaire entre alors dans une spirale accélérée de mutations qui pèsent sur la logique industrielle de cette branche économique et aboutit à son renforcement.

2.1. Les facteurs de changement

Les nouveaux besoins du marché s'expriment par des habitudes alimentaires et des comportements d'achat différents de ceux des générations précédentes : importance accrue de la grande distribution et renforcement des industries de seconde transformation.

• L'évolution des procédés techniques répond à des exigences différentes, mais crée, dans le même temps, d'autres besoins. Avec l'élévation du niveau de vie et du pouvoir d'achat, les ménages modifient leurs habitudes de consommation de manière qualitative et en ce qui concerne la présentation des aliments. L'élargissement de l'éventail des produits accroît le choix du consommateur, qui se porte d'abord sur les facilités offertes par le conditionnement : le tout-prêt, pré-emballé, sous-vide, déshydraté et surgelé correspondent à de nouvelles tendances culinaires liées au rythme de vie professionnelle des ménages. Le micro-ondes, le congélateur sont des repères importants de cette évolution de même que l'émergence de la restauration rapide, les *fast food*, exigeant des aliments vite prêts et élaborés, prêts à cuire.

• Le goût du consommateur évolue en même temps que se modifient ses comportements d'achat, bien orchestrés par des campagnes publicitaires. Après avoir exploré les gammes standards de la transformation alimentaire industrielle, le consommateur exige de plus en plus des produits de qualité irréprochable. Les récents scandales – crise de la « vache folle », listeria – de même que la méfiance vis-à-vis des OGM, remettent en cause la sécurité alimentaire du consommateur. La recherche du meilleur produit, garanti par un label alimentaire, ainsi que la montée des valeurs « bio », de la nourriture « allégée », dictent leurs exigences aux industriels qui se voient contraints d'offrir sur le marché des produits transformés et certifiés, exempts de tout risque sanitaire. Le choix des types d'aliments change également très vite, en faveur des produits laitiers, volailles et charcuteries.

• L'organisation des circuits de vente a connu des changements rapides avec la grande distribution. Les grandes surfaces, fréquentées par une clientèle citadine qui impose ses exigences, répercutent ces demandes vers l'amont industriel. Les campagnes promotionnelles, le poids des firmes auprès des grands groupes commerciaux et les stratégies industrielles créent un contexte commercial dont le consommateur reste l'acteur principal. L'agriculteur perd encore plus de son rôle décisionnel et une articulation nouvelle se crée entre agriculture et consommation au travers des IAA. Ce contexte technico-économique sert de toile de fond aux stratégies de l'industrie agroalimentaire française.

2.2. L'agribusiness : une autre logique marchande dans une stratégie de conquête des marchés étrangers

L'internationalisation du fonctionnement des IAA crée des impératifs de compétitivité dans laquelle les firmes françaises tentent de se tailler des parts du marché. La reprise actuelle des exportations des IAA soutient davantage la croissance que la consommation des ménages mais, au sein de cette tendance, il convient de préciser quelques nuances.

• Les schémas familiaux, qui ont longtemps caractérisé l'agroalimentaire français (meunerie, conserveries), sont en difficulté. L'entreprise Fleury Michon, créée en 1926, reste, dans ce domaine, exemplaire : leader charcutier sur le marché national avec un CA de 513 millions d'euros. La mondialisation des échanges et la logique concurrentielle du marché tendent, cependant, à l'élimination de ces formes d'organisation traditionnelles et imposent d'autres stratégies industrielles avec une concentration financière du secteur des IAA. Soixante pour cent du CA appartiennent à quatre groupes leaders : BSN, Nestlé-France, Perrier et Pernod-Ricard. Leur capital est alimenté par d'autres branches industrielles (Danone-BSN par exemple) ou bien par d'écrasantes participations étrangères (Unilever) mais elles n'échappent pas aux convoitises des groupes étrangers, qui colonisent 20 % du marché. Les principales firmes françaises se situent en retrait des groupes mondiaux : Danone, premier groupe agroalimentaire français n'arrive qu'à la cinquième place européenne et au huitième rang mondial, alors que Eridiana Beghin-Say, deuxième groupe national, ne se place qu'en huitième position dans le classement européen.

• Vingt-deux pour cent du chiffre d'affaires des IAA reviennent à des coopératives, principalement dans le domaine du lait, de la viande et du vin. Valorisant les produits de l'agriculture régionale, elles sont structurées en groupements de producteurs (COOPAGRI, coopérative bretonne pour la viande de porc ou ULN, Union Laitière Normande). Toutefois, en raison de leurs difficultés à s'adapter aux conditions du marché international, l'évolution en cours tend à les rapprocher des grandes firmes privées qui procèdent à des rachats, tel que celui de l'ULN par le groupe Bongrain en 1992.

• Depuis 1996, les exportations en agroalimentaire sont en progression : la France arrive au second rang mondial derrière les États-Unis et occupe la première place dans l'Union européenne. Quarante pour cent de l'excédent de la balance commerciale française reviennent aux IAA. Ce résultat tient, en partie, au secteur des vins (pourtant en léger recul depuis 1999), des cognacs et des fromages. Ceci est particulièrement vrai pour les débouchés américain et japonais. Pour l'Europe, les parts de marché des IAA françaises représentent plus de 20 % au Luxembourg et Belgique, en Espagne, en Grèce et en Italie. La France est également bien placée en Afrique, avec près de 15 % des parts du marché.

Principales IAA	Part de leur production en 2002 (%)	Exportations (valeur en euros)
Viandes	25,8	3,9
Lait et produits laitiers	14,6	4,3
Boissons	14,1	9,7
Grains et aliments pour animaux	10,8	2,8
Pain, pâtisserie	11,5	1,3

Le rôle de l'agriculture et la place de l'agriculteur dans cette spirale économique s'amenuisent et varient au gré des politiques de l'industrie. Trois situations types vont illustrer trois composantes majeures des IAA françaises

3. Entre contraintes de production et objectifs du marché

3.1. Modèle agricole breton et agro-industrie sont intimement imbriqués

Dans les années cinquante, l'économie agricole de la Bretagne repose encore sur une polyculture-élevage de subsistance. Dans les années soixante, le développement rapide des élevages industriels génère un secteur d'abattage, de découpage, de conditionnement de la viande adapté à la demande (48 % des emplois des IAA régionales). Conserveries, plats cuisinés, charcuterie, surgelés, animent un réseau de petites entreprises disséminées dans les zones d'élevage : région de Rennes, de Quimper, de Loudéac, de Saint-Brieuc, de Vitré. La transformation du lait s'appuie sur un réseau de coopératives actives et d'entreprises telles que Bridel, Entremont, pour la production de fromage, de beurre et de produits lactés : il s'agit de 16 % des emplois. Les coopératives, moteurs d'une dynamique industrielle, ont subi une concentration financière et reposent sur quelques grands groupes comme UNICOPA à Morlaix, 3 700 salariés : laiterie, abattage de volailles, surgélation et aliments du bétail. Actuellement la part des coopératives est très importante : 50 % pour le secteur du porc et 45 % pour les aliments du bétail.

Mais la dynamique créée par le développement de l'agroalimentaire et l'intégration des producteurs bretons a engendré un modèle fortement remis en cause par les nouvelles tendances du marché (qualité et la sécurité alimentaire). Ainsi émerge un thème récurrent de la problématique : le bouleversement des systèmes de culture et le productivisme forcené sont-ils une réponse à la demande industrielle ? Au-delà de la responsabilité de l'agriculteur, engagé dans un processus qu'il ne maîtrise plus, c'est tout un ensemble régional qui est marqué par la dérive d'un système davantage tourné vers des objectifs commerciaux que vers la valorisation raisonnée de productions agricoles régionales.

3.2. La concentration financière dans les IAA : l'exemple du groupe Danone

Danone se place au cinquième rang des IAA européennes. À l'origine de cette firme transnationale, la société BSN, née en 1966, est spécialisée dans la glace et le verre et s'ouvre vers l'agroalimentaire en 1973 avec l'acquisition de Gervais-Danone : produits laitiers, pâtes alimentaires, bière, eaux minérales avec Évian, biscuits avec LU, et emballages.

Au-delà de la réussite et des stratégies du groupe, l'exemple de la société LU, issue d'une petite entreprise familiale de biscuiterie nantaise, illustre les mutations d'un secteur alimentaire marqué par une tradition régionale. À Nantes, le trafic maritime du XVIIIe siècle est à l'origine d'une production locale de biscuits secs, embarqués sur les navires. Au XIXe siècle, le passage de l'artisanat à l'industrie voit la création de l'entreprise biscuitière familiale : Lefevre-Utile. Son développement est rapide et reflète les liens entre les besoins du commerce maritime et les productions agricoles locales. L'arrière-pays nantais fournit lait, beurre, œufs, miel, blé, fruits. Par le trafic maritime arrivent le sucre, le café, le chocolat, la vanille. De l'association des deux logiques de production va naître une industrie agroalimentaire intégrée aujourd'hui à l'un des plus puissants groupes mondiaux. Actuellement la société LU maintient sa position de leader sur le marché.

La complémentarité entre activités agricoles et portuaires fait ainsi émerger un secteur spécifique de l'agro-industrie, représentatif d'une identité régionale.

3.3. L'évolution des filières agroalimentaires de montagne

La valorisation du lait dans l'espace montagnard est difficilement rentable en raison de problèmes de collecte dus à la dispersion de l'offre. Dans les Pyrénées, 15 % seulement du lait collecté est transformé sur place par de petites coopératives. L'organisation d'une filière fromagère de montagne peut être basée sur un support traditionnel, tel celui des « fruitières » villageoises. Ce type d'organisation est solidement ancré dans le tissu économique de Savoie et de Franche-Comté : dans le Doubs, le réseau des fruitières collecte environ 400 millions de litres de lait par an. Il s'agit d'une production de terroir, labellisée mais difficile à maîtriser dans le contexte commercial de concurrence, d'où une réelle fragilité de ces filières de l'agroalimentaire en montagne.

Par ailleurs, la concentration géographique et financière des IAA de la filière fromagère progresse sous l'impulsion de la grande distribution qui impose ses normes tarifaires et une certaine standardisation du produit, face à des exploitations souvent peu compétitives. La concentration financière se renforce progressivement par l'absorption de petites unités locales par des groupes polyvalents, extérieurs à la montagne : Besnier, implanté à Laval, a racheté des petites entreprises et des coopératives du Massif central et de Savoie mais son secteur laitier ne représente que le dixième des activités du groupe.

Actuellement, les entreprises s'implantent vers les bordures des massifs, dans les plaines et les piémonts, à l'écoute des marchés urbains. On peut ainsi voir se dessiner une nouvelle logique spatiale vers les périphéries montagnardes : Clermont-Ferrand, Vienne, Lyon, Besançon, Pau. Ceci détermine des rivalités spatiales, entre bassins laitiers et aires de transformation industrielle, celles-ci captant des retombées au détriment du bassin de production. La logique commerciale commandée par les pôles de consommation urbaine génère un glissement d'activités agroalimentaires identifiées à la montagne, vers des zones géographiquement propices à leur développement, grâce à des capitaux issus de secteurs extra-montagnards.

Conclusion

De nouveaux enjeux apparaissent face à un *agribusiness* conquérant. La concurrence entre les régions de production spécialisée servant de support à l'industrie est activée par les contraintes du marché. Le rôle d'interface des IAA repose sur un équilibre fragile entre production agricole et commercialisation. Dans le combat que se livrent les firmes de l'agroalimentaire sur le marché français et international, la garantie de la sécurité alimentaire et les impératifs de qualité restent des atouts pour les entreprises françaises, héritières d'un savoir-faire alimentaire. Mais les IAA sont encore pénalisées par la faiblesse de leur secteur aval très fortement infiltré par la concurrence. Ce manque de compétitivité se lit dans le classement des firmes nationales : la première, Danone, est trois fois plus petite que Nestlé. Bien que la valeur dégagée sur les échanges extérieurs traduise la bonne santé de ce secteur économique, l'importance des IAA n'est pas à la hauteur de la réputation de la France ni à la mesure de son potentiel agricole. Toutefois, la renommée gastronomique française, au travers de produits alimentaires de luxe (vins, champagnes, cognacs et armagnacs), marque de manière prestigieuse la mondialisation de l'économie de l'agroalimentaire.

Bibliographie

S. LERAT et R. FROMENT. *La France – L'agriculture et l'industrie*, Tome 3, Bréal, 1992.

M. BALESTE. *L'Économie française*, Belin, 13e édition, 1995.

G. ALLAIRE et R. BOYER. *La Grande Transformation de l'agriculture*, INRA-Economica, 1995.

D. RICARD et L. RIEUTORD. « Filières agroalimentaires et moyennes montagnes françaises », *Revue de Géographie alpine*, n° 3, 1995.

P. LIMOUZIN. *Agricultures et industries agroalimentaires françaises*, Masson, 1992.

J. WAHL. *Le Pétrole vert de la France*, Flammarion, 1983.

Tableaux de l'économie française 1997-1998, INSEE.

Céréales et régions céréalières en France

Les céréales occupent, traditionnellement, une place importante dans l'agriculture française. Autrefois, elles étaient omniprésentes dans toutes les régions et dans pratiquement tous les systèmes de production agricole : elles en étaient même la base et l'on pouvait parler, un peu partout, de « polyculture céréalière ».

Aujourd'hui, l'importance des céréales est tout aussi grande, mais leur utilisation a évolué : elles sont de moins en moins destinées à l'alimentation directe des hommes et de plus en plus à l'élevage. Elles restent une des productions de base de notre agriculture et un enjeu de taille dans la compétition mondiale pour le contrôle des produits alimentaires.

Ainsi, dans les recettes de l'agriculture française, les céréales arrivent en tête de toutes les productions (à l'exception des vins) et en quatrième position derrière le lait et les viandes bovines. Au niveau européen, la France se classe première pour les principales céréales comme le blé tendre et le maïs. En ce qui concerne la valeur de la production, la céréaliculture française représente 33 % de la céréaliculture de l'Union européenne (Allemagne et Italie : 16 % chacune). Enfin, la France figure parmi les plus grands pays exportateurs de céréales.

En fait, la France occupe une position difficile dans la compétition mondiale, car intermédiaire entre celle des grands producteurs mondiaux (comme les États-Unis et le Canada), qui pèsent sur les prix, et celle des producteurs européens pour qui, bien souvent, la céréaliculture a moins d'importance et, qui, par conséquent, sont plus enclins à lâcher du lest et même sont désireux de s'ouvrir en grand aux céréales offertes sur le marché mondial.

Le plan que nous adopterons peut être repris des termes même du libellé du sujet. Après avoir exposé quelques caractères généraux concernant la céréaliculture française, nous ferons une typologie des régions céréalières en fonction de leur importance et de leur dynamique.

1. La céréaliculture française : caractères généraux

1.1. La montée en puissance de la production céréalière

Celle-ci se vérifie en valeur absolue, mais non en valeur relative et cela n'est vrai que pour quelques céréales essentielles. C'est ainsi que, si nous observons l'évolution des différentes récoltes depuis la fin de la dernière guerre, nous relevons les réalités suivantes en distinguant les céréales qui ont progressé et les autres.

- Parmi les premières, la production de blé, partie de très bas en 1946 (6,8 Mt), augmente fortement et rapidement jusqu'à la fin des années quatre-vingt (33,2 Mt en 1990), puis stagne jusqu'à aujourd'hui (33,9 Mt en 1997). La quasi-totalité de la récolte provient de la moitié septentrionale du pays. La France occupe le cinquième rang mondial ; cependant elle doit importer du blé dur.
- L'augmentation de la production de maïs a été encore plus spectaculaire : 0,2 Mt en 1946, 7,6 Mt en 1970 et 16,8 Mt en 1997 (sixième rang mondial).
- L'orge a suivi une courbe un peu similaire à celle du blé : 1,1 Mt en 1946, 10 Mt en 1990 et seulement 10,1 Mt en 1997 (quatrième rang mondial).

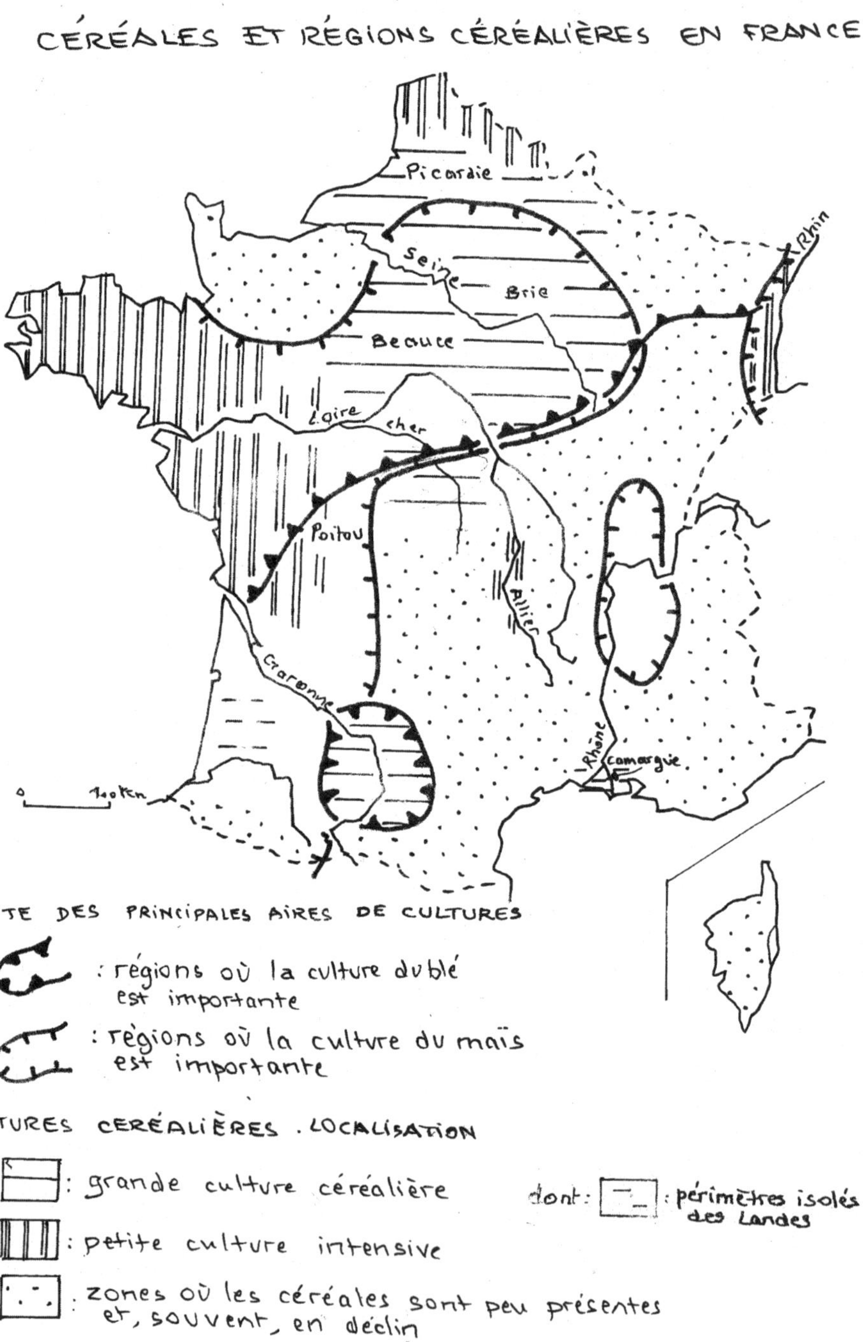

En revanche, deux céréales, l'avoine et le seigle, ont perdu l'essentiel de leur importance. Le seigle, tout d'abord, est devenu une céréale confidentielle, destinée à la fabrication de pains spéciaux. Il s'agissait de la céréale par excellence des terres froides, du Massif central en particulier, où, en raison de son importance, certaines régions prenaient le nom de *Ségalas*. L'avoine, à cause du recul de l'élevage équin, a suivi, elle aussi, une pente descendante : de 3,8 Mt en 1946, la récolte ne s'élevait plus qu'à 0,57 Mt en 1997. Ainsi, l'avoine qui représentait, au lendemain de la guerre, plus de 12 % de la production céréalière totale ne compte plus que pour moins de 1 % en 1997.

Enfin, une céréale, le riz, a connu une évolution erratique de sa production qui, pratiquement nulle en 1946, stagne aujourd'hui aux environs de 120 000 t.

Ainsi, globalement, la production de céréales a été multipliée par cinq en un demi-siècle passant de 12,4 Mt en 1946 à plus de 61 en 1997. Dans l'Union européenne, la production céréalière française représente environ 30 % de la production totale.

1.2. Les raisons de cet extraordinaire essor

Cet essor est dû uniquement à l'intensification de la production, car les surfaces n'ont cessé de se réduire depuis un siècle. Par exemple, le blé occupait à lui seul plus de 7 M ha en 1870 et l'ensemble des céréales ne couvrait qu'un peu plus de 9 M ha en 1965 (dont 4,5 pour le blé). Par contre, les rendements ont bondi, passant de 18 q/ha pour le blé, 16 q/ha pour l'orge et 11 q/ha pour le maïs en 1950 à, respectivement, 65, 55 et 81 q/ha en 1993. Désormais, des rendements supérieurs à 120 q/ha pour le maïs et à 100 q/ha pour le blé ne sont plus exceptionnels.

Ces performances sont particulièrement spectaculaires pour le maïs (à la fois le maïs grain et le maïs fourrager) qui a, tout à la fois, vu ses surfaces progresser énormément (autrefois, il s'agissait surtout d'une céréale confinée au Sud-Ouest aquitain et qui est cultivée aujourd'hui avec succès un peu partout sur le territoire) et ses rendements battre sans cesse de nouveaux records.

Ces rendements, pour le maïs comme pour les autres céréales, s'expliquent par un ensemble de facteurs : choix de nouvelles variétés plus productives (avec généralisation des hybrides à haut rendement), espèces à cycle plus court limitant les risques, mécanisation totale toujours mieux adaptée, utilisation massive des engrais et des désherbants, maîtrise aussi poussée que possible de l'eau avec emploi de plus en plus généralisé de l'irrigation.

Mais tout ceci n'aurait pas été possible si les céréaliers n'avaient pas, jusque dans les années quatre-vingt, été stimulés, à long terme, par une permanente politique de prix qui leur était favorable. Pendant plus de quatre décennies, les prix, fixés à des niveaux très supérieurs à ceux des cours mondiaux, ont permis aux céréaliers de produire à tout va. Ce n'est qu'au cours des années quatre-vingt que les premiers ajustements apparaissent avec l'instauration de QMG (Quantités Maximales Garanties) qui impliquent la détermination d'un plafond de production au-delà duquel baissent les prix d'intervention. Avec la nouvelle PAC, il a été décidé de freiner sérieusement la production par la mise en jachère d'une partie des terres et surtout par une diminution progressive des prix de 30 % afin de se rapprocher des cours mondiaux.

1.3. Le déclin relatif des céréales

L'envolée de la production céréalière ne doit pas cacher son déclin en valeur relative dans les systèmes de production agricole. Rappelons ici l'importance historique des céréales. Ainsi, en 1838, lors de la première grande enquête agricole française, les céréales comptaient, en valeur, pour la moitié de la production agricole française (et le seul froment pour le quart). Déjà, dans les années 1960, les céréales ne représentaient plus, en valeur, que 10 à 12 % de la production agricole.

Ceci dit, la France est un grand pays exportateur de céréales. Déjà, en 1965, les exportations s'élevaient à 8 Mt ; alors, tous nos partenaires européens étaient des importateurs. En 1993, la France a exporté 18 Mt de blé, 2 Mt d'orge et 9 Mt de maïs, mais plusieurs pays européens sont devenus, eux aussi, exportateurs.

1.4. Un marché réglementé depuis longtemps

En raison de l'importance des céréales, leur marché a été très tôt réglementé. Tout d'abord dans le cadre national : en 1936, est créé l'ONIB (Office National Interprofessionnel du Blé) transformé, en 1940, en ONIC (Office National Interprofessionnel des Céréales). Aujourd'hui, les prix des céréales sont fixés dans le cadre de l'Union européenne. Ceci est important pour la France qui, en dépit des virulentes protestations américaines exprimées lors des négociations du GATT et lors de l'Uruguay round, exporte la moitié environ de sa récolte, surtout vers les autres pays de l'Union européenne.

Cette puissance en valeur absolue et ce déclin relatif des céréales se sont accompagnés d'une modification substantielle de la géographie de la céréaliculture en France.

2. Les régions céréalières

Autrefois, jusqu'à la dernière guerre tout au moins, la céréaliculture était diffuse sur l'ensemble du territoire et était intégrée, même en montagne, dans une polyculture omniprésente destinée à satisfaire aux besoins des populations. Et l'on faisait de la céréaliculture jusqu'à l'extrême limite du possible et même, comme à Saint-Véran dans les Alpes du Sud, au-delà de ces limites.

Actuellement, la céréaliculture se concentre dans les régions les plus appropriées et sa géographie présente pas mal de différences avec celle des années trente ou quarante. Aussi, nous pouvons classer les régions céréalières en fonction de l'importance, au moins sur le plan spatial, que la céréaliculture occupe, et de son évolution.

2.1. Les régions de monoculture céréalière

Elles sont bien peu nombreuses car il est rare que la céréaliculture ne soit pas intégrée dans un système de production plus complexe. Deux régions, bien différentes, peuvent être classées dans ce groupe, la Beauce et la Camargue.

1. La Beauce est le prototype même de la région céréalière et ceci depuis des siècles. Ceci ne signifie pas que la monoculture céréalière ait été une constante. En fait, sur fond de céréaliculture, les exploitants beaucerons ont en permanence fait évoluer leurs assolements et même leurs systèmes de production agricole (en incluant, à certaines époques, une dose plus ou moins forte d'élevage ou/et de plantes sarclées).

   Sur de riches plateaux limoneux, dans d'excellentes conditions écologiques, de grands exploitants pratiquent, depuis des siècles, une céréaliculture très moderne, très productive et très rentable. La Beauce est le berceau et la région de grande culture par excellence. Les exploitants sont, sans cesse, à la pointe du progrès pour obtenir de meilleurs rendements grâce à la mécanisation (totale depuis longtemps, mais toujours mieux appropriée pour rendre plus agréable et plus efficace le travail du céréalier), à l'utilisation massive de l'irrigation (non seulement pour la culture du maïs, mais aussi pour atténuer autant que faire se peut les écarts interannuels de rendement du blé), aux semences et engrais les mieux appropriés.

   Les céréaliers beaucerons adoptent immédiatement les dernières innovations techniques et agronomiques, mais restent attachés à une céréaliculture à prix garantis aussi élevés que possible, ceci dans des assolements qui comportent des oléagineux et, dans une moindre mesure, des betteraves. Jusqu'aux années quatre-vingt incluses, ils ont obtenu satisfaction et n'avaient pas de raison de faire évoluer leur système de production agricole. D'où une grande stabilité de la céréaliculture. C'est pour cette raison que P. Estienne a pu parler d'une agriculture conservatrice.

En tout cas, les Beaucerons ont mis au point ce « modèle », celui de la grande culture à la française qui balaie la petite exploitation, qui concentre la propriété et l'exploitation dans le cadre d'un système social de riches fermiers. Cette grande culture, qui fait la part belle aux productions végétales, fonctionne de plus en plus à base non pas de capital foncier, mais de capital d'exploitation et est très liée à l'industrie agroalimentaire.

2. La Camargue présente de fortes analogies avec la Beauce, mais dans un cadre physique bien différent.

   Dans le delta du Rhône, la riziculture a pu occuper jusqu'à 33 000 ha au début des années soixante. Elle est née d'une double conjoncture : la guerre, qui a coupé le pays de ses approvisionnements indochinois, et surtout le manque d'alternative pour mettre en valeur des terroirs difficiles, après que la crise phylloxérique ait ravagé un vignoble de masse de piètre qualité. La riziculture camarguaise a connu des hauts et des bas (le plus bas se situant en 1981 avec 4 000 ha seulement).

   La riziculture se pratique dans de grandes exploitations qui, comme en Beauce, se spécialisent dans une céréaliculture particulière en restant toujours à la pointe du progrès. Mais le milieu est rude et les coûts engendrés par la maîtrise complète de l'eau, l'adaptation du foncier (nivellement), la lutte contre le sel, le coût des apports d'engrais… et une certaine stagnation des rendements rendent fragile la riziculture, alors que les concurrents étrangers (les USA en particulier) bénéficient de bien meilleures conditions et de variétés de riz mieux adaptées à la demande des consommateurs.

   Quelles que soient les difficultés, la culture du riz se maintient en contrebas des *lônes*, bourrelets alluviaux qui, ayant 1 à 3 m d'altitude de plus, restent couverts de vignes.

2.2. Les régions de conquête de la grande culture céréalière

À partir des « modèles » du Centre, la grande culture céréalière s'est étendue en auréole sur l'ensemble des terroirs favorables du Bassin parisien, de la Champagne berrichonne à la Picardie et du Pays de Caux à la Champagne Pouilleuse. Partout, des exploitants, ayant la mentalité de chefs d'entreprise, rompus aux techniques de gestion et bénéficiant le plus souvent d'une formation supérieure, se sont lancés dans la grande culture céréalière, à la façon des Beaucerons, mais avec des particularités locales.

Partout les labours occupent une part essentielle des finages, partout (sauf exception) les céréales (blé en tête, mais aussi maïs et loin derrière, orge) couvrent au moins la moitié des surfaces labourées. Si bien que désormais le Bassin parisien détient la moitié des surfaces emblavées (surfaces semées en blé) de France et compte neuf des dix plus gros départements céréaliers. Cette mise en valeur s'effectue après une restructuration des parcellaires réalisée dans le cadre d'une ou deux opérations de remembrement, qui donnent au paysage l'aspect d'un openfield mosaïque composé de parcelles très vastes.

Mais, à la différence de la Beauce, les céréales entrent dans des assolements plus complexes où les plantes sarclées (comme la betterave sucrière et la pomme de terre), les oléagineux (colza, tournesol), les protéagineux (le pois par exemple), les cultures légumières de plein champ et les cultures fourragères occupent des surfaces importantes. Toutes ces cultures sont complètement mécanisées et les productions sont transformées par la grande industrie agroalimentaire qui est partout présente. Par exemple, Beghin-Say a construit en Champagne la plus grosse sucrerie d'Europe ; Bonduelle et Nestlé possèdent de gros établissements respectivement à Péronne et Saint-Quentin.

L'élevage est, en général, en perte de vitesse. Mais il occupe encore des positions solides dans le Pays de Caux et dans la Brie.

La grande culture céréalière du Bassin parisien a fait des émules dans le Bassin Aquitain. Au moins deux régions sont concernées.

1. Dans le Toulousain-Lauraguais, l'arrivée des Pieds-Noirs, en 1962, a bousculé dans bien des endroits la polyculture aquitaine au profit d'une céréaliculture qui a brutalement balayé les paysages traditionnels sur une topographie collinaire aux sols instables.
2. Dans les Landes, pour des raisons de lutte contre les incendies de forêt et pour occuper les espaces détruits par le feu, une remise en valeur partielle des terres par l'agriculture a été encouragée. De grands céréaliers originaires du Bassin parisien, où ils ne trouvaient plus de terre, se sont installés sur de grands espaces. Considérant que le sol, très pauvre, ne pouvait que fournir un support à la culture, ils ont mis au point une monoculture du maïs. Ceci suppose, préalablement, une maîtrise complète de l'eau et l'apport, chaque année, de tout ce dont le maïs a besoin. Il en est résulté un paysage particulier avec des formes parcellaires dépendant du système d'irrigation, les pivots géants créant des parcelles circulaires de plusieurs dizaines d'hectares. Actuellement, dans les Landes, les surfaces en maïs occupent quelque 80 000 ha.

2.3. Les pôles céréaliers en petite culture

On en dénombre au moins cinq : le Nord, la Bretagne, l'Alsace, le Poitou-Charentes et la Limagne. Tous ces pôles ont des caractères particuliers. Par exemple, le Nord est une région qui, dès le Moyen Âge, s'est singularisée par l'intensivité de son agriculture (avec l'abolition précoce de la jachère), où le blé occupe des espaces importants. Actuellement, le blé conserve de solides positions dans le cadre d'assolements où figurent des cultures comme le lin, le colza ou le houblon.

2.4. Les zones de céréaliculture résiduelle

Dans nombre de régions, tout particulièrement dans les montagnes comme le Massif central, les céréales ont fortement régressé. Toutefois, dans le cadre de la PAC, certains exploitants, pour bénéficier de primes, relancent la culture des céréales.

Conclusion

Dans le cadre de l'Union européenne, la France occupe actuellement des positions solides dans le domaine céréalier. Pourtant, l'expansion des céréales va être bloquée, d'une part en raison de la saturation des marchés solvables dans le monde, et d'autre part en raison de la concurrence des grands pays producteurs comme les États-Unis, qui produisent à bas prix. L'alignement à terme des cours des céréales européennes sur les cours mondiaux va être durement ressenti par les céréaliculteurs français.

Les productions agricoles françaises de qualité

Le sujet proposé présente des ambiguïtés et des difficultés. Il existe un risque de confusion entre productions de qualité et productions des cultures dites délicates ou spécialisées, parce que ces cultures fournissent souvent, mais pas toujours, des produits de qualité. Il ne faut pas non plus oublier les produits de qualité issus de l'élevage.

Une autre difficulté tient à la définition même du produit de qualité. Si beaucoup d'entre eux sont des produits bruts (fruits, légumes), d'autres sont des produits élaborés (vins, fromages, foies gras artisanaux, certaines salaisons) qu'il faut inclure dans l'étude. En revanche, d'autres produits alimentaires seront exclus (conserves, plats cuisinés, etc.).

Que doit-on entendre par qualité ? Le mot a ici deux sens. Il faut en effet distinguer la qualité sanitaire d'un produit de sa qualité gustative, l'une et l'autre n'étant pas nécessairement liées. Pour assurer ces deux qualités, des normes ont été édictées et, pour guider le consommateur, des labels ont été créés. Mais leur prolifération est source de confusion, d'autant plus que si certains émanent des pouvoirs publics, les autres, les plus nombreux, ont été créés par des organismes privés, producteurs, industriels, distributeurs, associations.

Enfin, une difficulté supplémentaire surgit lorsqu'il s'agit de dresser un tableau géographique des productions agricoles de qualité. Les données précises manquent souvent et, sur bien des points, la recherche géographique en la matière ne fait que débuter[1]. Il s'agit pourtant de questions qui sont débattues dans l'opinion

Le sujet sera traité en deux parties. La première portera d'une part sur la définition des produits agricoles de qualité, d'autre part sur les appellations et les labels qui ont été créés pour réglementer leur élaboration et pour signaler leur existence aux consommateurs. Dans un second temps seront esquissés une répartition de ces productions en France et un aperçu des exploitations concernées.

1. Des produits de qualité

Le développement de l'agriculture productiviste et la généralisation de la grande distribution ont conduit à une uniformisation de beaucoup de produits agricoles et de denrées alimentaires, accompagnée d'une baisse de la qualité gustative de beaucoup d'entre eux. En revanche, les efforts pour assurer la meilleure qualité sanitaire sont constants. Mais un produit sain n'a pas forcément bon goût. Or, tout au moins aux yeux des Français, c'est le goût d'un produit qui fait sa qualité

1.1. La qualité sanitaire

La recherche de produits sains n'est pas une nouveauté. Déjà, à la fin du XVIIIe siècle, la Société royale de médecine avait envoyé en Sologne un de ses membres, l'abbé Tessier, pour étudier les effets de l'ergot du seigle sur l'organisme humain. De tout temps, il a fallu aussi pourchasser les fraudeurs ; jadis, c'était la fermière qui « mouillait » le lait de son troupeau, aujourd'hui, c'est l'éleveur qui injecte à son bétail des hormones interdites.

1. Pitte (J.-R.), « La géographie du goût, entre mondialisation et enracinement local », *Annales de Géographie*, n° 621, sept.-oct. 2001, pp. 487-508.

Les progrès scientifiques ont permis de faire face à un nombre accru de problèmes. Il est devenu facile, dans un vin frelaté, de distinguer l'eau ajoutée frauduleusement de celle qui fait partie intégrante du produit. La tuberculose bovine a été combattue avec succès. Les consommateurs sont de mieux en mieux informés, de plus en plus sensibilisés à ces problèmes, comme on a pu le constater lors de la crise de la « vache folle » (encéphalopathie spongiforme bovine – ESB). L'apparition des OGM (organismes génétiquement modifiés) a suscité un tollé spectaculaire, tout en devenant un argument d'action syndicale et politique. La suspicion s'est étendue aussi à l'emploi abusif des produits chimiques en agriculture.

En 1998, pour tenter de faire face à ces difficultés, a été fondée l'Agence française de sécurité des aliments ; ses compétences s'étendent du stade de la production agricole à celui de la consommation et contribuent à assurer la « traçabilité » des produits, dont l'étiquetage est assujetti à des normes que l'on s'efforce de rendre aussi strictes que possible, rigueur qui n'empêche pas certaines lacunes et ne peut pas éliminer tous les risques. Il n'en reste pas moins que les mesures de sécurité sanitaire imposent des normes de production et que celles-ci ne sont pas sans effet sur la qualité gustative des produits.

1.2. La qualité gustative

La baisse de la qualité gustative et la banalisation de bien des produits alimentaires ont suscité, en réaction, une évolution du goût des consommateurs. Des exigences nouvelles sont apparues, qui mêlent à la recherche du bien-manger des considérations diététiques. Un certain nombre d'éléments concourent à cette attitude. Les livres de cuisine ne sont pas une nouveauté, mais ils prolifèrent et proposent des recettes de plus en plus diversifiées qui valorisent les produits de qualité. La gastronomie n'est plus le fait d'un petit cercle d'initiés. De grands chefs montrent leurs préparations à la télévision. Des chroniques leur sont consacrées dans les médias et les guides donnent les adresses de leurs restaurants. Enfin les « produits de terroir » sont à la mode, vogue telle que certains produits d'une grande banalité sont présentés sous des étiquettes ambiguës, laissant planer un doute sur leur origine.

En France existe une grande quantité de produits agricoles dont la réputation est ancienne ou qui ont su la retrouver par des actions de promotion. Ces initiatives sont souvent en lien avec le développement du tourisme. Tel est, parmi beaucoup d'autres, le cas du piment d'Espelette (Pyrénées Atlantiques). Tout est entrepris pour le faire connaître. À Espelette même, les piments sont mis à sécher en chapelets sur les façades des maisons, personne ne peut les ignorer. Le clou est la fête du piment, le dernier dimanche d'octobre.

Ce genre de fête, autour d'un produit, s'est beaucoup développé depuis quelques années. Du coup, des manifestations dont on prédisait naguère la disparition, ont repris force et vigueur ; il est remarquable que la plupart soient placées sous le signe d'un produit de la terre ou de l'élevage. C'est le cas à Espelette, avec le piment, mais aussi à Tigy (Loiret), avec l'asperge, à Saint-Aubin (Lot-et-Garonne), avec le pruneau. À Saint-Christophe-en-Brionnais (Saône-et-Loire) se tiennent en même temps un marché aux bestiaux et une fête du pot-au-feu. On pourrait multiplier ces exemples[1].

De ce développement des produits de qualité résultent deux conséquences.

• La première est, en quelque sorte, leur « patrimonialisation ». Cela va avec le goût actuel pour les choses anciennes, comme si, naguère, avait existé une sorte d'âge d'or, marqué par de bonnes conditions de vie et l'existence de produits alimentaires sains et

1. Bétry (N.), « La patrimonialisation des fêtes, des foires et des marchés classés "sites remarquables du goût" ou la mise en valeur des territoires par les productions locales », *Ruralia*, n° 12/13, 2003, pp. 305-313.

goûteux – idée fausse, bien sûr. Relèvent de la même démarche les tentatives de sauvegarde d'espèces ou de variétés animales et végétales en voie de disparition et la création de « conservatoires » à cet effet.

• Une seconde conséquence est observable dans les exploitations agricoles. Les exploitants qui s'orientent vers la qualité modifient leurs pratiques. Cela passe parfois par une diminution des rendements, voire par le passage à l'extensif, et une moindre utilisation des produits chimiques. L'agriculture biologique se veut à l'avant-garde de ce mouvement.

Pour réglementer l'élaboration des produits de qualité et éclairer le consommateur, des certificats d'authenticité ont été créés. Ce sont les appellations d'origine et les labels, qui se sont d'ailleurs multipliés, au point qu'il est difficile de s'y retrouver.

1.3. Les appellations d'origine et les labels de qualité

Les certificats d'authenticité sont attribués à des produits alimentaires dont une partie seulement sont des produits agricoles bruts (p. ex. carottes de Créances). Les autres certificats concernent des produits élaborés, vins, fromages, salaisons, etc. Il existe deux catégories de certificats d'authenticité, ceux qui ont une existence officielle, reconnue par les pouvoirs publics, et ceux qui proviennent d'initiatives privées.

Les labels officiels sont au nombre de quatre.

Les *appellations d'origine contrôlées* (AOC) sont nées de la crise viticole du début du XXe siècle et sont, depuis 1990, susceptibles d'être attribuées à tous les produits agricoles bruts ou transformés ; elles s'appliquent en fait surtout aux vins et plus accessoirement aux fromages et à quelques rares autres produits. Elles ont deux objets principaux, délimiter les aires de production et réglementer les pratiques d'élaboration des produits, à partir de cahiers des charges présentés par les professionnels.

En 1960, a été créé le *label rouge*, dont l'origine est la crise provoquée par le traitement de volailles aux hormones de croissance. Le but du label est d'assurer, par des cahiers des charges élaborés par les pouvoirs publics, les qualités gustatives des produits.

En 1980, a été lancé le label *agriculture biologique* (AB), qui est fondé, lui aussi, sur un cahier des charges mais ne garantit en aucune façon la qualité gustative des produits. Les exploitants s'engagent seulement à des pratiques respectueuses de l'environnement, en n'utilisant que des quantités très limitées de produits chimiques. L'agriculture biologique occupe tous les créneaux de production et est dispersée au gré des initiatives des exploitants qui l'adoptent. Il n'est guère possible d'en faire une géographie.

Enfin, en 1988, est apparue la *certification de conformité*. C'est, encore une fois, un cahier des charges qui permet de garantir que le produit est conforme à des caractéristiques spécifiques et que des règles de production et de transformation ont été respectées.

En plus de ces labels officiels, on a vu proliférer, depuis une vingtaine d'années, des logos destinés à attirer l'attention des consommateurs. Il en existe aujourd'hui environ 280. Il n'est donc pas question de les passer en revue, d'autant plus que beaucoup ne concernent pas les produits alimentaires ou agricoles. Il faut néanmoins citer le logo *saveur de l'année*, dans la mesure où il est attribué sur des critères de goût. Un autre logo, *quali'terre* concerne directement les exploitations. Il est accordé, à la demande de l'exploitant, sous le contrôle des chambres d'agriculture, et sanctionne un ensemble de bonnes pratiques.

Qu'elles soient publiques ou privées, ces certifications, ces qualifications, ces logos ont pour effet de procurer une plus-value aux produits concernés. Mais leur prolifération actuelle déroute le consommateur et peut même le tromper ; des associations réclament une réforme. La tâche s'avère compliquée, parce que l'éventail des productions est extrêmement large et que les aires de production sont très diverses.

2. Les aires de production

Il n'est pas possible de passer en revue ici toutes les productions de qualité, ni tous les lieux qui leur sont consacrés. Après un exposé des conditions de leur obtention, un aperçu des diverses catégories de produits sera esquissé.

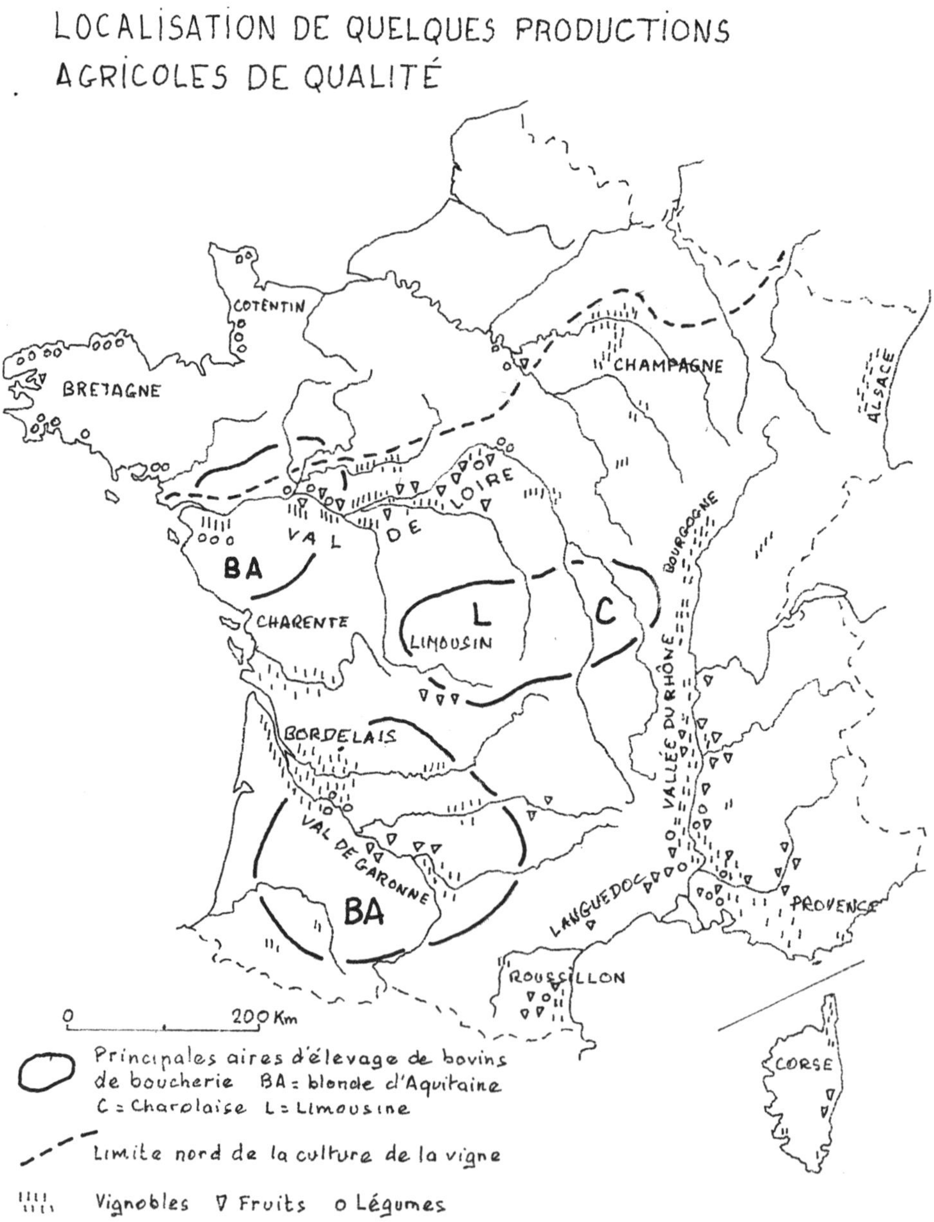

2.1. Facteurs de répartition géographique des productions de qualité

Un produit agricole de qualité ne peut pas être élaboré n'importe comment ni obtenu n'importe où.

Une première condition est la qualité des terroirs. Ainsi, sur le versant de la Côte bourguignonne, les cépages pinot noir et chardonnay donnent de très grands vins. Un kilomètre plus bas, la qualité serait moindre. Cette première condition en entraîne une autre, qui est l'utilisation de variétés végétales et de races animales sélectionnées pour adapter la plante ou l'animal aux terroirs où ils vivent et en obtenir la meilleure qualité possible. Jadis empirique, la sélection est faite aujourd'hui dans des laboratoires spécialisés, tant publics (INRA, universités, etc.) que privés (coopératives, producteurs de semences, etc.). Certaines de ces sélections n'ont pas pour but la recherche de la qualité mais, entre autres, l'amélioration de la résistance aux maladies et aussi l'accroissement des rendements.

Il faut que les producteurs utilisent des savoir-faire, dans le respect de traditions plus ou moins anciennes ou, au contraire, par le recours à des innovations. Celles-ci ne concernent pas seulement l'utilisation d'espèces et de races sélectionnées. Chez le vigneron d'aujourd'hui, par exemple, de nouveaux matériels et de nouvelles méthodes de vinification assurent une sécurité plus grande que jadis dans l'élaboration et l'élevage des vins.

Ainsi se construit la réputation d'un produit, à condition qu'existe une clientèle pour le consommer et pour en parler. Il n'est pas forcé que cette clientèle soit nombreuse, mais elle doit savoir apprécier la qualité et avoir les moyens de se l'offrir. Le renom du champagne n'est pas venu d'auberges mal famées, mais des salons de l'aristocratie et de la haute bourgeoisie. De même, les séjours de la cour royale ont favorisé l'implantation de vignes et de vergers de grande réputation dans le Val de Loire.

Enfin, les conditions de production varient beaucoup d'un produit à un autre. Deux groupes apparaissent, d'une part les produits de l'élevage, d'autre part ceux de la culture, qui seront étudiés successivement.

2.2. Les produits de l'élevage

Ils appartiennent à deux catégories principales, viandes et produits laitiers.

L'élevage bovin pour la viande repose sur trois races principales, la charolaise (la plus nombreuse), la limousine (en essor) et la blonde d'Aquitaine. Les deux premières ont leurs terres d'élection sur la bordure nord et nord-est du Massif central et en Limousin. La troisième est représentée surtout dans le Sud-Ouest et en Poitou, où une autre race se renouvelle avec succès, la parthenaise. Les exploitations d'élevage sont inégalement importantes, mais la tendance générale est à l'accroissement des surfaces et des troupeaux. La qualité de ces élevages repose sur la qualité des herbages et sur la rigueur des reproductions, que l'on peut suivre dans les *herd-books* de chaque race. Le label rouge attribué aux trois races témoigne de la qualité gustative des produits. Les grandes foires où ces animaux se négocient (Sancoins, Parthenay, Clisson...) ont gardé leur vitalité.

La viande ovine de qualité provient d'élevages plus ou moins dispersés. Un groupe important est aux confins du Limousin et du Poitou (race charmoise, label agneau baronet du Limousin). Les élevages de la moitié sud de la France ne sont que minoritairement consacrés à la production de viande (p. ex. agneaux de Savournon – Hautes-Alpes).

Porcs et volailles sont le plus souvent élevés de façon quasi industrielle, dans des conditions qui ne permettent pas d'obtenir une qualité autre qu'ordinaire. Il existe des exceptions, avec des élevages de volailles en plein air qui ont obtenu le label rouge, dans la Sarthe, les Landes, la Bresse, etc. Il existe toujours des élevages de porcs et de volailles de qualité à la ferme (souvent pour la vente directe et l'approvisionnement de restaurants).

Parmi les produits laitiers, le beurre des Charentes, le beurre et la crème d'Isigny, qui bénéficient d'une AOC, sont de bons produits industriels. Parmi les fromages, il faut distinguer les fromages laitiers (industriels) des fromages fermiers, dont la qualité est reconnue par l'attribution de l'AOC, qui délimite étroitement leurs zones de production (quelques cantons de l'Aube et de l'Yonne pour le chaource) et précise les exigences en matière de qualité du lait (race productrice, nature de l'alimentation, etc.). Les structures d'exploitation peuvent être petites, comme celles qui produisent le beaufort (Savoie), ou nettement plus importantes, comme pour le maroilles (Thiérache).

Les fromages de chèvre sont en vogue, à cause de leur qualité et des actions de promotion qui les concernent. On en trouve beaucoup dans la moitié sud de la France (p. ex. le picaudon du Vivarais). Plus au nord, une bande de territoires aux sols pauvres, du Sancerrois au Poitou, fournit des fromages très variés, crottin de Chavignol, selles, valençay, pouligny-saint-pierre, sainte-maure, chabichou... Là, jadis, l'élevage des chèvres était une ressource d'appoint. Aujourd'hui, ces territoires sont partagés entre des grandes exploitations de grande culture et des petites, spécialisées dans l'élevage caprin.

Deux fromages de brebis ont une AOC, le roquefort, affiné dans les célèbres caves du village éponyme, mais dont la zone de collecte du lait couvre la majeure partie de l'Aveyron et déborde sur les départements voisins, et l'ossau-iraty, fromage basque dont l'aire de fabrication s'étend à l'ensemble des Pyrénées-Atlantiques et à une partie des Hautes-Pyrénées. Pour ces deux fromages de qualité, les processus de fabrication sont industriels.

AIRE DE COLLECTE DU LAIT POUR ROQUEFORT

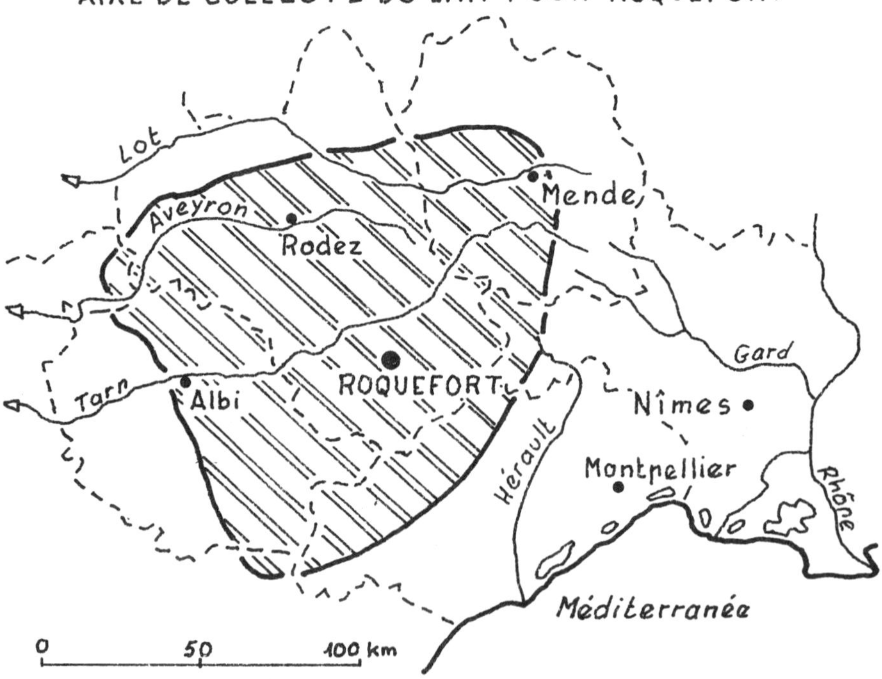

Les productions animales de qualité sont d'une grande diversité, qu'il s'agisse des produits eux-mêmes, des procédés de leur élaboration, des lieux, des territoires et des exploitations agricoles dont ils sont issus. Elles ont en commun d'exiger de grosses sommes de travail, tout au long de l'année et de ne pas laisser beaucoup de loisirs aux exploitants. Bien représenté dans les plaines, l'élevage, surtout lorsqu'il est de qualité, apparaît aussi comme une solution aux problèmes de l'agriculture de montagne, soit sous forme d'élevage de boucherie (nord et nord-ouest du Massif central), soit sous forme de production fromagère (sud du Massif central, Pyrénées, Alpes, Jura et Vosges).

2.3. Les produits de la culture

C'est parmi les cultures spécialisées que l'on trouve des produits de qualité, la vigne et le vin d'une part, les fruits et les légumes d'autre part. On ne fera pas état des cultures florales et des pépinières, dont les productions obéissent à d'autres critères de qualité que les produits alimentaires.

La culture de la vigne dans ce qui est aujourd'hui la France remonte à l'Antiquité. Le vin a toujours été un produit recherché. D'abord, il participe aux célébrations de la liturgie chrétienne. Très tôt aussi, les vins de qualité ont figuré sur les tables des nobles et des bourgeois. L'implantation des vignobles dépendait, bien sûr, des aptitudes naturelles de certains terroirs, mais elle était influencée aussi par la présence des villes et des abbayes, également par l'existence de voies fluviales qui facilitaient le transport des vins. Le vignoble de Cahors a dû sa première prospérité à la navigation sur le Lot et les vins ont largement participé à la prospérité des « marchands fréquentant la rivière de Loyre et fleuves descendant en ycelle », comme ils ont enrichi les bateliers de la Garonne.

Aux XVIIIe et XIXe siècles, la vigne était beaucoup plus répandue et s'étendait bien plus au nord qu'aujourd'hui. La qualité était loin d'être toujours au rendez-vous. Lorsqu'elle l'était, c'était parfois dans des lieux qui peuvent nous surprendre. Le vin de Suresnes était, si l'on en croit Brillat-Savarin, l'un des plus prisés de France. À la fin du XIXe siècle, la crise du phylloxéra anéantit la quasi-totalité des vignobles français. La restructuration, grâce à l'importation de plants américains, permit de restaurer certains vignobles de qualité. En même temps les vignobles de masse s'étendirent démesurément et la surproduction entraîna une crise d'une grande gravité, dans les premières années du XXe siècle. Des mesures énergiques furent prises mais il fallut une cinquantaine d'années pour que la situation commence à s'assainir.

Depuis quelques décennies, le goût des consommateurs s'est orienté vers la recherche de vins de qualité, sous l'influence de campagnes de promotion, avec l'aide des médias et des distributeurs. Les foires aux vins sont très fréquentées et la vente chez le vigneron s'est bien développée. Du coup, certains vignobles, dont on prédisait la disparition dans les années cinquante, ont retrouvé toute leur vitalité. Tel est le cas de celui de Sancerre.

De cette évolution, les vignobles en AOC sont sortis gagnants. Les localisations sont les mêmes que jadis, généralement sur des coteaux bien exposés, mais aussi dans des plaines comme celle du Médoc. Dans beaucoup de régions, des territoires naguère abandonnés, mais restés classés par l'INAO, ont été reconquis par la vigne. Tel est le cas, entre autres, en Champagne, où la vigne a envahi la vallée de la Marne dans la traversée du département de l'Aisne, jusqu'aux abords de l'Île-de-France. Il en est de même en Beaujolais, dopé par la promotion du beaujolais nouveau. Les grandes régions viticoles sont la Champagne, le Val de Loire, le Bordelais, la Bourgogne et ses annexes (Arbois, Beaujolais), la vallée du Rhône et certaines parties du Midi méditerranéen. Il faut y ajouter les secteurs de production d'eaux-de-vie (Cognac, Armagnac). Dans l'ensemble, la diversité est extrême, dans la dimension des exploitations, la majorité d'entre elles étant de petite taille, et dans la nature de la production, si bien qu'il paraît hasardeux de comparer de très grands crus, comme le petrus, le château d'Yquem, le corton-charlemagne, avec des vins moins glorieux, mais tout aussi porteurs de satisfactions gustatives.

La répartition géographique des vergers de qualité est comparable à celle de la vigne. Bien souvent d'ailleurs, celle-ci a été remplacée par les arbres fruitiers, dans les terroirs les moins propices à la viticulture. La partie méridionale de la France est favorisée. Les vergers y ont colonisé bien des vallées, que ce soit celles du Bassin d'Aquitaine, la vallée du Rhône, ou celle de la Durance. On les trouve aussi accrochés aux flancs des coteaux méditerranéens. Plus au nord, ils sont très étendus aux confins sud-ouest du Massif central (bassin de Brive) et dans le Val de Loire. Il existe de grands vergers employant des dizaines d'ouvriers, surtout au moment des cueillettes. Mais les petites unités sont nombreuses. La situation est, sous ce rapport, comparable à celle des exploitations viticoles.

Les légumes de qualité, ceux qui sont consommés frais, proviennent principalement de zones maraîchères, et sont produits sur de petites exploitations. Certaines font partie des anciennes ceintures légumières de villes, destinées à l'approvisionnement des marchés citadins. D'autres légumes sont produits sur des terroirs favorisés par la nature et dans des exploitations souvent grandes, voire très grandes. Ainsi en est-il des carottes de Créances (Manche), produites sur des sols sableux. Enfin, comme pour les fruits, les Midis méditerranéens et aquitains sont favorisés par le climat.

La qualité des fruits et des légumes de qualité est consacrée principalement par des labels rouges (p. ex. la mirabelle de Lorraine, le haricot tarbais), plus rarement par une AOC (chasselas de Moissac, noix de Grenoble, lentille verte du Puy...).

Conclusion

Face à la généralisation de produits ordinaires, les produits de qualité ne manquent pas d'arguments pour s'imposer auprès des consommateurs. Mais plusieurs éléments viennent contrarier leur promotion. C'est d'abord la difficulté qu'il y a à les reconnaître, au milieu d'une véritable jungle de labels plus ou moins ambigus. Un deuxième élément est leur prix, le plus souvent supérieur à celui des produits courants. Une troisième difficulté est la concurrence de produits venus d'autres pays, parfois lointains (Amérique du Sud, Afrique tropicale), mais aussi et surtout proches et situés dans l'Union européenne. Aucun produit n'échappe à ces concurrences. Le problème n'est alors plus un problème pur et simple de qualité des produits, mais un problème de rapport qualité/prix, dont la solution est un peu technique et beaucoup politique. Néanmoins, la France possède une multitude de productions agricoles de qualité, qui contribuent à fonder sa réputation de pays du bien-manger.

Les agricultures et l'environnement en France

L'agriculture française est une des plus puissantes au monde et se place au premier rang de l'Union européenne : 21,3 % de la production communautaire. Elle se trouve aujourd'hui au centre d'un débat où s'affrontent les exigences de production dictées par les consommateurs et l'intérêt environnemental commandé par ces mêmes consommateurs : difficile ajustement entre des logiques apparemment contradictoires qui, à la fois, stimulent les capacités à produire par des incitations financières et sanctionnent l'agriculteur et les excès qui portent atteinte au milieu naturel. Le terme d'environnement sera pris sous l'angle des caractères du milieu naturel ainsi qu'au travers des composantes des paysages ruraux : végétation, parcellaire, bâti et autres traces de l'activité humaine.

De là naît une ambiguïté sur le rôle de l'agriculture, qui doit rester garante de la préservation de l'environnement tout en satisfaisant les besoins du marché. Le cadre relationnel complexe entre les agricultures, au caractère pluriel, et l'environnement s'appuie sur la variété des productions et des systèmes de production. Des nuances significatives apparaissent entre les agricultures très productives, au plus fort revenu mais dont le coût environnemental est le plus élevé, et les secteurs en difficulté, à faible rentabilité mais dont les pratiques agricoles sont respectueuses (souvent malgré elles) de l'environnement. La qualité environnementale serait-elle l'apanage des moins riches ? La tendance en cours, poussée par Bruxelles, va vers une spécialisation de plus en plus marquée, en réponse aux nouvelles exigences de la consommation, aux concurrences du marché mondial et à l'évolution des techniques de production.

Après avoir défini les agricultures dans leur espace régional, nous verrons quels sont les facteurs qui modifient le cadre environnemental, les enjeux et les mesures qui soutiennent l'activité agricole ; puis, par un essai de typologie, les réalités économiques spatiales et la confrontation entre les logiques quantitative et qualitative face aux pressions en faveur de l'environnement.

1. Systèmes de production et mutations régionales

1.1. Des performances de l'agriculture française

Produire davantage avec de moins en moins d'exploitants (5 millions en 1954, 885 000 en 2000, soit 3,5 % des actifs) et une érosion lente mais constante de la surface agricole utilisée (34 millions d'ha en 1950, 29 millions d'ha en 2000) est devenu possible grâce à une série de facteurs à la fois techniques et financiers d'où se détache le rôle décisif de la PAC.

Avec une diversité de productions unique en Europe, la France occupe le premier rang dans l'Union européenne (30 % pour les céréales, 33 % pour le vin, 27 % pour le sucre de betterave, 24 % pour la viande bovine) avec une valeur totale en 1997 de 310 milliards de francs, à la base d'un secteur agro-industriel puissant. Ces performances correspondent à une intensification voulue par les politiques agricoles, dans le contexte de l'Europe Verte. Elles s'appuient sur la spécialisation de plus en plus affirmée des régions agricoles avec le recul général de la polyculture et des modèles familiaux d'exploitation.

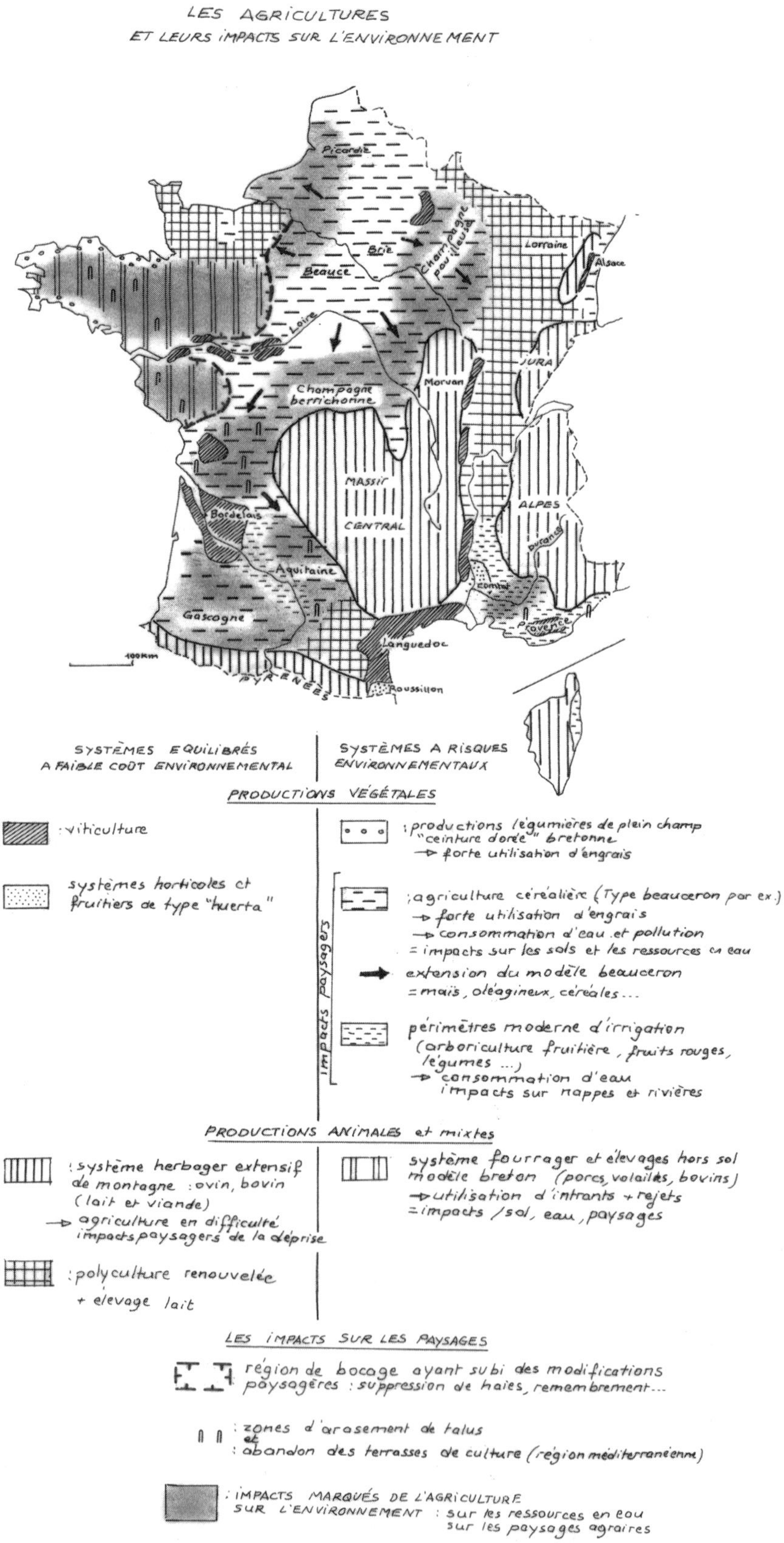
LES AGRICULTURES
ET LEURS IMPACTS SUR L'ENVIRONNEMENT
Picardie
Brie
Beauce
Champagne pouilleuse
Lorraine
Alsace
Loire
Champagne berrichonne
Morvan
JURA
MASSIF CENTRAL
ALPES
Durance
Bordelais
Aquitaine
Gascogne
Comtat
Provence
Languedoc
Roussillon
PYRENEES
100Km
SYSTÈMES EQUILIBRÉS A FAIBLE COÛT ENVIRONNEMENTAL
SYSTÈMES A RISQUES ENVIRONNEMENTAUX
PRODUCTIONS VÉGÉTALES
: viticulture
systèmes horticoles et fruitiers de type "huerta"
: productions légumières de plein champ "ceinture dorée" bretonne
→ forte utilisation d'engrais
impacts paysagers
: agriculture céréalière (Type beauceron par ex.)
→ forte utilisation d'engrais
→ consommation d'eau et pollution
= impacts sur les sols et les ressources en eau
extension du modèle beauceron
= maïs, oléagineux, céréales...
périmètres moderne d'irrigation
(arboriculture fruitière, fruits rouges, légumes ...)
→ consommation d'eau
impacts sur nappes et rivières
PRODUCTIONS ANIMALES et mixtes
: système herbager extensif de montagne : ovin, bovin (lait et viande)
→ agriculture en difficulté
impacts paysagers de la déprise
système fourrager et élevages hors sol
modèle breton (porcs, volailles, bovins)
→ utilisation d'intrants + rejets
= impacts /sol, eau, paysages
: polyculture renouvelée
+ élevage lait
LES IMPACTS SUR LES PAYSAGES
région de bocage ayant subi des modifications paysagères : suppression de haies, remembrement...
: zones d'arasement de talus
et
: abandon des terrasses de culture (région méditerranéenne)
: IMPACTS MARQUÉS DE L'AGRICULTURE SUR L'ENVIRONNEMENT : sur les ressources en eau
sur les paysages agraires

1.2. La diversité des agricultures

Elle s'inscrit dans des logiques spatiales et économiques et dans une mutation rapide du cadre environnemental. Les systèmes traditionnels ont cédé la place à des orientations tranchées dans des bassins de production ponctuellement localisés.

• Les agricultures conquérantes de type beauceron ou breton ont été encouragées par la politique européenne à partir des années soixante, afin de répondre à l'accroissement des besoins.

Le modèle céréalier du Bassin parisien, avec ses vastes exploitations dont un tiers ont plus de 150 ha, s'est rapidement étendu à d'autres espaces présentant des potentialités adaptées : Sud-Ouest aquitain, Champagne berrichonne. La recherche de très hauts rendements (le « Club des cent quintaux » à l'hectare) s'accompagne d'une mécanisation poussée et ultramoderne et nécessite des investissements à la hauteur des gains espérés. Cette agriculture d'*agromanagers* produit les plus forts revenus par exploitation.

Dans la même logique de productivité, le modèle breton associe productions animales (en particulier élevages hors sol de porcs et de volailles) et productions végétales (cultures fourragères et légumières de plein champ) dans des exploitations de taille moyenne. Cette spécialisation est le fruit d'une véritable révolution agricole depuis la décennie 1960. La Bretagne est ainsi devenue la première région agricole française (13,6 % de la valeur totale) par une intensification accélérée, et record, des systèmes de production et le développement d'IAA actives.

• Les agricultures méridionales développent une double spécialisation, à base végétale : cultures maraîchères, légumières et arboriculture fruitière dans les vallées irrigables, et viticulture dans les plaines et sur les versants. Il s'agit d'une agriculture spéculative, intensive, à forte valeur ajoutée, traditionnellement de type « huerta » (Comtat – Venaissin, plaine du Roussillon) qui s'étend à d'autres régions grâce à l'extension de l'irrigation (haut bassin de la Durance, vallées d'Aquitaine, etc.). Les productions viticoles identitaires de l'agriculture française (Alsace, Champagne, Bordelais, Beaujolais, etc.) évoluent vers un renforcement de leurs objectifs de qualité, voire de prestige (politique des AOC), qui les place parmi les agricultures à fort revenu.

• Les activités agricoles des régions de montagne, élevage ovin et bovin, apparaissent marginales en raison de leur faible contribution au revenu agricole national : ainsi, on passe d'un revenu d'indice 40 pour le Limousin à 180 pour la Picardie. Ces systèmes extensifs « à l'herbe », aux rendements réduits, sont les plus respectueux de l'environnement mais aussi ceux qui ressentent le plus intensément les effets de la crise actuelle (ESB) et sont frappés par le déclin démographique et économique à des degrés divers. Pays de tradition qui jouent la carte des produits de qualité, il s'agit d'espaces fragiles qui se tournent de plus en plus vers l'entretien de leurs paysages dans l'espoir d'assurer un complément de revenu par l'agrotourisme.

Les relations entre les différents types d'agriculture et le milieu naturel sont commandées par de nombreux facteurs à l'origine d'enjeux face à la concurrence et de politiques plus ou moins contradictoires dans le cadre national et européen.

2. Agricultures : entre compétitivité et logiques environnementales

2.1. Les facteurs de l'évolution

À la logique première de produire davantage, se substitue une tendance vers la recherche de la qualité. Cependant, les principes qui ont guidé les objectifs productivistes ont profondément modifié le cadre environnemental.

• Les innovations techniques, les progrès de la mécanisation, la révolution chimique sont à l'origine d'impacts qualitatifs sur le milieu naturel, objets de divers scandales dénoncés par les médias. On peut évoquer la pollution de la nappe de Beauce par les engrais et pesticides, celle des cours d'eau et du milieu marin par les effluents d'élevage en Bretagne, en ce qui concerne les ressources en eau. Les modifications parcellaires dues à la mécanisation (remembrements) et à la concentration foncière ont grandement contribué à ôter aux paysages leur originalité régionale : élimination de haies dans le bocage, abattage de bosquets, arasement de talus, engendrent une standardisation des paysages agraires (Champagne berrichonne, Aquitaine). Ces modifications visuelles sont perçues comme atteintes à l'environnement et sont parfois à l'origine de perturbations graves du milieu : érosion des sols, modifications du comportement hydrologique et hydrobiologique des rivières. La dégradation visuelle des paysages s'étend aux constructions hors sol des élevages industriels et aux modifications du bâti agricole traditionnel.

• L'extension des périmètres irrigués (de 539 000 ha en 1970 à 1,9 million d'ha en 1997) concourt à l'accroissement excessif des besoins en eau. Le développement de la culture du maïs (sa superficie a plus que doublé en 15 ans), grande consommatrice d'eau, et d'autres productions irriguées (arboriculture fruitière, cultures maraîchères de plein champ et sous serre, plantes fourragères) a des impacts quantitatifs importants sur la ressource. Ainsi, dans le Marais poitevin, l'abaissement du niveau des nappes et l'assèchement des cours d'eau est dû aux pompages incontrôlés des producteurs de maïs. À ces ponctions sur les réserves s'ajoutent les effets du drainage, souvent tenus pour responsable de perturbations du milieu aquatique.

• À la suite de la déprise humaine, l'abandon des activités agricoles, dans les régions rurales fragiles, est à l'origine de l'extension des friches sur les terres les moins propices, par exemple sur les versants de moyenne montagne. Les modifications paysagères qui en résultent peuvent avoir des conséquences dommageables sur l'équilibre des écosystèmes. Ce phénomène touche particulièrement la montagne méditerranéenne et le Massif central où l'abandon des surfaces moins productives est le fruit du dépeuplement des campagnes et fait contrepoids à la mise en valeur des zones basses irrigables, jadis délaissées à cause de leur humidité.

2.2. Enjeux et politiques

Les pouvoirs publics, sous la pression des organisations écologiques et des consommateurs, réagissent par des mesures réglementaires aux excès du productivisme agricole (article 19 du règlement européen de 1985 en faveur de pratiques respectueuses de l'environnement). Cependant, les relations de ces agricultures à plusieurs vitesses sont au centre d'enjeux contradictoires qui échappent à l'agriculteur et où l'intérêt de l'environnement est souvent un écran face aux impératifs économico-politiques.

• Certains de ces enjeux, sont sous-tendus par des raisons davantage sociales qu'environnementales. Ainsi, il s'agit, par un jeu de primes, de maintenir des agriculteurs en place dans les régions en difficulté pour qu'ils entretiennent l'espace (« jardiniers du paysage ») au lieu de le laisser gagner par les friches. Des contrats agri-environnementaux (à partir de 1992) sont établis entre l'agriculteur et les collectivités (pour la reconstitution des haies, l'entretien des rives et des parcelles de fond de vallées), reconnaissant le rôle des agriculteurs dans la gestion de l'environnement. Cette logique est soutenue par les Contrats Territoriaux d'Exploitation qui se mettent en place selon des directives européennes en faveur de la préservation des paysages, et qui sont par ailleurs soutenus par la loi Paysage de 1993.

• D'autres mesures, issues de préoccupations d'ordre économique dans le cadre de la PAC, soutiennent la baisse des productions dans certains secteurs : instauration d'un seuil limite de chargement de bétail à l'hectare, jachère de cinq ans subventionnée, primes pour jachères faunistiques. Ces incitations financières sont l'amorce d'un virage vers des pratiques extensives, avec réduction encouragée des engrais (programme Fertimieux) et valorisation de la qualité par des labels. Sous l'influence des pressions écologistes, les politiques européennes tentent de maîtriser les pollutions (directives sur les nitrates, sur les épandages d'élevage) et de protéger les écosystèmes aquatiques.

• Le poids des consommateurs entre dans un enjeu commercial où l'intérêt de l'environnement sert d'alibi pour développer des productions du terroir et subventionner une agriculture biologique, en réponse à la standardisation des produits de l'agroalimentaire. Logiquement ces nouvelles orientations vers de plus faibles rendements, motivés par une qualité labellisée, devraient favoriser les agricultures traditionnelles, en particulier l'élevage pour la viande (race bovine limousine, charolaise) et la production laitière des régions de montagne (fromages de Roquefort, de Salers).

Mais ces enjeux génèrent leurs propres contradictions : ainsi, les irriguants bénéficient de subventions pour financer les équipements d'irrigation et étendre les périmètres de certaines cultures (maïs par exemple) et, dans le même temps, sont incités par le biais de primes à préserver la ressource en eau.

Parmi les effets de ces mesures, on note le creusement de l'écart de revenus entre les exploitations qui cumulent les primes dans le cadre de productions intensives (élevages hors-sol, productions végétales), agressives pour l'environnement, et celles qui « plafonnent » avec des spécialisations agricoles extensives (productions animales à l'herbe) dans un cadre environnemental de qualité.

3. Modèles agricoles et agro-écosystèmes Quelques situations régionales

Ces exemples serviront à souligner la distorsion existant entre l'évolution commandée par les politiques incitatives vis-à-vis de l'environnement et les réalités économiques régionales : les pratiques à risque pour l'environnement étant hautement subventionnées (2 500 F/ha pour le maïs irrigué), alors que les pratiques économes et respectueuses de la qualité du milieu ne bénéficient pas de tels subsides (pour les herbages naturels, p. ex.).

3.1. Les agricultures conquérantes

Quand la préservation du milieu naturel passe au second plan derrière les intérêts économiques, il est des agricultures qui « de toute façon » conservent l'avantage. Soutenues par les lobbies de l'industrie alimentaire et de la grande distribution, certaines productions restent largement spéculatives.

Dans cette catégorie se placent les systèmes de grande culture (céréales, betteraves à sucre et oléagineux) largement primables par Bruxelles, mais dont les effets sur le milieu sont difficilement contrôlables. Si les plateaux limoneux du Bassin parisien (Picardie, Beauce, Brie) ont depuis longtemps servi de support à ces productions végétales aux rendements élevés, les sols médiocres de Champagne « pouilleuse » et de Champagne berrichonne, ont été améliorés grâce à de fortes doses d'engrais. Les impacts de cette révolution chimique sur l'agro-écosystème s'ajoutent à ceux des pompages pour l'irrigation et contribuent à la dégradation du potentiel pédologique et de la ressource en eau.

Mais que pèsent les valeurs environnementales face aux intérêts de *l'agrobusiness* si ce n'est au travers de la motivation des agriculteurs sensibilisés par les effets des primes pour la préservation des écosystèmes ?

3.2. Les régions agricoles qui doivent redorer leur image de marque

Le système breton a servi de référence aux attaques contre le productivisme et ses effets sur l'environnement. Les élevages hors sol de Bretagne ont connu une progression spectaculaire, engendrant du même coup une série de dégradations du milieu. La prise de conscience de certains excès révélés par la pollution des eaux par les nitrates et les engrais azotés ainsi que les lisiers a servi de catalyseur aux mesures agro-environnementales en faveur d'une moindre utilisation d'intrants et de précautions vis-à-vis des écosystèmes aquatiques. La deuxième révolution agricole qui, dans les années soixante a bouleversé le secteur de l'agriculture bretonne, a généré un « modèle » de production qui a sorti la région de son retard économique mais s'est avérée dévastatrice sur le plan de l'écologie.

La vulnérabilité des milieux naturels est mise en évidence et leur altération dénoncée par de récents scandales qui dévalorisent l'agriculture bretonne. La répartition du budget agri-environnemental dans l'ouest de la France concerne particulièrement la diminution de la charge de cheptel (36 %) et la protection de l'eau et des espaces sensibles (28 %) avec le programme « Bretagne eau pure ». Pour maîtriser les pollutions d'origine animale, 250 millions de francs ont été dégagés concernant aussi la mise aux normes des bâtiments d'élevage. Quant au secteur des IAA, il est soumis à des pressions accrues de la part des consommateurs qui dénoncent l'absence de sécurité alimentaire pour des produits standards de l'élevage industriel, en particulier l'absence de traçabilité. En face, nombre d'exploitants veulent retrouver le goût de produire de la qualité et acceptent de s'orienter vers l'agriculture biologique ou vers un système d'élevage plus extensif, souhaitant établir de nouveaux rapports entre leur agriculture et l'environnement.

3.3. Valeurs environnementales et agriculture de moyenne montagne

Dans le bassin allaitant de moyenne montagne (Massif central), les pratiques extensives ont su préserver un environnement de qualité. Cette évolution s'accompagne d'une spécialisation renforcée de l'élevage pour la viande, bovine ou ovine. S'appuyant sur l'intérêt des paysages, supports d'une spécialisation herbagère lait ou viande et d'une activité touristique complémentaire, les éleveurs font du biologique « avant la lettre ». Cependant, étant donné le faible poids économique de leur production animale de plein air, ils ne bénéficient pas d'avantages significatifs au titre des mesures agri-environnementales. Ils restent pénalisés par l'extension des friches considérées comme atteintes à la qualité paysagère et doivent s'aligner sur une réglementation autoritaire sans réelle contrepartie financière : la prime à l'herbe (300 F/ha = 45,73 €) ne joue pas en faveur du revenu de cette agriculture respectueuse de l'environnement.

Seule l'alternative du tourisme peut apporter une plus-value marchande à des paysages qui ont conservé une authenticité recherchée et représentent un potentiel de développement dans les montagnes défavorisées. L'agrotourisme dans le Massif central et les Vosges devient source de diversification au sein des exploitations d'élevage, mais n'entre que pour 2 % dans le revenu des agriculteurs. Il s'associe à la politique des parcs naturels (PNR) et de la loi de 1976 pour la protection de la nature.

L'agriculture dans les moyennes montagnes reste à l'écart des modèles productivistes et, pour compenser l'affaiblissement des revenus de l'élevage, joue la carte des produits du terroir et des AOC bien identifiés dans un espace géographique précis (les fromages de Saint-Nectaire, de Munster) qui garantit, pour le consommateur, le sérieux des pratiques et valorise le bassin de production. La relation agriculture-environnement s'établit alors selon un cahier des charges correspondant, en fait, à un savoir-faire et à des traditions garantes de la qualité du milieu qui devient ainsi une valeur sûre et une ressource alternative.

Le nouveau défi de ces agricultures en marge de la compétitivité européenne est l'orientation vers une pluriactivité fondée, en particulier, sur les valeurs paysagères : l'agriculteur devient prestataire de services récréatifs pour une société de loisirs, jardinier du paysage et producteur d'une alimentation de qualité pour un marché frappé par les scandales alimentaires.

Conclusion

Le coût environnemental de l'agriculture française est diversement ressenti selon la nature des productions et leur intérêt économique. Le rôle plus pressant joué par les acteurs européens afin d'orienter les productions agricoles s'accompagne d'un double discours auquel se trouve confronté l'agriculteur : d'un côté sollicité pour produire et, par ailleurs, tenu pour responsable des dégradations environnementales.

Transformés en « chasseurs de primes », les agriculteurs perdent une part d'initiative : leur choix est guidé par des avantages financiers et varie au gré des incitations de Bruxelles et non plus selon les potentialités naturelles du milieu. Il reste que la valeur ajoutée du produit et la production labellisée sont des réponses aux préoccupations environnementales et peuvent devenir un atout pour les agricultures faiblement productives des régions défavorisées. La relation agriculture – environnement conditionne en grande partie le devenir du monde paysan qui se trouve aujourd'hui au centre d'une crise où s'affrontent les impératifs économiques et ceux de la sécurité alimentaire. La France s'inscrit spécifiquement dans cette logique, plus que tout autre État européen, par la grande richesse de ses productions et par la réputation de ses savoir-faire traditionnels, garants d'une image de qualité.

Évolution et préservation des paysages agraires en France

Les paysages agraires portent la marque de l'activité agricole, au sein des paysages ruraux. Leurs composantes, sols, habitat, parcellaire, cultures, reflètent l'organisation spatiale et socio-économique de l'agriculture. En France, la combinaison de ces éléments revêt un aspect identitaire en reproduisant les spécificités d'un espace où l'ancienneté de l'occupation agricole est profondément ancrée dans l'agencement paysager. Miroir de l'évolution de l'agriculture, le paysage agraire français, par sa diversité et les transformations en cours, exprime les mutations accélérées qui ont marqué les campagnes. Jamais, au cours de leur histoire, les paysages n'avaient connu une si brutale révolution que durant les quarante dernières années.

Dans une première partie seront abordés les composantes paysagères et les facteurs de leur évolution. Puis, dans une deuxième partie, les mesures de préservation des paysages : la déprise agricole a entraîné l'abandon de paysages construits depuis des générations ; de plus, l'emprise d'autres types d'activités et l'intensification des systèmes de production suscitent une prise de conscience face à la disparition progressive d'éléments patrimoniaux forts. Les politiques de préservation sont-elles en mesure de réduire ce risque ?

Enfin, à partir de quelques situations types, nous verrons quels sont les processus de modifications paysagères liés à la déprise, à la concurrence spatiale d'autres activités et à des orientations agricoles nouvelles.

1. Une marqueterie paysagère, reflet de l'histoire de l'agriculture française

1.1. Le territoire porte essentiellement l'empreinte de deux grands types de paysages agraires

Ils reflètent la diversité des sociétés paysannes et des milieux physiques.

Le bocage, au maillage parcellaire irrégulier, caractéristique des régions de l'Ouest, est un pays d'enclos : haies ou murettes délimitent des champs aux formes irrégulières et l'habitat est disposé en hameaux et fermes dispersées. Jadis principalement voué aux herbages, supports d'un élevage bovin ou ovin, et à une polyculture de subsistance, le bocage était souvent associé à de fortes pressions démographiques.

Aux usages individualistes de l'enclos, s'opposent les logiques communautaires de certains pays d'openfield. L'openfield, aux champs ouverts, ou *champagne*, et au parcellaire géométrique, soit laniéré, soit « mosaïque », domine dans le Bassin parisien. C'est le domaine privilégié des cultures fourragères et céréalières. L'habitat y est généralement groupé en villages ou réparti en de grosses fermes.

La disparition de l'openfield laniéré, remplacé par un openfield « mosaïque », aux vastes parcelles, tel que le qualifie P. Brunet, traduit surtout l'adaptation à d'autres techniques de travail, ainsi que l'introduction de nouvelles cultures, industrielles.

Divers autres types de paysages agraires, correspondant à une discontinuité de l'occupation agricole, souvent à cause du relief, sont à la charnière des zones paysagères homogènes. Ce sont les « pays coupés », où alternent semi-bocage et champs ouverts, et les paysages méditerranéens au relief morcelé où s'imbriquent l'*ager* et le *saltus*.

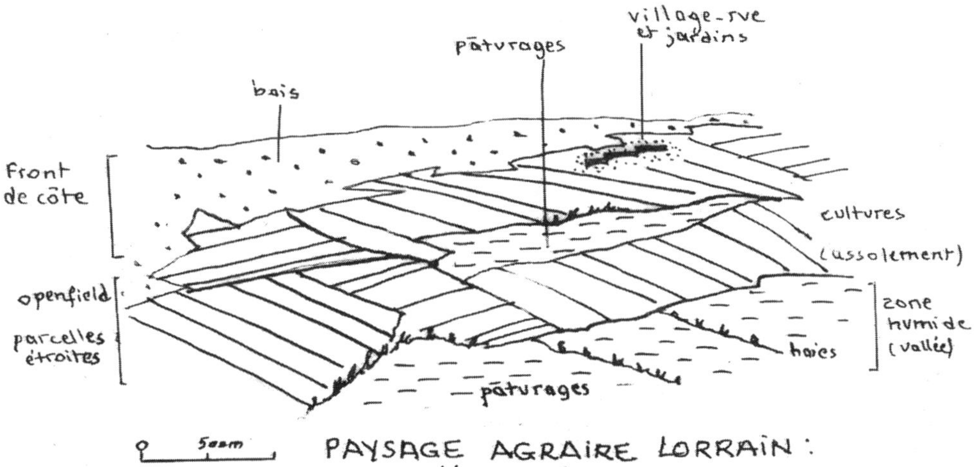

PAYSAGE AGRAIRE LORRAIN :
L'OPENFIELD

1.2. Les facteurs d'évolution récente

Les principales composantes de ces paysages ont été modelées par des siècles d'occupation humaine, mais ne sont pas immuables. Divers facteurs ont contribué à refaçonner les variables paysagères, modifiant aussi la perception des agriculteurs vis-à-vis de repères ancestraux.

1. Les facteurs « internes », liés au progrès technique, sont les plus aisément lisibles.

   Le remembrement constitue la révolution la plus importante pour les paysages agraires, sous l'effet de puissants moteurs de recomposition paysagère : mécanisation et intensification.

   Depuis 1950, 13,7 millions d'hectares ont été remembrés, soit 40 % de la superficie du pays. L'Ouest bocager français a été la première région de remembrement : modification du parcellaire, regroupement de parcelles d'une même propriété, ainsi que mutations économiques et techniques : agrandissement des parcelles pour faciliter l'utilisation d'engins agricoles plus puissants. Les paysages ont été fortement touchés par cette évolution spectaculaire des parcellaires.

   L'accroissement de la productivité du travail et l'adaptation aux nouvelles méthodes de production contribuent ainsi à l'évolution du paysage : élimination des bois, rectification du tracé des chemins, abattage de haies, voire arasement des ressauts topographiques afin de faciliter l'utilisation des bras d'arrosage, comme dans le Midi aquitain.

   Les modèles conquérants, de type beauceron, s'étendent à d'autres régions gagnées par la recherche de la productivité et engendrent un remodelage standard du paysage.

2. Dans le même temps, l'habitat agricole a subi des transformations à la fois dans sa répartition et dans l'aspect du bâti : construction de bâtiments fonctionnels, plus vastes, près de l'habitat traditionnel, hangars, salles de traite, silos, bâtiments d'élevage hors sol, serres. L'abandon de fermes et de villages entiers sous l'effet de la déprise est aussi un facteur important de modifications paysagères. Cette dimension humaine ne doit pas masquer les transformations sociales de la population, à l'origine de nouvelles logiques paysagères avec l'arrivée de nouveaux propriétaires, citadins, à la campagne.

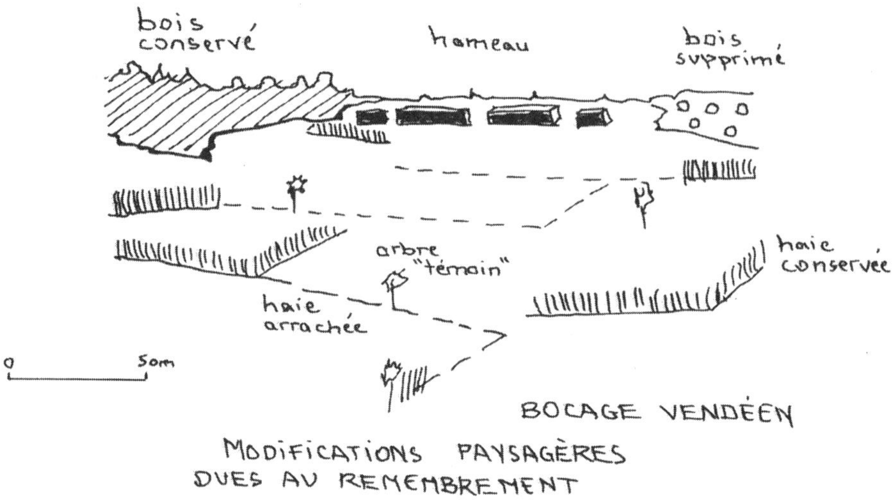

3. Parmi les facteurs sociaux, effet de la crise des campagnes, le manque de main-d'œuvre conduit à délaisser l'entretien des secteurs difficiles, engendrant une détérioration paysagère rapide. La rentabilité des espaces de culture les plus fragilisés par la conjoncture économique n'est plus assurée, ce qui conduit à l'abandon des espaces les moins productifs. La conquête par la friche de ces zones délaissées se fait rapidement, dans les régions de moyenne montagne, par exemple, où les versants enfrichés spontanément perdent leur fonction agricole et leur qualité paysagère : par exemple, les terrasses abandonnées en milieu méditerranéen.
4. L'emprise de nouveaux espaces venant grignoter les territoires agricoles est un facteur récent de l'évolution des paysages agraires. Le front d'urbanisation, à la périphérie des villes, conquiert progressivement les parcelles cultivées. L'emprise foncière de l'agriculture ne pèse pas d'un poids suffisant pour éviter le « mitage » du paysage par des habitations de la périurbanisation, ou par des activités non agricoles. La concurrence pour l'espace se fait au détriment des terres agricoles et des références identitaires du paysage ; ainsi, le front d'urbanisation touristique gagne tout le long des littoraux : marais vendéen, côte charentaise, littoral breton. Le littoral méditerranéen est devenu l'exemple de la pression des promoteurs sur l'espace agricole. Le paysage de terrasses de la périphérie niçoise est, ainsi, presque totalement gagné par l'immobilier sous l'action conjuguée de l'abandon des exploitations dont les propriétaires sont âgés et de l'augmentation des prix du foncier pour des opérations immobilières : nouveaux espaces convoités pour d'autres fonctions, infiniment plus rentables. La destruction quasi totale de ce paysage agraire est l'aboutissement d'un scénario qui se reproduit dans nombre d'autres secteurs, selon des logiques identiques.

2. Prise de conscience et préservation des paysages agraires

Cela va de pair avec le souci de maintenir des activités agricoles menacées.

Diverses politiques publiques tentent de réhabiliter les espaces paysagers dégradés dans une logique à la fois économique et patrimoniale. Le paysage agraire, placé sous surveillance, devient objet d'un intérêt nouveau : inventorié, classé, réglementé, il est intégré à un ensemble de mesures agri-environnementales. Les actions engagées s'appuient sur des outils réglementaires, dans le cadre de politiques nationales et européennes.

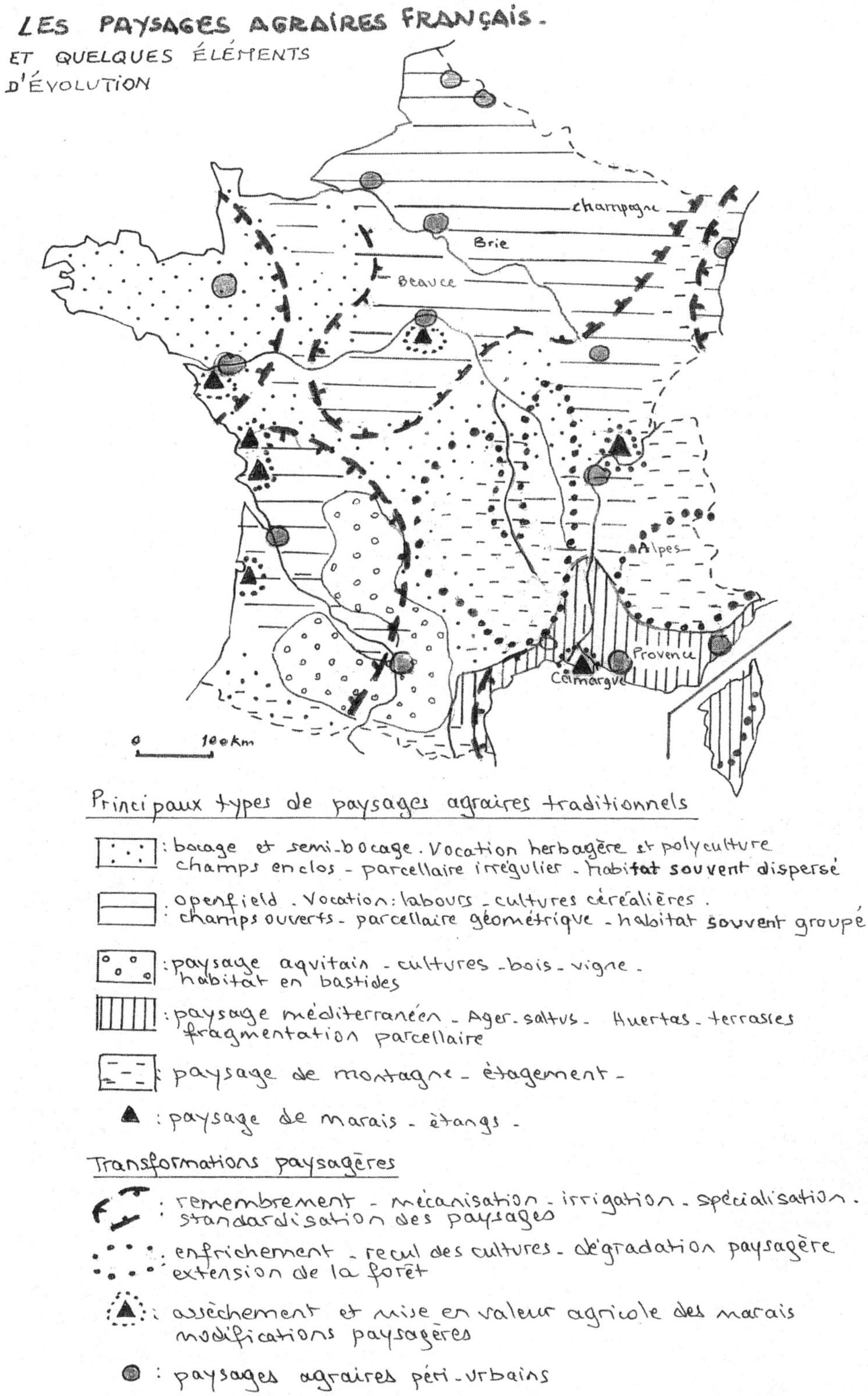
LES PAYSAGES AGRAIRES FRANÇAIS.
ET QUELQUES ÉLÉMENTS D'ÉVOLUTION
Champagne
Brie
Beauce
Alpes
Provence
Camargue
0 100 km
Principaux types de paysages agraires traditionnels
: bocage et semi-bocage. Vocation herbagère et polyculture champs enclos - parcellaire irrégulier - habitat souvent dispersé
: openfield. Vocation : labours - cultures céréalières. champs ouverts - parcellaire géométrique - habitat souvent groupé
: paysage aquitain - cultures - bois - vigne - habitat en bastides
: paysage méditerranéen - Ager - saltus - Huertas - terrasses fragmentation parcellaire
: paysage de montagne - étagement -
: paysage de marais - étangs -
Transformations paysagères
: remembrement - mécanisation - irrigation - spécialisation. standardisation des paysages
: enfrichement - recul des cultures - dégradation paysagère extension de la forêt
: assèchement et mise en valeur agricole des marais modifications paysagères
: paysages agraires péri-urbains

2.1. Des programmes européens accordent une place prioritaire aux opérations de réhabilitation des espaces ruraux

L'article 19 du « règlement CEE » de 1985 concerne les zones agricoles sensibles du point de vue de l'environnement. L'État a ainsi défini un programme relatif aux pratiques agricoles et un régime d'aides aux agriculteurs qui s'engagent pour cinq ans : primes annuelles à l'hectare pour inciter au maintien de l'agriculture, au respect de l'environnement, à la préservation des paysages. L'évolution des mentalités vis-à-vis du respect de l'environnement et des valeurs patrimoniales conduit à l'affirmation d'une politique de soutien aux agriculteurs : lutte contre la pollution, limitation de l'intensification des cultures, des densités de cheptel et autres pratiques déstabilisatrices du milieu. L'agriculteur devient ainsi l'acteur du paysage, le « jardinier », prestataire de service au secours de l'espace fragilisé par des pratiques agricoles de productivité ou par l'abandon des terres.

Cette disposition réglementaire s'applique en France depuis 1991. Trois premiers dossiers ont alors été retenus au titre de ces aides : le Marais poitevin, le plateau du Vercors et la plaine de la Crau. En montagne, une politique de protection des paysages tente d'assurer la cohabitation entre agriculture et tourisme de neige. Le « Plan Neige » (1970) préconise une intégration du tourisme aux activités traditionnelles et le respect des paysages. L'indemnité montagne (1974) a pour but d'inciter à l'entretien de l'environnement de la montagne, en particulier par la préservation des paysages liés à l'économie agricole. La création de parcs naturels (des Écrins, du Mercantour, des Pyrénées, des Cévennes) institutionnalise la protection de la nature et des paysages agraires, porteurs d'une identité montagnarde en passe de disparaître sous la pression du développement touristique.

2.2. Un objectif : valoriser des paysages en maintenant une agriculture dans les zones sensibles

La loi paysage de janvier 1993 impose des directives de protection et de mise en valeur des paysages. Elle est assortie d'autres mesures, telle l'opération « label paysage de reconquête », lancée en 1993 par Ségolène Royal, ministre de l'Environnement. Le label est accordé pour une durée de quatre ans à des paysages sélectionnés pour leur intérêt identitaire et économique, ainsi les hortillonnages d'Amiens. Le paysage agraire accède de la sorte à la logique de l'AOC. Il acquiert, dans le même temps, une fonction économique : le paysage devient « créateur d'emplois » (1995, circulaire du ministère de l'Environnement). L'exemple de Saint-Émilion et de son vignoble, classés patrimoine de l'humanité par l'UNESCO, est révélateur de cette tendance. Cette orientation nouvelle s'accorde aussi avec la logique de valorisation économique des espaces agricoles dans les régions défavorisées : aides financières pour restaurer des sites de qualité, détériorés par les effets de la déprise par exemple. Préservation environnementale et valeur marchande du paysage agricole s'associent désormais en référence à des valeurs identitaires qui trouvent un écho favorable parmi les « utilisateurs » du paysage que sont les touristes et les citadins du week-end.

2.3. Le paysage agraire devient aussi « créateur de mentalités »

Ainsi que le définit A. Fel, exprimant le rejet d'une agriculture industrielle, hypermécanisée, urbanisée. Le citadin plébiscite les paysages authentiques où il retrouve des racines paysannes. Faute d'agriculteurs, la collectivité accepte de payer afin de restaurer les paysages d'une agriculture soumise à des orientations productivistes qui s'accordent mal avec le respect de la qualité paysagère.

3. Quelques types d'évolution paysagère

3.1. Dans les régions rurales fragiles de moyenne montagne

Dans les régions rurales fragiles de moyenne montagne, comme le Massif central, le contexte socio-économique de déprise a engendré une dégradation des paysages : enfrichement de parcelles abandonnées, abandon et ruine de bâtiments agricoles ou de hameaux entiers, disparition de chemins d'exploitation. Plusieurs mesures agri-environnementales ont été lancées, avec l'aide du Fonds de Gestion de l'Espace Rural et des programmes LEADER et PDZR. Des financements sur cinq ans ont été engagés dans 23 communes de la Haute-Vienne et s'appliquent à quatre objectifs principaux sur la base de 600 F par hectare et par an (91,47 €) : rénovation des prairies sous-exploitées, amélioration paysagère par entretien des parcelles délaissées et des haies, restauration des chemins abandonnés et des bords de rivières. Ces aides apportent un revenu complémentaire appréciable pour des exploitations en difficulté. Complétées par des actions de soutien à l'entretien et à la réhabilitation des éléments paysagers, elles n'ont souvent d'autre but que de susciter un intérêt pour des paysages dont la qualité et la valeur patrimoniale sont le support d'un tourisme vert appelé en renfort d'une économie rurale défaillante. Dans ces régions fragiles, l'agriculteur est sensibilisé à l'entretien paysager dans un but de sauvetage et de sauvegarde de valeurs sûres considérées comme attractives pour une clientèle urbaine à la recherche d'authentique.

3.2. Autre schéma, l'évolution des systèmes de culture modèle de nouveaux paysages

La révolution fourragère des années cinquante, puis l'explosion des cultures industrielles, soja, colza, tournesol, ainsi que la diffusion du maïs hybride, servent de cadre à ces bouleversements. L'agriculture conquérante de la période 1960-1980 a colonisé de vastes périmètres, en partie grâce à la maîtrise de l'eau. La grande hydraulique agricole a transformé les paysages du Midi méditerranéen grâce au réseau d'irrigation de la Durance et au canal de Provence. Dans les Hautes-Alpes et sur le plateau de Valensole, les nouveaux périmètres irrigués voués aux fruits, légumes et fourrages ont remplacé une agriculture sèche aléatoire et ont modelé un nouveau parcellaire.

Avec l'introduction des maïs hybrides, le Midi aquitain a connu un bouleversement paysager sans précédent : remodelage topographique pour créer de vastes plans de culture et faciliter l'utilisation des bras arroseurs, déboisement, arasement des haies, rectification des chemins, voire du tracé des rivières, création de lacs collinaires. La construction de bâtiments agricoles contribue à modifier le paysage : silos de béton, hangars métalliques, sont autant d'éléments de banalisation des paysages de grande culture. Le démantèlement des paysages du Sud-Ouest aquitain conduit à une extension du type openfield mosaïque. Ce modèle s'étend aux régions qui ont adopté les mêmes pratiques culturales : Charente, Champagne berrichonne, plaine du Poitou. La fonction crée le paysage et non l'inverse, et modifie la morphologie agraire, impliquant des effets déstabilisant le milieu : érosion des sols, ravinement, pollution des eaux.

3.3. Troisième type : les campagnes périurbaines

Elles subissent une artificialisation des paysages agraires sous l'effet de la concurrence d'autres activités, non agricoles. L'avancée du front urbain sur l'espace agricole fait basculer l'espace de culture dans une logique de compétitivité foncière. Pour se maintenir, l'agriculture doit s'adapter à la périurbanisation. Ainsi s'organisent de nouveaux paysages, dont la lecture apporte un éclairage sur les mutations socio-économiques des campagnes à la périphérie des villes. Dans la vallée de la Loire, le long de l'axe rhodanien, autour des grandes agglomérations, la dynamique résidentielle urbaine se traduit par la colonisation de l'habitat agricole vacant pour en faire des résidences secondaires et par la construction de lotissements autour des vieux noyaux villageois. Les exigences du marché urbain ont aussi modifié les composantes paysagères : cultures sous abri (multiplication des serres, cultures maraîchères sous film plastique), développement d'élevages hors sol, rompent l'harmonie paysagère en introduisant de nouveaux matériaux et des couleurs inadaptés à l'environnement.

Ainsi, de la dégradation qualitative pour cause de rentabilité à l'enfrichement spontané pour cause d'abandon, le paysage reflète les transformations économiques et sociales des campagnes. La lecture de ces dysfonctionnements qui s'impriment dans les composantes paysagères, donne la mesure des préoccupations environnementales qui débordent largement du cadre strictement agricole.

Conclusion

La montée des valeurs liées à l'environnement conditionne aujourd'hui l'avenir des paysages. Leur standardisation, pour les adapter à un contexte de productivité agricole, est relayée par une démarche de réhabilitation conforme aux tendances écologistes qui prônent le retour aux valeurs identitaires, aux références patrimoniales et par conséquent à une agriculture moins agressive, plus « biologique ». Vraisemblablement, ce changement ne sera pas un retour en arrière : la conjoncture est bien différente de celle d'il y a cinquante ans. La restauration des éléments bocagers crée un néobocage dont la fonction ne sera pas identique à celle du bocage d'origine. Par ailleurs, les paysages frappés de déprise devront-ils être entretenus artificiellement quand ils ne sont plus productifs, comme dans les monts d'Arrée où l'on maintient une lande atlantique, par des contrats avec des agriculteurs, selon une démarche de conservation d'un patrimoine ?

La restauration et la préservation des paysages agraires s'inscrivent désormais dans une démarche collective, bien que s'affrontent plusieurs conceptions : celle du citadin, soucieux du respect de la qualité patrimoniale, qui tendrait à figer le paysage dans une évocation de racines paysannes, et dans le même temps, émanant des mêmes groupes sociaux, la défense d'une activité productiviste pour alimenter les marchés urbains. La diversité des partenaires intervenant pour défendre et préserver le paysage agraire, agriculture, environnement, agences de bassin, Union européenne, témoigne de l'intérêt qu'il suscite pour l'avenir des régions agricoles, dans toute leur diversité. Quant à l'agriculteur, placé sous contrôle, il reste l'acteur principal, pris entre les exigences contradictoires de la PAC et de l'écologie. Devenu « jardinier du paysage », il se trouve engagé dans une démarche imposée par l'intérêt collectif.

Les nouvelles fonctions des espaces ruraux français

L'accélération du temps et la recherche d'un équilibre nouveau conditionnent en grande partie la remise en question du rôle des espaces ruraux Les dynamiques, parfois contradictoires, au sein du monde rural, expriment un certain désarroi : les territoires ruraux se recomposent sur la base d'une polyfonctionnalité qui, pour n'être pas récente, revêt aujourd'hui des formes multiples pour s'adapter aux exigences contemporaines de l'intégration des économies et des sociétés rurales dans l'économie et la société moderne dominées par l'emprise de la ville. Au cours des années soixante-dix, se produisent des ruptures fondamentales dans l'espace rural, qui a pourtant vécu, dans l'après-guerre, une évolution sans précédent dans l'histoire des campagnes. C'est à la suite de ces changements, sociaux, économiques, démographiques, alors que la modernisation de l'agriculture s'est accélérée, qu'émergent des fonctions nouvelles ou de nouvelles pratiques pour des fonctions préexistantes, en réponse à une pression citadine de plus en plus forte, reflétant l'interdépendance étroite entre le rural et l'urbain. Rapport de pouvoir entre les campagnes et les villes, au profit de ces dernières, ou bien complémentarités actives entre les deux ? Les nouvelles fonctions des espaces ruraux peuvent être perçues comme l'effet d'une dépendance vis-à-vis des zones urbaines, mais aussi confirmer que les singularités des campagnes peuvent servir à la fois les intérêts des citadins comme des dynamiques internes bénéfiques. Aujourd'hui, avec la diminution du nombre de ruraux, à quoi servent les campagnes ? Ne sont-elles que le faire-valoir d'un pays où la population et la richesse économique se concentrent dans les villes ? Les nouvelles manières d'utiliser l'espace rural peuvent, certes, développer une vitalité particulière face aux enjeux territoriaux commandés par la mondialisation. Mais aussi, dans le même temps, « pour ne pas mourir », certaines régions rurales en crise s'engagent dans de nouvelles activités, au risque de mettre à mal leur fragile équilibre. Ainsi se dessine la trame des défis actuels, dans une accélération du temps sans précédent, pour la recomposition des espaces ruraux.

Après avoir abordé les logiques qui président aux changements actuels et les facteurs de fonctionnalité, on illustrera, à travers des situations caractéristiques, les principales dynamiques des nouvelles fonctionnalités en œuvre dans les espaces ruraux français.

1. Nouveaux facteurs, nouvelles fonctions

L'image plurielle des territoires ruraux est à l'origine de fonctions nouvelles bien différenciées. Entre les campagnes fragiles de la France du vide, celles de la proximité des agglomérations et les zones rurales opulentes des régions vouées à des productions agricoles à forte valeur ajoutée, existent des nuances sensibles. La distinction porte aussi sur la localisation des espaces ruraux – en montagne, près des littoraux, en plaine, dans les grandes vallées fluviales – dont la multifonctionnalité apparaît contrastée.

1.1. Les facteurs du changement contemporain

Avec la fin des Trente Glorieuses, sous l'effet de divers facteurs, les logiques fonctionnelles des espaces ruraux changent.

• La population rurale ne décroît plus – elle représente actuellement le quart de la population totale (environ 15 millions de personnes) – mais continue à vieillir. À la marge de cette tendance, les zones périurbaines bénéficient d'autres conditions. Autre fait fondamental, la recomposition sociale des communes rurales : le nombre d'agriculteurs est divisé par trois depuis les années soixante, alors que la part des ouvriers et employés reste relativement stable (25 %) mais que celle des retraités s'accroît sensiblement (de 28 % à 40 % en 1990). De cette évolution naissent de nouvelles fonctions, comme l'aide aux personnes âgées ou les services de proximité.

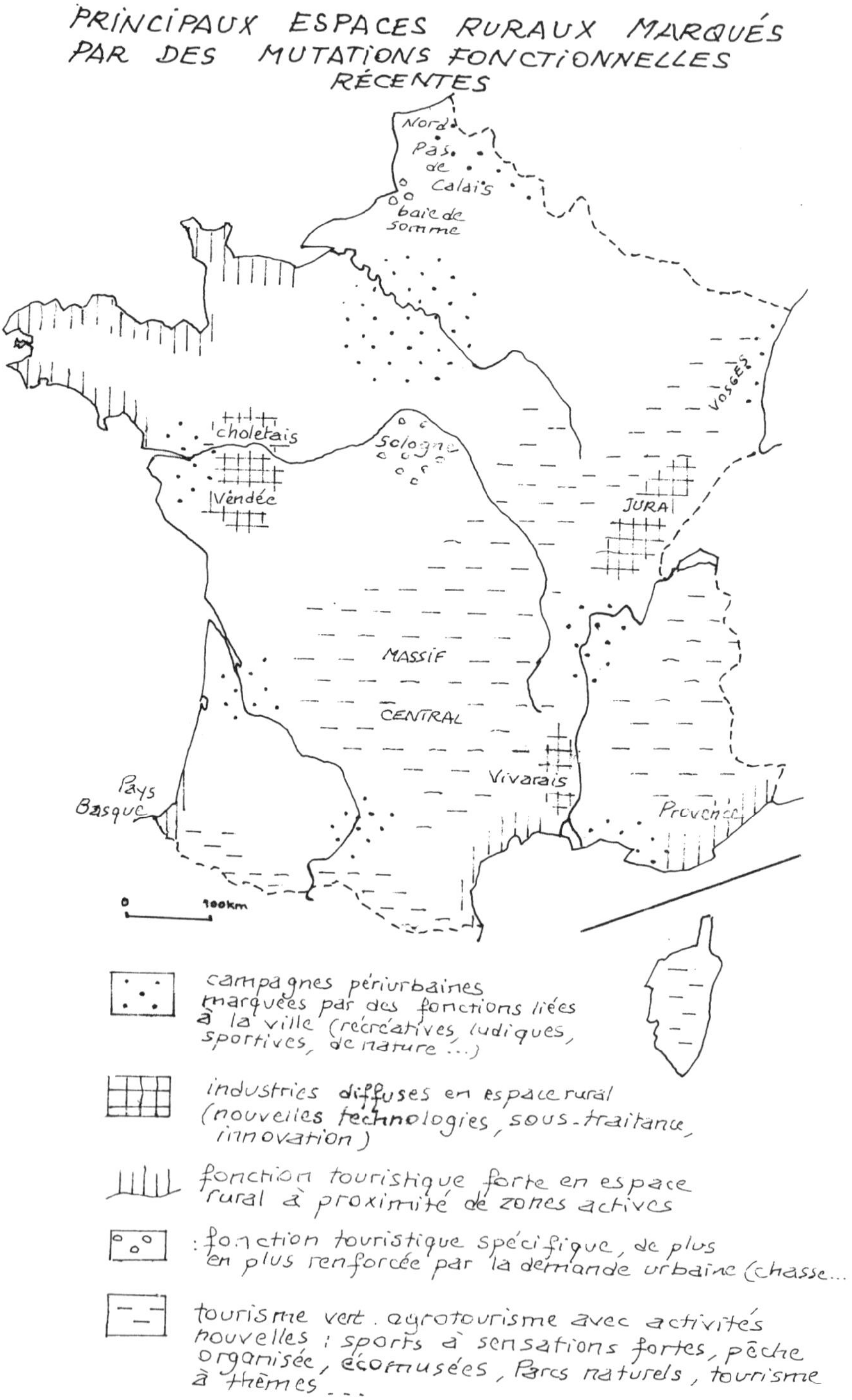

• Les changements économiques dans l'agriculture génèrent des fonctions complémentaires pour les espaces ruraux. Avec le recul généralisé de l'agriculture, les campagnes « sans paysans » ne témoignent pas d'une évolution récente mais d'une aggravation des difficultés conjoncturelles ; la population agricole, divisée par deux en vingt ans, ne représente que 4 % des actifs en 2002 (contre 20 % en 1962), dont plus de 21 % ont plus de 60 ans. Le poids de l'agriculture dans l'économie nationale, même, est passé de 4,8 % en 1982 à 2,6 % en 2000. La déprise, bien entamée dès les années cinquante, s'intensifie, créant de nouvelles logiques d'utilisation de l'espace rural pour compenser les effets de l'abandon des terres, de l'enfrichement et de la fermeture des paysages.

• Face à la demande citadine, les campagnes connaissent des changements fonctionnels importants : loisirs, activités récréatives et sportives, tourisme vert... Cette logique sociétale conduit à la redéfinition du rôle des espaces ruraux, de plus en plus perçus comme des lieux de détente et un potentiel d'espaces verts. Les chiffres sont éloquents : 25 % des Français privilégient la campagne comme destination de vacances et 46 % des vacanciers qui choisissent la campagne recherchent d'abord le calme et le repos.

• Conjointement, intervient un facteur d'ordre sociologique, lié à la montée des valeurs environnementales, le retour aux racines et le regain d'intérêt pour les patrimoines ruraux. En réaction contre les excès, largement médiatisés, du productivisme agricole et de la dégradation des paysages, les non-ruraux revendiquent l'authenticité de la vie à la campagne et les valeurs sûres dont la vie citadine les a coupés : calme, espace, traditions et valeurs du terroir.

• Enfin, parmi les facteurs décisifs, la prise de conscience des pouvoirs publics face à la crise subie par nombre de régions rurales, a conduit à la mise en œuvre de politiques d'aménagement. Ces actions, dans le cadre national ou européen, ont permis des initiatives de développement rural, aussi bien pour consolider et restructurer les activités préexistantes, comme l'agriculture, que pour créer de nouvelles fonctions adaptées aux mutations en cours.

De nouvelles pratiques suscitent ainsi de nouvelles fonctions de l'espace rural.

1.2. Fonction résidentielle et espace ludique : la demande citadine

• La fonction résidentielle, liée à demande de la ville, n'est pas nouvelle. En revanche, il existe d'autres motivations pour venir habiter à la campagne, y compris dans le rural profond. D'un côté, les régions en crise ont le souci de maintenir un tissu démographique viable et, de l'autre, s'accroît, de la part des citadins, une tendance à vivre et à travailler à la campagne, au moins pour une partie de leur temps. L'offre d'espace attire, aussi, une population originaire de l'Europe du Nord et du Nord-Ouest, contrainte par la saturation de l'espace agricole.

En partie générées par le déclin démographique, fonction résidentielle et nouvelle fonction d'accueil sont devenues des axes privilégiés de développement. La création de maisons de retraite à la campagne n'est pas nouvelle ; elle s'associe à des services d'aide à domicile pour les personnes âgées, à de nouveaux emplois (services de proximité, secteurs de santé et d'aides sociales). Des formes nouvelles apparaissent, issues de problèmes sociétaux du milieu citadin : création de centres d'éducation fermés pour les délinquants, par exemple. Le développement de la multirésidence, en grande partie liée à une nouvelle utilisation de l'espace rural grâce aux technologies du télétravail (accès au « Net »), constitue un enjeu territorial dont les élus des communes rurales sont bien conscients. L'emploi à domicile, dans cette logique de travail à distance, crée une alternative pour compenser le déclin des activités traditionnelles.

• D'autres activités motrices, liées à l'accueil touristique et aux relations ville-campagne, créent de nouvelles formes de fonctionnalité. La fonction touristique n'est pas neuve mais s'étend à des campagnes moins bien dotées, qui connaissent des difficultés économiques et qui voient, dans cette ressource, à tort ou à raison, une diversification possible de leurs activités avec un tourisme de proximité pour les citadins dans les « zones vertes » de la périphérie : centres de loisirs (parcours sportifs, randonnées pédestres, centres équestres, par exemple), activités récréatives autour des étangs et des rivières (enduros de pêche, bases nautiques et balnéaires), loisirs de détente dans les zones forestières, sans oublier les parcours de chasse qui, depuis longtemps, sont organisés à la périphérie des zones urbaines dans le domaine agricole et forestier, ou encore les pensions pour animaux (chevaux, chiens.) en réponse à une demande citadine pressante. Sans doute faut-il encore inclure dans cette logique, l'installation de « bulles » de tourisme, type Center Parcs, occupation *ex nihilo* de l'espace rural. Les sites escarpés (gorges du Tarn, du Verdon, vallée de la Dordogne, corniches du Vercors...), quoique plus éloignés des centres urbains, illustrent aussi l'utilisation ludique des campagnes par le développement d'activités de canoë-kayak, rafting, saut à l'élastique, parapente et autres sports à sensation qui témoignent de nouvelles demandes de la part des citadins. À cela s'ajoute la valorisation de patrimoines historiques par des manifestations renommées, comme le son et lumière du Puy-du-Fou (Vendée). Les retombées, plus ou moins régulières, sur ces régions, entretiennent de nouveaux emplois dérivés : transports, artisanat, restauration, hôtellerie, animation. Les parcs naturels et les sites thématiques ou pédagogiques connaissent un engouement renouvelé : parc des volcans d'Auvergne, écomusée des Landes à Marquèze, musée de la mine à Faymoreau (Vendée), parc Vulcania (Auvergne). Information, sensibilisation, pédagogie, voilà des volets spécifiques des nouvelles fonctions des espaces ruraux, à destination des non-ruraux.

• Une autre fonction, ludique, émerge aussi ponctuellement, avec l'ouverture de casinos (machines à sous) en milieu rural, en relation avec le thermalisme : les casinos de La Roche-Posay, (Vienne), de Néris-les-Bains (Allier) et d'Évaux-les-Bains (Creuse) ont créé une dynamique tout à fait nouvelle et récente dont les retombées profitent à l'économie et à l'image de communes rurales en difficulté.

• Enfin, autre fonction qui prend des formes nouvelles, la restauration s'enrichit de « tables » prestigieuses dans des régions rurales situées à l'écart des grands flux de circulation. Produit de luxe, la gastronomie de Michel Bras, à Laguiole, apporte un exemple précis de ces mutations fonctionnelles des campagnes.

1.3. Agriculture et mutations fonctionnelles de l'espace rural

L'agriculture perd sa fonction nourricière et s'oriente vers d'autres exigences issues principalement de marchés de consommateurs citadins : la qualité et les valeurs du terroir. L'intérêt de plus en plus marqué pour les racines paysannes et les productions de terroir conditionne de nouvelles formes d'utilisation de l'espace agricole : vente directe de produits de la ferme, création de labels et d'AOC (Roquefort, Comté, pour les fromages), développement d'une agriculture bio, allant de pair avec une sensibilisation au respect de l'environnement. L'agritourisme, pour sa part, est une fonction bien représentative du rôle des campagnes. Difficile à quantifier, ce volet d'activité ne représenterait que 1,6 % du total des exploitations ; encore faut-il ajouter que celles-ci sont plutôt localisées dans des régions au potentiel touristique reconnu : Provence, Vosges, Périgord, littoral atlantique, Cévennes, Alpes... Les résultats sont décevants et d'inégale portée, mais les régions fragiles comme celles de moyenne montagne disposent d'un avantage touristique nettement plus important que certaines campagnes plus actives du Bassin parisien ou du Centre.

L'exploitation agricole peut aussi se prêter à des activités pédagogiques pour la formation d'un public citadin : fermes pédagogiques (le « Savoir Vert » dans la région Nord – Pas-de-Calais, ou les « Fermes buissonnières » dans l'Isère), classes vertes, séjours découverte, fermes équestres pour les enfants des villes. Quant à l'agriculteur, devenu un maillon privilégié de la relation distendue avec le milieu urbain, il se voit attribuer une fonction de gardien des savoir-faire et des traditions ainsi que de préservation des espaces naturels. La société des villes lui demande de protéger son environnement, d'adopter de nouvelles pratiques culturales, de devenir un « jardinier du paysage ». Soutenues par des mesures incitatives en appui sur la PAC (mesures agri-environnementales, CTE, Indemnité spéciale Montagne...), ces nouvelles pratiques émanent de préoccupations écologiques en réaction aux excès de l'intensification agricole.

1.4. Autres facteurs

• Face aux mutations économiques actuelles (concurrence, vétusté des structures, coûts salariaux...), la fonction industrielle des campagnes évolue. L'implantation d'usines en zone rurale ne répond plus aux critères traditionnels. Les tendances évoluent et les entreprises de technologies de pointe privilégient le cadre dans lequel elles s'installent ; ainsi, l'attractivité du « Sud » a conduit à l'implantation d'industries propres en Provence intérieure ou dans l'arrière-pays niçois. L'effet *sun belt* ne suffit pas et l'industrie recherche les campagnes où existe un potentiel de main-d'œuvre qualifiée et des infrastructures de communication (matérielles ou virtuelles).

• À ces nouvelles logiques d'implantation, il faut ajouter le rôle des énergies renouvelables dans la multifonctionnalité des espaces ruraux. L'hydroélectricité est aujourd'hui complétée par l'énergie éolienne. L'équipement des zones rurales françaises représente encore une faible part du parc éolien européen : en 2003, la puissance installée, en France, n'est que de 239 Mw, contre 6 202 Mw en Espagne et 14 609 Mw en Allemagne. Les espaces ruraux disposent, en France, d'un remarquable potentiel à exploiter avec, à la clé, la création de nouveaux métiers et des retombées économiques significatives (revenus issus de la fiscalité pour les collectivités, emplois, tourisme éolien...).

• D'autre part, la réserve foncière que représentent les espaces ruraux conduit à de nouvelles fonctions stratégiques. Si les zones urbaines et périurbaines occupent respectivement 15 % et 25 % du territoire, tout le reste appartient à l'espace rural. Dans ce cadre, les pressions exercées par les villes sur le foncier rural déterminent de nouvelles formes d'utilisation des campagnes, parfois plus subies que choisies. Ce phénomène s'inscrit dans la logique d'étalement des espaces urbains et de domination de la ville sur la campagne. Ces fonctions sont directement liées aux besoins urbains : aéroports « à la campagne », aires commerciales ainsi que diverses activités à risque comme les centres d'enfouissement des déchets, l'implantation de centrales nucléaires (l'exemple de Civaux, dans la Vienne, est significatif). Mais la réserve que constituent les zones rurales, y compris dans le rural profond, peut aussi faire l'objet de la démarche inverse : la sanctuarisation de certaines zones consacrées comme « espaces écologiques fragiles » entre dans une logique de conservation d'espaces naturels. Parcs naturels, Zones Naturelles d'Intérêt Écologique, Floristique et Faunistique, programmes de réintroduction d'espèces animales sauvages (loups, ours dans les Pyrénées), procèdent du même souci d'utilisation de l'espace.

Dans ce contexte général de multifonctionnalité renouvelée, la vitalité des régions rurales françaises se mesure à la lumière de divers paramètres qui tiennent, à la fois, de conditions naturelles, d'héritages historiques et d'impulsions diverses. Une typologie basée sur ces caractères met en évidence des situations régionales significatives.

2. Mutations fonctionnelles : étude typologique

2.1. Sur base d'héritages historiques : des campagnes industrielles vivantes

Il s'agit d'espaces ruraux composites, de montagne ou non, bien intégrés à l'espace productif français, voire européen, tout en conservant leurs caractères particuliers (sociaux, démographiques, économiques, topographiques).

Dans les montagnes vivantes (Vosges, Haut Jura, Alpes du Nord, certaines parties des Pyrénées) et dans les espaces ruraux de l'Ouest français (Bretagne, Choletais, Mauges, Nord Vendée), la population se maintient ou s'accroît grâce à la pluralité des activités : agricoles, forestières, artisanales, industrielles, commerciales, ainsi que par un maillage de villes actives, petites et moyennes.

Ce sont des régions marquées par des héritages et des dynamiques internes. L'héritage artisanal et manufacturier commande des savoir-faire à la base des reconversions en cours. Les Vosges constituent l'exemple d'une moyenne montagne peuplée où l'industrie est l'activité dominante : 40 % des emplois, alors que 3 % seulement concernent l'agriculture ; le Choletais évoque l'industrie dispersée et la tradition familiale. La capacité d'évolution de ces espaces, marqués par un esprit traditionnel d'entreprise dans ces districts industriels (capitaines d'industries : fief Boussac dans les Vosges, Heuliez, pour la carrosserie spécialisée en Vendée, Chomarat, pour le textile près de La Voulte), est en grande partie liée aux impulsions internes. La restructuration des entreprises traditionnelles (soierie, textile-habillement, carrosserie, cuir, mécanique, bois), leur reconversion dans des branches nouvelles (hautes technologies, téléphonie, agroalimentaire, aéronautique, plasturgie…) ne s'affranchissent pas des dynamiques endogènes, en particulier issues des capitaux familiaux, d'une main-d'œuvre d'origine rurale spécialisée et qualifiée, ouverte aux nouvelles pratiques industrielles. C'est le cas des entreprises familiales de moulinage et de tissage du district lyonnais, dans les Terres Froides, qui s'orientent vers les applications industrielles des matériaux composites (tissu de verre). Ces facteurs, combinés à une culture socioprofessionnelle locale qui tient compte de la défense des intérêts de la région, soulignent les capacités d'adaptation et de modernisation de ces espaces ruraux. Les nouvelles fonctions de ces espaces « ouverts » sont stimulées par leurs relations avec les régions voisines : demande d'activités touristiques et de loisirs, par exemple. Mais, inversion de tendance, l'interdépendance rural-urbain se fait plutôt au bénéfice de ces espaces ruraux qui conservent un certain pouvoir de commandement.

2.2. Sur fondements agricoles marqués : des bastions paysans

Le Massif central dans sa presque totalité, ses bordures (Poitou, Berry, Nivernais), une partie des Pyrénées et du plateau lorrain, entrent dans cette catégorie. Le poids des héritages est, là aussi, puissant, mais il conduit à une autre logique fonctionnelle. Longtemps, ces systèmes montagnards ont vécu repliés sur eux-mêmes, en économie d'autosubsistance, viscéralement attachés aux valeurs de la terre, souvent réfractaires à de nouvelles pratiques. La fonction agricole, pilier de ces économies, en est la principale victime. Les nouvelles fonctions sont, ici, essentiellement basées sur les services de proximité, les valeurs environnementales (espace, nature, forêt) et les productions du terroir. C'est là que s'exprime le mieux la nouvelle fonction d'accueil pour redynamiser l'économie et la démographie ; de nouveaux habitants, dont les migrants agricoles (Anglais, Néerlandais, Allemands) apportent avec eux d'autres schémas de production et des comportements d'innovation, à l'origine de nouvelles fonctions.

Toutefois, les impulsions, dans ces espaces ruraux fragiles, viennent davantage des politiques publiques que de capitaux privés. L'assistanat n'encourage pas les initiatives productrices de revenus et, dans ces régions d'économie sous perfusion, l'émergence de nouvelles fonctions reste, malgré tout, liée aux subsides de l'Union européenne et des collectivités territoriales par le biais des programmes LEADER, des PDZR et autres programmes d'action pour les zones de montagne. C'est ainsi que ces réservoirs d'espaces naturels sont utilisés pour l'intérêt de leurs paysages, pour la promotion du tourisme vert et comme réserves foncières, y compris pour des activités à risques. Des nuances modèrent ce tableau en raison des articulations de proximité existant, par exemple, entre les hautes terres et les bas pays voisins : le nord-est du Massif central est activé par la proximité de la métropole lyonnaise qui lui assure le renouvellement de fonctions de sous-traitance industrielle.

2.3. À la périphérie des villes, des zones multifonctionnelles sous influence

Les espaces ruraux métropolisés sont très réactifs aux pulsions venant des zones urbaines. Il en est de même des régions d'arrière-pays situées dans la mouvance des espaces très urbanisés des littoraux, en particulier ceux de la Méditerranée.

• Autour des agglomérations bordelaise et toulousaine, l'espace rural a rapidement évolué depuis une vingtaine d'années. Ainsi se sont constituées des ceintures laitière et maraîchère dans les espaces périurbains, expression d'un certain type de fonction nourricière de l'agriculture en relation avec l'accroissement de la demande des marchés urbains. Par ailleurs, les grands axes de circulation structurants (autoroute des Deux-Mers, voies rapides) ont accéléré les mutations de la fonction résidentielle : aux résidences secondaires se sont ajoutées des zones d'habitat pavillonnaire, de plus en plus étendues. La pression sur le foncier atteint des degrés élevés : implantations commerciales, zones vertes, aires de services. La SAU s'est alors considérablement rétractée, préservant, toutefois, un espace de productions spécialisées (vignoble, fruits, fleurs, légumes). Ceci est particulièrement vrai sur l'axe girondin de la vallée de la Garonne et dans le Val de Garonne, au sud de Toulouse.

• L'arrière-pays méditerranéen bénéficie des impulsions de l'urbanisation littorale. Les faibles densités expriment une fonction agricole ancienne et une déprise qui s'inverse sous l'effet de nouveaux facteurs : engouement pour le résidentiel compte tenu de la surconcentration littorale de l'habitat, attrait du Sud vers les régions du Luberon (pays d'Apt), du Haut Languedoc, de l'arrière-pays niçois, voire des arrière-pays montagneux aux marges du domaine méditerranéen (Ardèche, Grands Causses, Alpes de Haute-Provence). Le tourisme et la création de Parcs naturels régionaux, le phénomène de multirésidence, de télétravail, l'implantation d'industries propres de haute technologie (dont Sophia-Antipolis reste emblématique) confirment une fonctionnalité nouvelle, calquée sur les enjeux territoriaux de ce type d'espace, en apparence privilégié, mais inféodé aux agglomérations littorales.

Conclusion

Avec l'émergence de nouvelles fonctions, la dépendance vis-à-vis de l'espace urbain s'atténue alors que se développent des liens interactifs villes-campagnes. Cette multifonctionnalité, avec ses formes nouvelles, engage une diversification des économies rurales. Il n'y a pas de déterminisme, pas d'exclusion de principe : toutes les régions rurales peuvent adapter leurs ressources aux changements des logiques territoriales et socio-économiques en créant des offres différentes. La force d'inertie reste un obstacle rédhibitoire à la revitalisation des campagnes fragiles mais les recompositions en cours, y compris des fonctions préexistantes, contribuent, à terme, à l'édification de nouveaux territoires.

Tourisme et climat en France métropolitaine

La France est le premier pays touristique du monde. On peut y pratiquer toutes sortes de tourismes, hiver comme été. Évoquer les stations balnéaires ou les sports d'hiver, c'est évoquer aussi les conditions climatiques auxquelles leur fonctionnement est lié. Le climat peut influencer la pratique du tourisme. La question est de savoir comment cette influence se fait sentir sur les différentes catégories de tourisme et dans quelle mesure elle contribue à leur localisation. On notera d'emblée que les mêmes lieux peuvent supporter des activités différentes les unes des autres selon la saison : des littoraux sont visités en hiver (recherche de la douceur du climat sur la Côte d'Azur, p. ex.) ; la montagne est, de nos jours, fréquentée hiver comme été. Le mot tourisme doit être pris dans son acception la plus large, incluant, entre autres, la villégiature et des formes limites comme les pèlerinages et les cures thermales.

La carte des régions touristiques françaises montre des concentrations de stations et de fréquentations. Ce sont d'abord les régions de montagne, Alpes et Pyrénées principalement ; apparaissent aussi les côtes dans leur ensemble et singulièrement celles situées dans la moitié sud du pays.

1. La montagne

Les massifs montagneux attirent les touristes été comme hiver. Il n'en a pas toujours été ainsi. Au XIXe siècle, la conquête des sommets, dans les hautes montagnes des Alpes, puis des Pyrénées, a donné naissance à l'alpinisme, qui n'était pratiqué que pendant l'été. Les sports d'hiver n'ont commencé à se développer qu'entre les deux guerres mondiales ; ils ne se sont popularisés que depuis une trentaine d'années.

1.1. L'alpinisme

L'alpinisme ne doit pas être confondu avec la randonnée ; il s'agit de la pratique de l'escalade et des courses de glacier. Né dans les Alpes franco-suisses à la fin du XVIIIe siècle, il est pratiqué dans les hautes Alpes du Nord (Mont-Blanc, Vanoise, Massif des Écrins...). Il a donné naissance à des stations célèbres : Chamonix, La Grave, La Bérarde... Sa pratique s'est étendue ensuite aux Pyrénées et aux Alpes du Sud.

L'alpinisme demande prioritairement des reliefs adaptés à la pratique de ce sport. Mais la montagne, par son altitude, modifie le climat. Une succession d'étages de végétation et une grande diversité de formes de relief permettent des activités variées : courses de glaciers, de rochers, escalade de parois englacées... Le froid amène des précipitations sous forme de neige qui entretient les glaciers (depuis plus d'un siècle, les glaciers des montagnes françaises n'ont pas cessé de reculer, effet d'un réchauffement général du climat). La montagne reçoit des précipitations abondantes. Des différences existent cependant entre massifs et à l'intérieur même des massifs : dans les Alpes du Nord, les montagnes intérieures sont moins arrosées que les Préalpes ; les Pyrénées occidentales reçoivent des précipitations supérieures à celles des Pyrénées orientales. Ces différences climatiques jouent un rôle en rendant les courses de montagne plus faciles ou plus difficiles. On sait combien les conditions météorologiques peuvent rendre dangereuses les courses les plus aisées.

TOURISME ET CLIMAT EN FRANCE

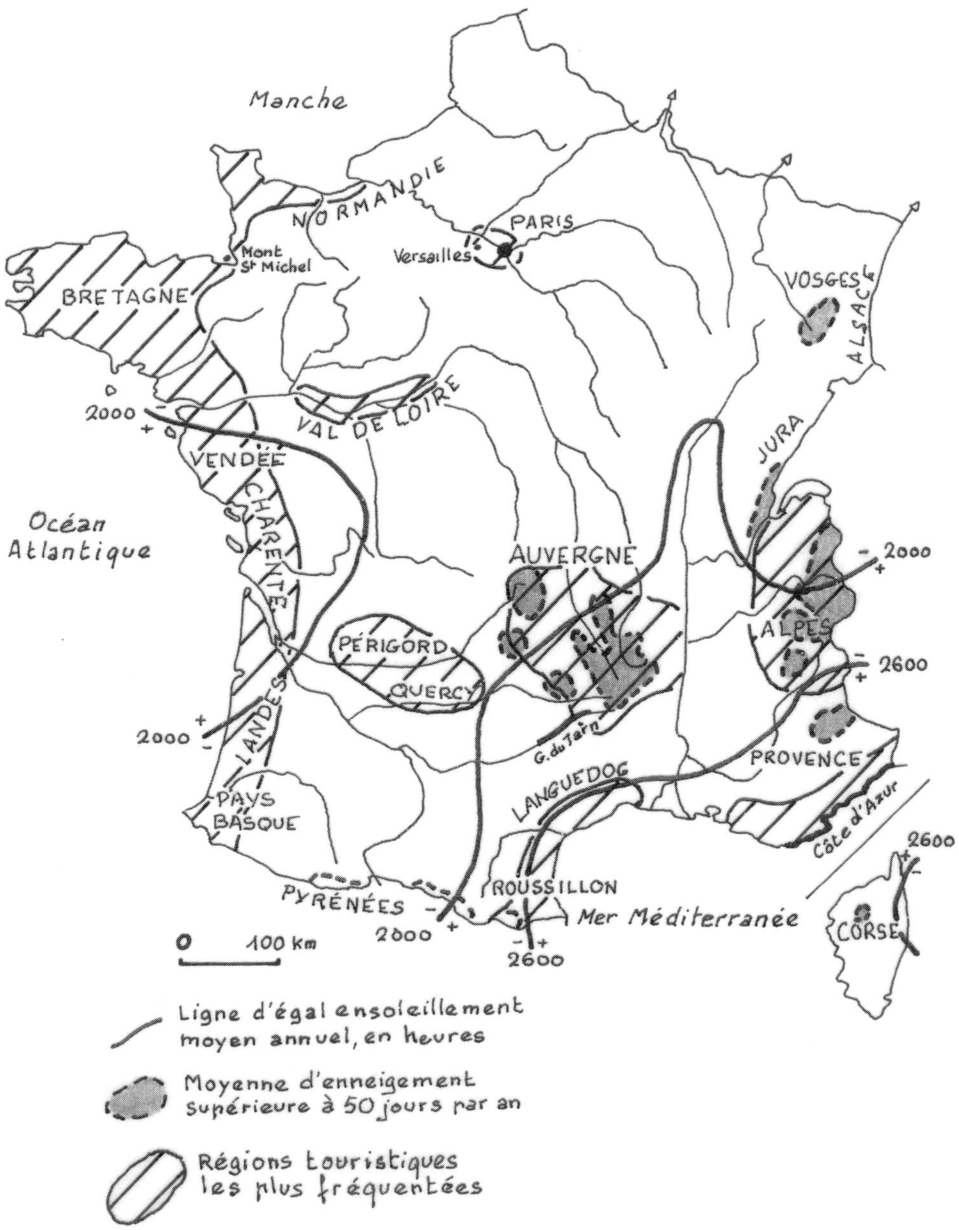

La pratique hivernale de l'alpinisme s'est développée récemment, essentiellement comme sport de haut niveau, qui ne concerne qu'un faible nombre d'alpinistes. Cette nouveauté a été rendue possible par l'amélioration des techniques sportives et des matériels. Mais elle fait courir le risque d'accidents dus aux avalanches, risque partagé par les adeptes des sports d'hiver.

Le climat n'a d'influence sur l'alpinisme que par sa capacité à nourrir les glaciers et à fournir de bonnes conditions météorologiques. Les autres facteurs de localisation, qu'ils soient naturels, comme le relief, ou humains (qualité des stations, présence de guides réputés, etc.) sont tout autant déterminants, sinon davantage.

1.2. Les sports d'hiver

Sous le terme général de sports d'hiver se cachent un très grand nombre d'activités dont les plus courantes sont le ski alpin et le ski de fond ; il faut en ajouter d'autres, certaines réservées à des sportifs confirmés (bobsleigh, tremplin, biathlon), alors que la randonnée en raquettes peut concerner une clientèle moins entraînée. La pratique des sports d'hiver touche une population très variée et très nombreuse. C'est un phénomène de masse.

Le climat doit être assez arrosé et assez froid pour que la neige soit abondante et tienne longtemps au sol. La pratique du ski alpin demande aussi la présence de pentes suffisantes. La recherche de localisations ensoleillées (Isola 2000 p. ex.), prisées par la clientèle, peut paraître en contradiction avec la nécessité d'installer les pistes sur les ubacs pour limiter la fonte de la neige.

En France, seules les montagnes élevées sont concernées : Alpes, Pyrénées et les parties hautes du Massif central, du Jura, des Vosges, de la Corse. Certains massifs jouissent de meilleures conditions que d'autres. Ainsi la zone interne des Alpes du Nord bénéficie, par rapport aux Préalpes, d'un manteau neigeux plus épais et plus stable et, grâce à sa continentalité, d'une meilleure régularité des précipitations neigeuses et d'un meilleur ensoleillement. Le Mercantour allie de bonnes conditions climatiques à la proximité du gisement de clientèle de la Côte d'Azur. La course aux aménagements a conduit parfois à des localisations où l'enneigement est aléatoire, dans des montagnes non seulement peu élevées, mais aussi de climat océanique (Massif central, Jura). Dans les Alpes, les stations sont situées de plus en plus haut (Megève, de la première génération, est entre 1 100 m à la station et 2 300 m en haut des pistes, Tignes, plus récente, est entre 1500 et 3600 m), ce qui permet de compenser le déficit d'enneigement constaté depuis quelques décennies. La France possède au total 450 stations et 2 000 km^2 de domaine skiable. La grande diversité des stations, tant dans leur *standing* que dans les activités proposées, permet de faire face à l'hétérogénéité de la clientèle.

Le climat n'est qu'un élément, parmi d'autres, du tourisme montagnard. Son rôle est plus décisif pour les sports d'hiver que pour l'alpinisme.

2. Les littoraux

La France possède 5 500 km de côtes, utilisés en grande partie par les stations balnéaires, sur deux façades maritimes très différentes par leurs climats. Le lien important entre climat et plage n'est pas le seul facteur de développement. L'histoire des implantations explique aussi, au moins en partie, la diversité des aménagements touristiques sur les littoraux.

2.1. Le développement historique

Les premiers lords anglais ont fréquenté la Côte d'Azur en hiver dès la fin du XVIIIe siècle. Ils venaient y chercher, plutôt que le soleil, que la « bonne société » évitait, la douceur de l'hiver, à l'abri du mistral. L'essor des stations date du second Empire, avec la construction des chemins de fer et la mode des bains de mer. Trois pôles : la Normandie (Deauville, Cabourg), favorisée par la proximité de Paris, l'Aquitaine (Arcachon, Biarritz) et la Côte d'Azur (Cannes, Nice, Menton). Le climat intervient alors dans la mesure où il permet des séjours hivernaux et aussi une fréquentation estivale, à cause des vertus thérapeutiques attribuées à l'air marin chargé en iode. Cette première période est caractérisée par le « climatisme ».

Les congés payés, institués en 1936, ont amené une fréquentation accrue des côtes de la Manche, facilement accessibles de la région parisienne et du Nord. Alors le « balnéotropisme » l'emporte : la plage, ce sont les bains de mer. Toutefois, les considérations de coût de transport et d'hébergement l'ont emporté sur les considérations climatiques pour le choix des littoraux fréquentés.

Le développement des loisirs et le culte du soleil, nés après la Seconde Guerre mondiale, valorisent les côtes ensoleillées de la Méditerranée et celles de l'Atlantique, au sud de l'estuaire de la Loire. On entre alors dans une période où « l'héliotropisme » triomphe. Presque en même temps, l'essor des activités nautiques privilégie les mers les moins froides. Le climat joue alors un rôle important, lorsqu'il assure à la fois un temps ensoleillé et des vents propices. Mais depuis quelques années l'ensoleillement n'est peut-être plus un facteur aussi déterminant que par le passé, à cause des dangers qu'il fait courir à ceux qui s'y exposent trop ; ce que traduit la formule : « ne plus bronzer idiot », et la recherche d'activités plus diversifiées.

La demande sociale en matière de climat a donc considérablement évolué depuis les débuts de la fréquentation touristique des littoraux.

2.2. Le rôle du climat sur les différents secteurs côtiers

En Nord – Picardie et en Normandie le climat joue un rôle modeste face aux facteurs historiques et aux gisements de clientèle (région du Nord – Pas-de-Calais, région parisienne, Angleterre et aussi clientèle locale). Dans certaines stations, l'attraction de clientèle n'est pas exercée uniquement par la plage et la mer, mais par d'autres activités, moins sensibles au climat (Deauville : courses, casino, festivals divers, etc.).

La Bretagne offre une opposition climatique entre la côte sud plus ensoleillée (et plus fréquentée) et les autres secteurs littoraux. Partout dans cette région, la beauté des paysages et des sites, la découverte de l'intérieur sont des facteurs aussi déterminants que le climat.

Sur la côte atlantique au sud de la Loire, le climat a une importance souvent déterminante, surtout en Vendée et Charente et dans la partie nord de la côte landaise, à cause d'un ensoleillement supérieur à 2 000 heures par an. Le sud du littoral landais et la côte basque sont très arrosés. La fréquentation y est autant en rapport avec la longueur des plages, la qualité et la diversité des aménagements et avec les possibilités offertes par la découverte de l'intérieur (Pays Basque, Béarn) qu'avec le climat.

Sur les côtes méditerranéennes le soleil et la chaleur estivale triomphent. La Côte Vermeille (extrémité orientale des Pyrénées) est le prolongement de la Costa Brava ; elle allie le pittoresque (Collioure, Banyuls) aux avantages climatiques (absence de tramontane, à rapprocher de l'absence de mistral sur la Côte d'Azur). À Argelès commence une côte sableuse presque ininterrompue jusqu'au delta du Rhône qu'il a fallu, à partir de 1963 et jusqu'en 1980, débarrasser des moustiques avant de l'aménager ; elle reste battue par la tramontane, vent continental qui rafraîchit l'atmosphère et la température de l'eau près des plages. Le delta du Rhône et la côte provençale subissent pareillement les assauts du mistral, sauf la Côte d'Azur où règnent, ainsi qu'en Corse, les meilleures conditions de chaleur et d'ensoleillement, alliées aux possibilités d'activités multiples, tant dans les stations de la côte que dans les montagnes proches. C'est en grande partie sa situation d'abri qui a fait de la Côte d'Azur une riviera.

Le climat est un élément souvent essentiel de localisation du tourisme côtier, mais il n'a pas partout la même influence, à cause de l'existence d'activités attractives autres que balnéaires, et à cause de l'existence de certains inconvénients climatiques (températures basses, brumes, vents).

3. Autres formes de tourisme

Même si la plupart des touristes préfèrent le beau temps, le climat peut jouer un rôle modeste ou même n'en jouer aucun.

3.1. Une certaine importance du climat

La randonnée est une pratique essentiellement de belle saison, mais qui prend de l'importance dès le printemps et la garde jusqu'à l'automne. Le randonneur ne recherche pas systématiquement le plein soleil, qui peut même être un inconvénient, mais des paysages pittoresques et des équipements suffisants (gîtes d'étape, balisage des sentiers). L'équipement personnel du randonneur lui permet en général de faire face aux intempéries. Les sentiers de grande randonnée sont répartis dans toute la France et semblent avoir été tracés en fonction des sites et des paysages plutôt qu'en fonction des nuances du climat. Il serait toutefois intéressant de connaître la fréquentation de chacun d'entre eux. Les régions les plus favorables ne sont pas seulement au sud de la Loire. Dans le Nord-Est (Vosges), dans la Région parisienne, en Normandie et en Bretagne, les considérations climatiques sont au second plan.

Le tourisme rural s'appuie en partie sur la qualité du climat, mais aussi sur celle de l'accueil, des paysages, du patrimoine et des animations. Le Périgord et les Vosges, régions de climats différents, donnent des exemples de ce type de tourisme qui montrent que le climat n'est qu'un facteur parmi d'autres. Il est certain que les régions méditerranéennes sont parmi les plus recherchées ; par exemple les Alpilles, le Luberon, qui offrent encore des possibilités d'acquisition et de construction, allient la relative proximité du littoral aux avantages climatiques, tout en restant à l'écart des entassements de population estivale.

Les facteurs d'implantation des résidences secondaires sont multiples. Le climat joue un rôle dans le cas d'une résidence secondaire achetée ou dans celui d'une résidence héritée et conservée lorsqu'elle se trouve dans une région favorisée par son climat. Les régions de la moitié sud de la France, et particulièrement celles qui sont à proximité des côtes ou dans les montagnes, sont parmi celles qui comptent le plus de résidences secondaires.

Mais jouent aussi la qualité des paysages et du patrimoine (p. ex. en Bretagne), ainsi que la proximité des grandes villes (la Normandie et le Val de Loire par rapport à Paris). Enfin l'histoire personnelle du propriétaire a souvent un rôle déterminant lorsque sa résidence secondaire est un bien de famille ; là, le climat est sans effet et il n'est guère possible de préciser des localisations.

3.2. Une importance faible ou nulle du climat

Le tourisme culturel (visite de monuments, de musées, participation à des festivals, etc.), surtout lorsqu'il est citadin, n'est guère influencé par les facteurs climatiques. Il est toutefois difficile de faire la part des choses lorsqu'un monument ou un site est visité à l'occasion de vacances occupées à d'autres activités (p. ex. le Pont du Gard ou le Mont-Saint-Michel) ; ce peut même être l'opportunité d'occuper une journée de mauvais temps. Il faut remarquer néanmoins qu'une majorité de manifestations culturelles ont lieu l'été dans la partie sud du pays ; à ce titre, la Provence apparaît comme la région la mieux pourvue en festivals de tous ordres (Avignon, Aix-en-Provence, La Roque-d'Anthéron...).

Des considérations analogues à celles concernant le tourisme culturel peuvent être développées à propos de formes comme les congrès, les pèlerinages, les cures thermales.

Conclusion

Les régions touristiques ne sont pas toutes sous la domination du climat. Bien d'autres facteurs entrent en jeu. Les uns sont d'ordre géographique (relief, eaux, paysages, patrimoine...), d'autres sont propres aux individus et aux sociétés, en rapport avec les recherches, les préoccupations, les goûts de chacun. Mais il n'en reste pas moins que le soleil, le beau temps, font partie de nos catégories mentales et apparaissent comme des éléments positifs. On comprend alors que le climat joue un rôle si important dans la géographie touristique française en favorisant la moitié méridionale du pays et en apparaissant comme un facteur déterminant dans la naissance et le développement de certaines régions touristiques.

Le tourisme vert en moyenne montagne française

Le tourisme vert est une forme d'activité qui s'appuie sur la découverte de la nature en milieu rural – essentiellement basé sur la qualité des sites naturels et culturels – et qui se pratique surtout durant la période estivale. Dans les régions rurales fragiles, éloignées des grands pôles et possédant des caractères patrimoniaux attractifs, il est souvent considéré comme élément de développement pour des économies en difficultés. Ce concept récent est né dans les années soixante-dix, face à la montée des valeurs écologiques dans une société de plus en plus citadine. La moyenne montagne se différencie des régions rurales de plaine par ses caractères topographiques qui contribuent ainsi à son attractivité touristique. Ses composantes physiques – relief où dominent les pentes douces, altitudes inférieures à 2 000 m – associées à des valeurs culturelles, composent un espace significatif de ce type d'activité. Le tourisme de neige sera exclu de cette approche en raison de ses caractères propres, différents, bien que parfois complémentaires, de ceux du tourisme « vert ».

À l'opposé des zones de concentration touristique littorales, le tourisme vert est devenu l'antidote au stress urbain, le refuge de citadins en quête de calme et d'espace vert. Les composantes patrimoniales des zones rurales fragiles, en moyenne montagne particulièrement, deviennent alors le support d'une activité saisonnière et aléatoire, souvent promue comme une clé de la revitalisation des régions en difficulté.

Les moyens mis en œuvre pour activer ce processus et déclencher un essor salvateur ne produisent pas partout des effets bénéfiques. D'autre part, l'inégalité des chances de réussite traduit des handicaps qui doivent être précisément évalués. Le tourisme vert cristallise les espérances des acteurs économiques mais, tel un leurre, ne serait-il pas une utopie entretenue par des politiques confrontées à un nouveau défi, celui de la lutte pour la survie ?

1. Caractères touristiques de la moyenne montagne

1.1. Des caractéristiques en « demi-teinte »

Massif central, Vosges, Jura ne sont des montagnes ni exceptionnelles, ni spectaculaires. À ces massifs bien individualisés, il faut ajouter les bordures des grands massifs montagneux, qui restent cependant à la limite de la problématique *stricto sensu* du tourisme vert : Préalpes de Provence, retombée des Pyrénées, des Alpes du Nord et Corse intérieure. Les composantes physiques y sont à la fois handicap et facteur de valorisation touristique. Les pentes douces sont favorables à la randonnée, mais trop faibles pour la pratique de l'alpinisme. Le climat ne connaît pas d'excès brutaux et l'altitude reste modérée, mais l'incertitude de l'enneigement se transforme en handicap en limitant le revenu complémentaire des sports d'hiver.

Tel un cliché en négatif, apparaissent les traits pénalisant le développement d'une dynamique touristique : accessibilité difficile, éloignement des grands axes de circulation, enclavement et isolement. L'enclavement reste toujours l'élément pénalisant dans une logique de promotion de sites touristiques, mais n'est pas discriminatoire si des impulsions locales créent une dynamique suffisante (p. ex. l'Aubrac aveyronnais dont l'attractivité touristique tient beaucoup à la réussite du restaurateur Michel Bras, qui a su manier nouvelle cuisine et médiatisation gastronomique d'une région rurale).

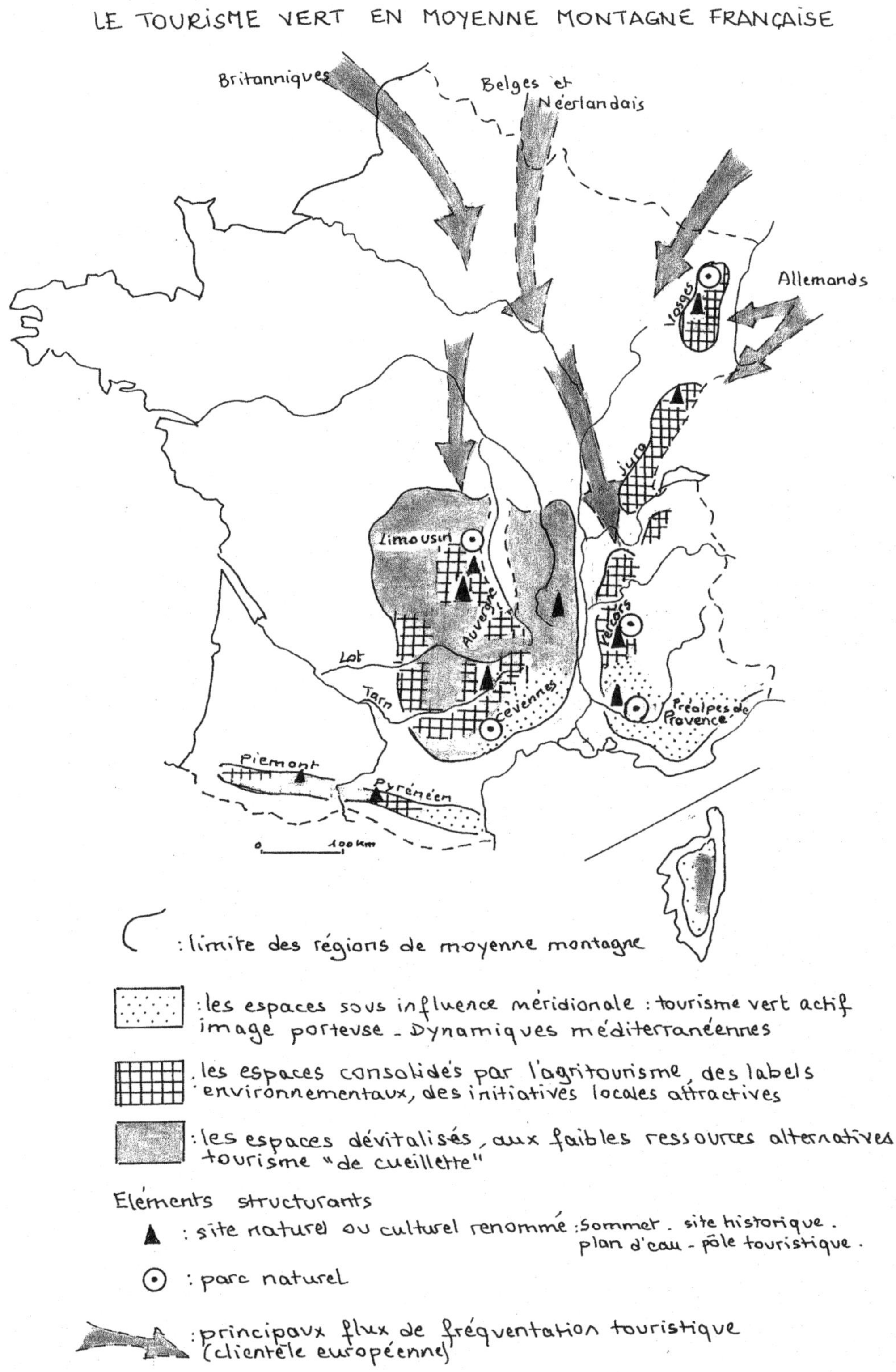
LE TOURISME VERT EN MOYENNE MONTAGNE FRANÇAISE
Britanniques
Belges et Néerlandais
Allemands
Vosges
Jura
Limousin
Auvergne
Lot
Tarn
Cévennes
Vercors
Préalpes de Provence
Piemont
Pyrénéen
0
100 km
: limite des régions de moyenne montagne
: les espaces sous influence méridionale : tourisme vert actif image porteuse - Dynamiques méditerranéennes
: les espaces consolidés par l'agritourisme, des labels environnementaux, des initiatives locales attractives
: les espaces dévitalisés, aux faibles ressources alternatives tourisme "de cueillette"
Eléments structurants
: site naturel ou culturel renommé : sommet - site historique - plan d'eau - pôle touristique.
: parc naturel
: principaux flux de fréquentation touristique (clientèle européenne)

Il faut cependant établir une distinction entre la moyenne montagne « dévitalisée » comme le Massif central, les massifs « vivants », tels les Vosges et le Jura, bien peuplés, industrialisés, et les moyennes montagnes du soleil, réactivées par le processus d'attractivité du « Sud ». Cette distinction pèse lourdement sur le développement du tourisme et génère des situations contrastées, bien que le potentiel touristique soit d'un intérêt à peu près identique.

1.2. Un tourisme « de nature », principalement estival

Le gisement touristique s'articule autour de quelques valeurs sûres, paysagères et culturelles. De là, émergent quelques formes de pratiques touristiques calquées sur les potentialités du milieu.

• Le tourisme de découverte, ou itinérant, en est l'expression la plus affirmée. Cette formule répond à la dispersion des sites et des centres d'intérêt : curiosités naturelles, points de vue, sont des points d'ancrage pour des circuits individuels, le plus souvent à l'usage d'une clientèle familiale. Le patrimoine architectural et historique devient support de tourisme culturel et complète ainsi le canevas de l'activité touristique.

• Le tourisme sportif est également un volet bien représentatif de cette logique de mise en valeur. Le relief accidenté crée des secteurs propices à l'escalade, ainsi qu'à la pratique de randonnées équestres et en VTT. Les rivières encaissées, au cours tumultueux, sont exploitées pour les sports d'eaux vives, kayak et canoë, comme dans les gorges du Tarn, jouissant d'une réputation bien affirmée. Les sites aquatiques des plans d'eau sont les points de fixation d'un tourisme sédentaire, tel le « balnéaire », avec les loisirs liés à l'eau : voile, baignade et pêche. Les structures d'hébergement sont disséminées sur les pôles principaux : campings, bungalows, villages de vacances, et complétées par des gîtes ruraux ou des résidences secondaires. Le lac de Vassivière, dans la Montagne limousine, est un plan d'eau artificiel de 1 100 hectares équipé d'infrastructures d'hébergement, publiques ou privées : campings, village de vacances, gîtes ruraux et hôtellerie dans les communes de la périphérie.

L'essaimage des sites touristiques et les difficultés conjoncturelles liées au déclin de l'agriculture pénalisent la moyenne montagne. Mais cela peut cependant engendrer une inversion des valeurs et transformer en positif les facteurs de déprise : tranquillité, réhabilitation du patrimoine immobilier vacant pour des résidences secondaires ou des gîtes. Les vallonnements, les perspectives paysagères, les rivières, les étangs, créent des centres d'intérêt qui s'ajoutent aux valeurs patrimoniales du passé, telles que châteaux, églises, musées et bâti traditionnel. Les produits du terroir sont des repères identitaires pour le vacancier en quête de racines paysannes. L'espace disponible, le calme, l'eau et la verdure sont autant d'éléments plébiscités par des citadins, le temps des vacances et supports promotionnels pour « vendre » ces destinations.

2. Le tourisme vert, outil de développement régional

Il s'appuie sur des politiques d'aménagement, nationales ou communautaires, dont l'efficacité reste très inégale.

2.1. La fréquentation touristique

Potentielle ou réelle, elle est un indicateur utile pour cerner les possibilités de développement. Un constat s'impose, partout : elle est insuffisante, variable, avec un pouvoir d'achat réduit. Il s'agit principalement de familles, d'origine citadine, clientèle originaire de régions françaises et du nord de l'Europe : surtout composée de Néerlandais, de Britanniques et d'Allemands, cette population d'Europe du Nord-Ouest est attirée par la qualité de l'environnement. En 1998, si 27 % des Français passent leurs vacances à la campagne, seuls 8,9 % vont à la montagne en été. La fréquentation est aléatoire et variable dans le temps, liée à la météo le plus souvent : la pleine saison touristique se limite à un mois, entre le 15 juillet et le 15 août.

L'articulation entre tourisme vert et développement local repose sur divers facteurs liés aux dynamiques individuelles ou collectives et à l'identité de la région.

• Les retombées concernent d'abord l'emploi. En moyenne montagne, il s'agit surtout d'emplois saisonniers, d'été, souvent financés par des collectivités : animation, accueil, entretien des sites. Mais ce secteur économique est fortement pénalisé par l'absence de qualification et par le caractère saisonnier du revenu.

• L'hébergement constitue un autre type de retombées, en particulier l'hôtellerie de plein air. Cependant, la gestion des campings par les collectivités et l'absence de véritables professionnels crée une image de « tourisme social » qui pénalise ce secteur économique. Par contre, les gîtes ruraux, les fermes-auberges, bien intégrés à l'économie de montagne, représentent un revenu réel au secteur privé de l'agritourisme, à condition de développer des activités complémentaires, sports équestres, gîtes d'enfants, et d'assurer un bon niveau de confort, de type trois épis. Les impacts sur l'économie locale se mesurent aussi au travers de la consommation des touristes dans les commerces, les services, les activités de loisirs. Les revenus issus de la vente de l'immobilier, pour résidences secondaires, ne sont pas négligeables, mais restent inégaux selon les régions. La qualité et la disponibilité du bâti sont un atout important dans les régions rurales de moyenne montagne, mais la « cote » de l'immobilier de loisir est tributaire de modes : l'Ardèche, les Cévennes, la Haute-Provence, le Luberon sont portés par un engouement significatif de l'image de ces régions. Mais le réel impact du tourisme vert dans le développement économique local se mesure surtout à la lumière des aides apportées par les collectivités.

2.2. L'économie touristique de moyenne montagne, un tourisme porté par la collectivité

Tel un défi face au déclin de ces zones fragiles. C'est le fruit d'orientations destinées à valoriser un potentiel naturel et culturel. La loi Montagne de 1985 en France associe les notions de zone défavorisée et de montagne afin de cibler les actions spécifiques. Les enjeux de la politique montagne en Europe visent à redresser les handicaps par des incitations financières. Une grande partie des secteurs de montagne est retenue au titre des programmes 5b de développement des zones rurales fragiles, où sont prises en compte les contraintes qui pèsent sur la mise en valeur du milieu : pentes, altitude, climat, enclavement des massifs.

Les financements émanent de la CEE, par les programmes PDZR ou LEADER. Les contrats de plan État-Région favorisent les actions touristiques, soit individuelles, comme la création de gîtes, soit collectives, comme l'aménagement de sites, de plans d'eau, de circuits, ou les animations culturelles. Divers outils sont mis à la disposition des communes, des syndicats intercommunaux, des associations, pour créer un centre d'intérêt et en faire la promotion. Le parc naturel des Volcans d'Auvergne ou le parc naturel régional des Ballons des Vosges sont des points d'ancrage pour valoriser l'activité touristique de ces massifs et surtout conforter une image de marque.

Pour devenir une véritable activité marchande et atteindre les objectifs commerciaux qui s'imposent, le tourisme vert souffre d'un manque de professionnalisme. Les initiatives privées sont rares et de faible envergure. L'enjeu financier comporte des risques que ne veulent pas prendre les porteurs de projets disposant de capitaux. Ce tourisme, alimenté par des subventions et diverses formes d'aides émanant de fonds publics, reste une activité sous perfusion, dont les retombées dans le tissu local et régional sont sujettes à caution.

En dépit de quelques raisons d'espérer, les limites du tourisme vert apparaissent d'autant plus que la moyenne montagne ne dispose pas toujours de ressource alternative.

3. Quelques schémas de développement touristique en moyenne montagne

3.1. Le tourisme sous perfusion est l'une des formes les plus répandues

Le Massif central en fournit de nombreux exemples. Le plateau de Millevaches en Limousin vit de subsides permanents qui entretiennent une activité artificielle, sans véritables retombées financières dans le tissu économique local. Les stratégies de développement de ces zones fragiles en déprise marquée s'appuient sur les collectivités et le tourisme associatif.

Le tourisme vert s'apparente ici à une économie de cueillette, même si l'association agriculture – tourisme peut engendrer quelques revenus complémentaires pour l'exploitant, encouragé par des subventions pour restaurer un gîte ou créer une activité récréative comme ferme équestre ou gîte d'enfants. Le revenu horaire d'une activité touristique dans une exploitation de la Montagne limousine peut être estimé entre 3 et 12 €, sachant que ce secteur est pénalisé par le manque de professionnalisme et que l'apprentissage de l'accueil reste un point faible. Pour développer la fonction ludique liée à l'eau et au relief, les collectivités, souvent dans un cadre d'intercommunalité, ont aménagé des plans d'eau artificiels qui servent de pôles attractifs pour des séjours. L'eau apparaît comme une marque identitaire, valeur sûre pour les élus, soucieux de rentabiliser l'espace, les sites naturels, le potentiel aquatique et les paysages des hautes terres. En Limousin, les plaisirs de l'eau sont promus comme premier support de tourisme vert : 31 % des vacanciers y sont attirés par la baignade, 11 % par les sports de voile et 29 % par la pêche. Le volet tourisme du contrat de plan 1994-1998 pour la région Limousin visait à améliorer les points faibles et à moderniser l'économie touristique par la formation des acteurs locaux, l'amélioration de l'offre d'hébergement et de la qualité des loisirs.

L'image d'un tourisme social reste encore très présente et freine les initiatives privées de professionnels en raison de la faiblesse des retours sur investissements. Dernier produit de la politique régionale, les circuits à thème, comme la route Richard-Cœur-de-Lion, tentent de dynamiser ce secteur par des références à l'histoire. Mais les emplois induits par l'activité touristique restent faibles et saisonniers et ce tourisme feutré reste un moyen de survie aléatoire.

3.2. Un tourisme vert et une tradition de l'accueil : Vosges, Jura et Aveyron

Les fermes-auberges des hautes chaumes vosgiennes sont intégrées au développement touristique héritier d'un système socio-économique ancien. On peut parler, dès le XIXe siècle, d'une forme d'agritourisme dynamique intégrée à l'activité pastorale de ces hautes terres, entre 1 000 et 1 400 mètres d'altitude, où la jeunesse alsacienne avait coutume de venir se distraire. La complémentarité entre pastoralisme d'altitude et tourisme est le pivot de l'organisation de cette économie montagnarde. Les contraintes physiques du milieu sont les mêmes que dans les autres massifs français, c'est donc dans une tradition d'hospitalité qu'il faut trouver les raisons de ce développement. L'association des fermes-auberges du Haut-Rhin a été créée en 1964. Depuis, l'appellation devient labellisée et véhicule une image porteuse. Le système agrotouristique regroupe des activités agricoles d'élevage, la production du fromage de Munster, la restauration et l'hébergement. Ce tourisme est surtout le fait d'acteurs privés, d'agriculteurs, et bénéficie de la proximité de l'Alsace et de l'Allemagne : 65 % des exploitations pastorales des chaumes jouent la carte de l'agrotourisme. L'agriculture représente ainsi un facteur de consolidation d'une économie touristique qu'illustre bien la pluriactivité, une caractéristique socio-économique essentielle, contribuant au maintien de la dynamique et de la durabilité du développement du massif vosgien. On peut associer à ce type de situation, le massif du Jura, dont les activités de tourisme vert sont de même nature.

L'Aveyron entre également dans cette catégorie d'espaces. La dynamique y est impulsée par les acteurs locaux et prend aussi appui sur l'agriculture. Le tourisme vert sportif et de nature, dans les gorges du Tarn, attire plus d'un million de véhicules par an, le tourisme culturel dans la cité médiévale de Conques compte 500 000 visiteurs l'été. L'Aveyron a accru sa capacité d'accueil de 22 % en huit ans. Les actions des politiques publiques sont complétées par des initiatives privées qui s'appuient sur l'agropastoralisme labellisé avec le roquefort, le renouveau de la coutellerie à Laguiole, le PNR des Grands Causses ouvert en 1995, ainsi que sur les impacts de l'A75, la Méridienne, qui favorise l'accessibilité.

3.3. Les tourismes verts médiatisés

La moyenne montagne méditerranéenne jouit d'une situation d'arrière-pays d'un littoral fortement attractif. Le Luberon illustre bien la complémentarité montagne – littoral. Il s'agit surtout d'un espace azuréen doté de valeurs attractives : soleil, lumière, paysages méditerranéens, image d'un Sud. Avant de devenir « montagne du soleil », cette région méditerranéenne a subi, comme d'autres, les effets de la déprise agricole, mais s'est régénérée comme lieu de résidence pour des citadins qui y ont trouvé un patrimoine bâti de grande qualité. Au-delà du déversement du trop-plein touristique de la côte, ce tourisme vert s'apparente à une autre philosophie solidement appuyée sur une clientèle au pouvoir d'achat élevé. Effet du parisianisme entraîné par des « locomotives » du monde des médias, la touristicité du Luberon doit beaucoup à la présence de néo-ruraux et à des événements comme l'impact du roman de l'écrivain Peter Mayle. Roussillon, Gordes, Apt, sont des lieux de résidences secondaires très convoités : inversion des logiques, le patrimoine bâti, déserté à cause du déclin agricole, est l'objet d'une intense spéculation immobilière qui tend à renforcer le processus touristique. Il s'agit bien de moyenne montagne et de mise en valeur touristique, mais à la limite de la notion de tourisme vert tant est important l'impact de la proximité du littoral azuréen.

Conclusion

En dépit des modes écologiques, le tourisme vert en moyenne montagne française est freiné par l'absence de véritable image porteuse. Les emplois induits et toutes les retombées économiques sont hypothéqués par les caractères mêmes de ce milieu naturel : les paysages sont beaux, mais ne sont ni exceptionnels, ni prestigieux. Les infrastructures touristiques sont souvent banales, voire désuètes. Hormis quelques réussites locales, le tourisme vert n'est pas la planche de salut espérée et ne peut être érigé comme modèle économique en moyenne montagne. Le défi lancé à ces espaces disposant d'incontestables richesses touristiques, se heurte à la concurrence d'autres destinations dans le monde, pourvues de sites beaucoup plus spectaculaires et rendues accessibles par l'abaissement des tarifs aériens. La moyenne montagne française n'est pas porteuse d'un « mythe touristique », mais le tourisme vert n'y relève pas d'une totale utopie. Il reste un moyen de compléter un revenu agricole, voire de promouvoir une production régionale. Pour leur survie, les territoires sensibles de moyenne montagne doivent s'orienter vers une économie alternative, associant différents secteurs d'activité comme l'agriculture, le commerce, le tourisme vert, seule porte de sortie, gage de durabilité du développement dans un cadre régional et européen.

Bibliographie

R. BÉTEILLE, *Le Tourisme vert,* PUF, coll. « Que sais-je ? », 1996.

G. BOUET et A. FEL, *Le Massif central,* Flammarion, 1983.

E. CHASSAGNE (sous la direction de), « Le tourisme vert », *in L'aménagement de l'espace rural.* Ena/Documentation française, 1993.

D. CLARY, *Le Tourisme dans l'espace français,* Masson, 1993.

H. GROLLEAU et A. RAMUZ, *Espace rural, espace touristique,* La Documentation française, 1986.

J.-A. MARTIN-CRUZ, *L'Agrotourisme dans la CEE : utopie et réalité,* Bureau européen du tourisme, 1991.

A. SIMON, « La pluriactivité en agriculture dans la montagne vosgienne », *in Moyennes Montagnes européennes,* CERAMAC, 1999.

Ph. VIOLLIER (sous la direction de), *L'Espace local et les acteurs du tourisme,* coll. « Espace et territoire », Presses Universitaires de Rennes, 1999.

P. VITTE, « Tourisme et moyenne montagne en France : mythes et réalités », *in Moyennes Montagnes européennes,* CERAMAC, 1999.

« Moyennes montagnes : vie ou survie – Dossier Vosges », *Revue de Géographie alpine,* n° 3, 1995.

Les équipements touristiques des stations françaises de sports d'hiver

La France est le premier pays touristique du monde. Chaque année, plus de 60 millions d'étrangers et 30 millions de Français y prennent des vacances. Si les littoraux sont la destination favorite des touristes, les montagnes françaises accueillent en hiver huit à neuf millions de personnes, dont plus de 1,5 million sont des étrangers.

Le problème est de comprendre ce qui attire cette clientèle, de savoir ce qu'elle vient chercher à la montagne en hiver et de voir ce qui est fait pour la satisfaire. Le sujet sera traité en trois parties : la première portera sur la demande touristique hivernale, la seconde sera consacrée aux équipements proprement dits, la troisième proposera de caractériser les stations à partir de la diversité des équipements qu'elles offrent.

1. Les montagnes françaises et la demande touristique hivernale

Considérée comme particulièrement hostile jusque dans la seconde moitié du XVIIIe siècle, la montagne a été mise à l'honneur par le mouvement romantique. Au XIXe siècle, elle n'était fréquentée que l'été. C'est au XXe siècle que la pratique des sports d'hiver s'est développée et seulement après la Seconde Guerre mondiale qu'elle s'est popularisée.

1.1. Des montagnes variées plus ou moins favorables à la pratique des sports d'hiver

La France possède un territoire montagnard étendu, mais les massifs ne sont pas également propices à la pratique des sports d'hiver. Celles qui conviennent le mieux sont celles où l'épaisseur du manteau neigeux et sa permanence en hiver sont optimales. Les Alpes sont les mieux loties, surtout les Alpes du Nord, avec de fortes altitudes et une position assez élevée en latitude. Les Alpes du Sud et les Pyrénées sont moins favorisées. Les moyennes montagnes, Massif central, Jura, Vosges, ne sont pas assez élevées pour offrir de vastes domaines skiables. Les inégalités entre massifs peuvent être réduites par l'utilisation de la neige artificielle, qui permet aussi de faire face à la diminution des chutes de neige due au réchauffement de l'atmosphère terrestre.

D'autre part, si les bonnes conditions d'enneigement ont un rôle primordial, d'autres éléments sont à prendre en compte, principalement le beau temps hivernal (ciel lumineux, soleil) qui favorise les Pyrénées, les Alpes du Sud et la partie interne des Alpes du Nord.

Il n'est pas possible d'installer une station n'importe où. Le site idéal est ce que les professionnels de la montagne appellent une « niche », disposition du relief qui facilite l'aménagement des pistes et l'installation de la station. Le relief glaciaire, juxtaposant aux pentes relativement douces des épaulements les pentes fortes de l'auge et des reliefs supérieurs, est celui qui propose le plus de niches exploitables. La niche idéale est à l'ubac, pour qu'un ensoleillement trop important ne mette en péril le manteau neigeux. Les Alpes du Nord sont les mieux loties en sites favorables à l'équipement de domaines skiables plus ou moins vastes. Un des plus importants est, dans le massif de la Tarentaise, celui des Trois Vallées, qui couvre 2 500 hectares.

La situation géographique des massifs est un élément important. Les plus favorisés sont ceux qui sont faciles d'accès et proches d'un « gisement » de clientèle potentielle. À ce titre, les Alpes du Nord sont encore les mieux placées, avec une population importante à proximité (le Sillon rhodanien) et à l'intérieur de la montagne (Grenoble, Annecy, etc.). Dans cette population s'est développée précocement une véritable « culture » des sports d'hiver.

1.2. La demande touristique hivernale

Elle se manifeste au cours d'une saison, l'hiver, qui ne correspond pas à la période des « grandes vacances ». C'est en grande partie pourquoi le calendrier scolaire a été aménagé, avec l'étalement des « petites vacances » d'hiver et de printemps, auxquelles s'ajoutent deux semaines fixes de vacances de fin d'année, au total dix semaines pour accueillir une clientèle familiale. Restent alors, entre les périodes de vacances, environ dix autres semaines pendant lesquelles les responsables des stations cherchent à attirer d'autres clients, seniors, jeunes adultes sans enfants scolarisés, classes de neige. Se pose aussi le problème du fonctionnement des stations hors de la période hivernale. Certaines sont bivalentes, accueillant en été une clientèle pour d'autres activités, randonnée, escalade... Toutes multiplient les actions publicitaires en vue d'une fréquentation optimale (« La montagne, ça vous gagne », en 2003).

La pratique des sports d'hiver a commencé à se répandre entre les deux guerres. Ce furent des débuts modestes, en dépit de la tenue, en 1924 à Chamonix, des Jeux Olympiques d'hiver. Quelques stations commencèrent alors à s'équiper et les premières remontées mécaniques furent installées. Mais ce n'est qu'à la fin des années soixante (JO de Grenoble en 1968) que la vogue des sports d'hiver a pris son essor. En 1972, 3 % seulement des Français allaient aux sports d'hiver. Après une période de croissance rapide, un palier a été atteint à la fin des années quatre-vingt (un peu plus de 7 % en 1990). La croissance a repris après les JO d'Albertville (1992) pour dépasser 10 % aujourd'hui. Sur 100 personnes qui « vont à la neige », 65 fréquentent les Alpes du Nord, 16 les Alpes du Sud, 10 les Pyrénées, les 9 qui restent se répartissant entre les autres massifs, qui ne jouent donc qu'un très modeste rôle.

On assiste, depuis une dizaine d'années, à une diversification de la clientèle hivernale des stations, qui a entraîné une diversification de la demande en activités et donc en équipements. Tout le monde, tant s'en faut, ne s'adonne pas à la glisse, comme le montre le tableau suivant, issu d'une étude réalisée en 2000 par la Direction du Tourisme et la SOFRES.

Principales activités en hiver	Espace montagne pour 100 séjours
sports de glisse	52
promenade	28
visites	7
autres	13

Sur 100 personnes pratiquant un sport de glisse, 88 pratiquent le ski alpin, 26 le ski de fond, 17 la luge, 12 d'autres formes de glisse (le total, largement supérieur à 100, montre que beaucoup de personnes s'adonnent à plusieurs formes de sports).

Cette diversité des activités hivernales entraîne la nécessité d'installer des équipements de toutes sortes, pour la circulation, l'hébergement et la restauration, les commerces et les services et tous les loisirs, au premier rang desquels les sports d'hiver proprement dits, ski alpin, ski nordique, raquettes, randonnée ; s'y ajoutent les installations destinées aux compétitions, pistes de bobsleigh, tremplins de saut…

Qu'est-il fait pour accueillir les touristes, toujours plus nombreux et plus attentifs à la qualité des prestations qui leur sont offertes ?

2. Les équipements

Ils appartiennent à trois catégories, ceux qui permettent l'accès aux stations, ceux qui concernent l'accueil des touristes, ceux qui sont le support des activités proposées à la clientèle.

2.1. L'accès aux stations

Les stations de montagne ne doivent pas grand-chose aux chemins de fer. Les contraintes du relief expliquent la rareté des lignes et les dates tardives de leurs ouvertures. La préoccupation première a été le franchissement des massifs, plutôt que la desserte locale. Dans les Alpes, le tunnel du Mont Cenis a été ouvert dès 1856 ; mais ceux des Pyrénées ont été inaugurés beaucoup plus tard (Somport : 1928, Puymorens : 1929). La ligne qui a le plus contribué à la fréquentation touristique de la montagne est celle de la vallée de l'Arve ; à voie étroite et à crémaillère, elle a, de Saint-Gervais-les-Bains, atteint Chamonix en 1901 et la frontière suisse en 1908.

Aujourd'hui, les touristes qui empruntent le train doivent terminer leur voyage par la route pour accéder aux stations. De très grands chantiers ont été ouverts pour desservir des stations situées à des altitudes de plus en plus élevées. Ainsi, le massif de la Vanoise a-t-il été équipé de routes qui grimpent vers Les Ménuires, Val-Thorens, Pralognan, Courchevel, Méribel, La Plagne, Les Arcs, Tignes, routes dont certaines dépassent 2 000 m d'altitude.

La majorité des touristes arrivant en voiture, il a fallu aménager les voies d'accès aux massifs avec des routes et des autoroutes susceptibles d'accueillir les trafics intenses des périodes de vacances. On ne peut pas construire des autoroutes partout. Même là où elles existent, dans les grandes vallées des Alpes, leur entretien est difficile et coûteux, surtout en hiver. On n'arrive donc pas à éviter, sur les routes ordinaires, les « bouchons », lors des chassés-croisés des vacances (p. ex. entre Moûtiers et Bourg-Saint-Maurice).

À cause du relief, l'avion ne joue presque aucun rôle. Les « altiports » sont, avant tout, des équipements de loisir et des bases pour les hélicoptères de secours.

Malgré les contraintes naturelles, les stations sont, dans l'ensemble, bien desservies. C'est, à l'évidence, une condition essentielle pour leur survie.

2.2. L'accueil hivernal des touristes

Entre les deux guerres mondiales, l'essentiel des hébergements était assuré par l'hôtellerie pour une clientèle aisée. Les constructions d'hôtels se sont alors multipliées. Il s'agissait souvent d'établissements luxueux, fréquentés d'ailleurs bien plus en été qu'en hiver, dans des stations comme Chamonix ou Megève. D'autres, plus modestes, accueillaient des représentants de classes moins fortunées.

Le développement de la demande hivernale, après la Seconde Guerre mondiale, a profité surtout aux résidences secondaires et aux locations meublées, dont la concurrence a provoqué, avec d'autres facteurs comme la raréfaction des grandes fortunes, une crise de l'hôtellerie. Bien des palaces ont disparu, souvent vendus par appartements. Certains subsistent néanmoins, dans des stations anciennes comme Chamonix et quelques-uns ont été édifiés dans les plus grandes stations récentes (Courchevel, Tignes…). Ils bénéficient de la fréquentation d'une clientèle étrangère, qui, souvent, investit dans ces établissements de luxe (Italiens et… Russes). Les petits établissements ont parfois bien résisté, au prix d'importantes rénovations. Toutefois l'hôtellerie ne représente qu'à peine plus de 5 % de la capacité totale d'accueil des stations françaises, estimée à un peu plus de 2,1 M de lits.

Dans les statistiques globales, les résidences secondaires l'emportent largement, avec plus de 1,1 M de lits (53 %). Le plus souvent, il s'agit d'appartements dans des immeubles plus ou moins importants, surtout dans les stations les plus récentes. D'autres immeubles collectifs ont remplacé des maisons individuelles, là où les règles d'urbanisme le permettaient. Après les résidences secondaires viennent les locations, meublés, chambres d'hôtes, gîtes ruraux (28 %). Les autres formes d'hébergement (auberges de jeunesse, centres de vacances…) offrent 14 % de la capacité d'accueil totale.

D'un massif à l'autre, les différences sont considérables, principalement à cause du poids écrasant des Alpes du Nord, où l'on trouve près de 58 % de la capacité totale, répartis entre résidences secondaires, locations, hôtels et autres, dans des proportions analogues à celles de l'ensemble des stations françaises. Les Alpes du Sud viennent loin derrière (17 %), caractérisées par la part très faible de l'hôtellerie, due au fait que les équipements y sont plus récents que dans les Alpes du Nord et que n'existe aucune station ancienne à tradition hôtelière importante. Au total, Alpes du Nord et du Sud renferment les trois quarts de la capacité d'accueil des stations françaises de sports d'hiver.

Le quart restant se répartit entre les Pyrénées (12,6 %), le Massif central (5,3), le Jura (4,8) et les Vosges (2,6), les trois derniers massifs étant caractérisés par une sous-représentation des locations et une sur-représentation de l'hôtellerie et surtout des autres formes d'hébergement (centres de vacances, auberges de jeunesse).

La présence des touristes entraîne celle de nombreux commerces et services. Les uns sont liés à l'accueil des personnes, offices de tourisme, agences immobilières. S'y ajoutent les personnels de santé et ceux affectés à la gestion de la station et à la sécurité. La clientèle des meublés a recours aux commerces d'usage quotidien (alimentation). Des fréquentations plus occasionnelles concernent les commerces de la restauration, les magasins de souvenirs, l'artisanat du bâtiment. Une place spéciale est à réserver au commerce des articles de sport, qui proposent la vente et la location de matériel (skis, raquettes…), de chaussures et de vêtements. Ces commerces et services sont plus ou moins représentés, en fonction de la capacité d'accueil de la station, de son pouvoir d'attraction et des activités qu'elle propose.

2.3. Activités et équipements associés

L'essentiel des équipements concerne les sports de glisse. Ils sont répartis sur le domaine skiable des stations. Les équipements fixes sont les pistes elles-mêmes, pour le ski alpin et pour le ski de fond, et les remonte-pentes, télécabines, télésièges et téléskis, particulièrement visibles dans le paysage, été comme hiver. Pour la préparation et l'entretien des pistes, les canons à neige et surtout les engins de damage des pistes parcourent le domaine skiable. Les capitaux nécessaires à ces investissements sont d'origines diverses.

L'importance de ces équipements traduit celle de la station. En voici deux exemples extrêmes.

L'Espace Aubrac, dans le massif du même nom, est partagé entre l'Aveyron, le Cantal et la Lozère. Quelques communes se sont associées pour équiper de vastes surfaces propices au ski nordique. Les équipements comprennent 35 km de pistes de ski de fond, 15 km d'itinéraires de randonnée nordique (raquettes) et 10 pistes pour chiens de traîneaux. L'absence de niche n'a permis de tracer que trois petites pistes de ski alpin pour débutants, sur le rebord du plateau entaillé par les affluents du Lot.

Au cœur des grandes Alpes internes du Nord, le domaine des Trois Vallées occupe une partie du massif de la Vanoise, sur un quadrilatère de 20 km sur 15. Il s'agit d'une association de stations dont la « locomotive » est Courchevel. On trouve là 600 km de pistes de ski alpin, 130 km de pistes de ski de fond, 200 remontées qui peuvent arriver à transporter jusqu'à 260 000 skieurs par heure ! Une télécabine, qui parcourt plus de sept kilomètres, permet, à partir d'Orelle, dans la vallée de l'Arc, de gagner Val-Thorens et ses pistes. L'équipement des Trois Vallées comprend aussi 1 500 canons à neige et 70 engins de damage. L'encadrement humain est assuré par 320 pisteurs secouristes et par 1 500 moniteurs.

L'équipement des stations comprend aussi des installations destinées aux sports de glace, principalement des patinoires. L'essentiel se trouve dans les Alpes du Nord, où 29 stations en possèdent, contre deux dans les Alpes du Sud, quatre dans les Pyrénées, quatre dans le Massif Central et une seule dans le Jura.

Les installations destinées aux sports de haut niveau, telles que les pistes de bobsleigh ou les tremplins de saut à ski ne sont cités ici que pour mémoire, même si leur utilisation lors de compétitions attire la foule des spectateurs, au même titre que les concours de ski. Les stations qui accueillent ces manifestations en tirent de gros bénéfices, tant sur le plan financier que sur celui de la renommée.

Enfin, les stations cherchent à valoriser leurs installations tout au long de l'année. Celle qui, stations estivales à l'origine, ont monté des équipements pour l'hiver, sont souvent des stations anciennes, comme Chamonix, qui a fort bien réussi cette extension de ses activités. Le problème est inverse pour les stations plus récentes, nées de l'exploitation de leur domaine skiable. Certaines, équipées d'une piscine, d'un golf, de sentiers de randonnée, etc., réussissent à capter une clientèle estivale. Ce sont le plus souvent des stations importantes.

3. Les stations et leur équipement

L'importance et la diversité des équipements, ainsi que leur impact dans le paysage, sont en rapport avec l'importance des stations, qui va servir de critère pour un classement.

3.1. Les grandes stations

Elles ont l'équipement le plus important, le plus visible. Beaucoup sont de véritables villes, avec une gamme très étendue de commerces et de services. Autour d'un centre ancien, plus ou moins bien conservé, s'élèvent toutes sortes de constructions, dues en général à des initiatives individuelles, chalets, immeubles abritant des hôtels et des logements. L'extension du bâti se traduit par le mitage du territoire, surtout si de petites stations se sont implantées en annexe de la station principale (vallée de Chamonix).

Les grandes stations sont entourées, plus ou moins loin, de leurs domaines skiables avec les équipements qui les caractérisent. Les plus visibles sont les pistes et les remonte-pentes. Ainsi, le domaine de Chamonix est-il parcouru par une cinquantaine de télécabines et remontées mécaniques. La plupart de ces stations possèdent aussi une patinoire et une piscine ; certaines ont des installations pour les compétitions de luge, bobsleigh, saut à ski, etc.

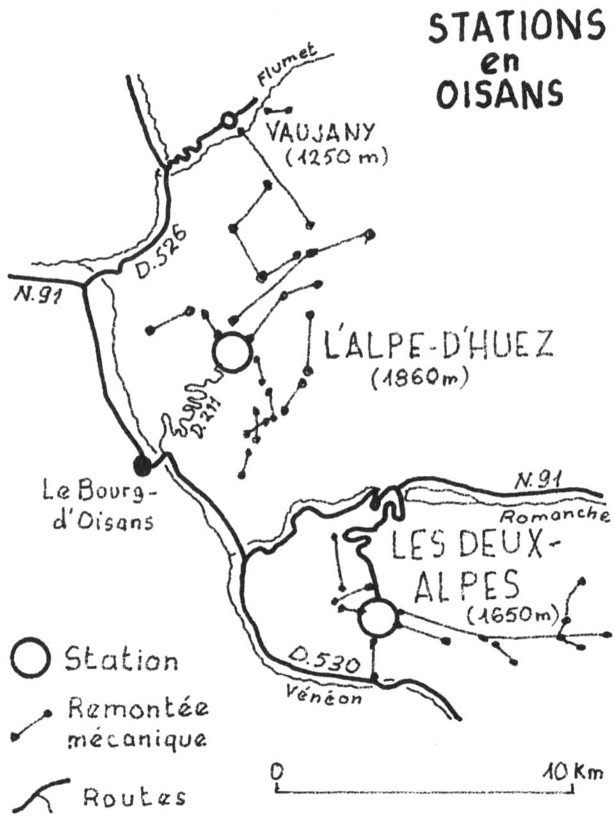

Parmi elles, il faut distinguer plusieurs catégories.

La première est constituée par les stations les plus anciennes, dites de la première génération. Ce sont des stations de fond de vallée, bien desservies, parfois même par la voie ferrée. Leur situation dans les vallées implique une dissociation entre les lieux d'hébergement et les domaines skiables, imposant des déplacements et l'organisation de navettes routières. L'équipement important des stations a été développé progressivement, au fur et à mesure des besoins. Les municipalités se sont fortement impliquées dans cet essor. C'est une des raisons de l'association de la vie de la station avec celle de la commune.

Les toutes premières de ces stations sont à une altitude d'environ 1 000 m. Elles sont nées avant le développement de la pratique des sports d'hiver, soit du tourisme estival (Chamonix, Morzine), soit du thermalisme (Saint-Gervais-les-Bains). D'autres stations se sont développées plus tard, grâce aux sports d'hiver, et se situent à des altitudes plus fortes (Val d'Isère), tout en gardant les mêmes caractères que les précédentes.

Une seconde catégorie est constituée de grandes stations créées *ex nihilo*, presque exclusivement pour les sports d'hiver, ce qui pose le problème de leur fréquentation estivale. Elles partagent entre elles un premier caractère, leur altitude, supérieure à 1 800 m. Elles sont à l'écart de l'habitat traditionnel, au pied même des pistes, qui sont accessibles directement à partir des immeubles. Barres et tours de logements ont un impact considérable sur le paysage, même si les architectes ont parfois cherché à en atténuer la violence (p. ex. par des revêtements extérieurs en bois, style chalet savoyard !). Ces ensembles cohérents n'ont pu être réalisés que grâce à une maîtrise totale du foncier par un concepteur unique qui en a établi le plan, imaginé les équipements extrêmement importants

(p. ex. une soixantaine de remontées aux Arcs) et assumé leur financement. Les municipalités n'ont eu en général qu'un rôle secondaire et les retombées locales sont modestes.

Font néanmoins exception quelques stations anciennes, dites de la deuxième génération, comme Courchevel, dans la création de laquelle le conseil général de Savoie a joué un grand rôle. Méribel, Vars entrent dans cette catégorie. Elles ont servi de banc d'essai aux stations de la troisième génération, celles du « Plan Neige », élaboré dans les années soixante pour équiper les montagnes, principalement les Alpes du Nord, avec l'espoir de les sauver de la désertification. Des capitaux privés ont permis l'acquisition du foncier, et l'aménagement des stations. Ils ont été en partie récupérés par la vente des logements, parfois en multipropriété. Appartiennent à ce groupe des stations comme Val Thorens, Flaine, Tignes, Les Arcs, La Plagne, Les Ménuires et, dans les Alpes du Sud, Isola 2000.

3.2. Les stations plus modestes

Un premier groupe est à rapprocher des grandes stations de la première génération, dont elles ne diffèrent que par une moindre taille. Elles se sont implantées dans de gros villages de vallée, dont les municipalités ont joué un rôle important dans leur création. Mais des ressources financières moindres n'ont pas permis une maîtrise totale du foncier, d'autant plus que les investisseurs privés hésitent à placer de l'argent dans ces stations. La clientèle est surtout régionale. Les stations du Vercors et de la Grande-Chartreuse appartiennent à cette catégorie, comme aussi Valloire et Pralognan et, dans le Jura, Les Rousses. Les stations des Pyrénées appartiennent aussi à cette catégorie, même si elles offrent plus de diversité ; certaines sont nées tôt en complément du thermalisme (Barèges, Cauterets, Superbagnères…), les autres ont été créées progressivement, depuis la plus anciennes, La Mongie, jusqu'aux plus récentes comme Arette ou Gourette.

UNE STATION "EX NIHILO" : LE CORBIER

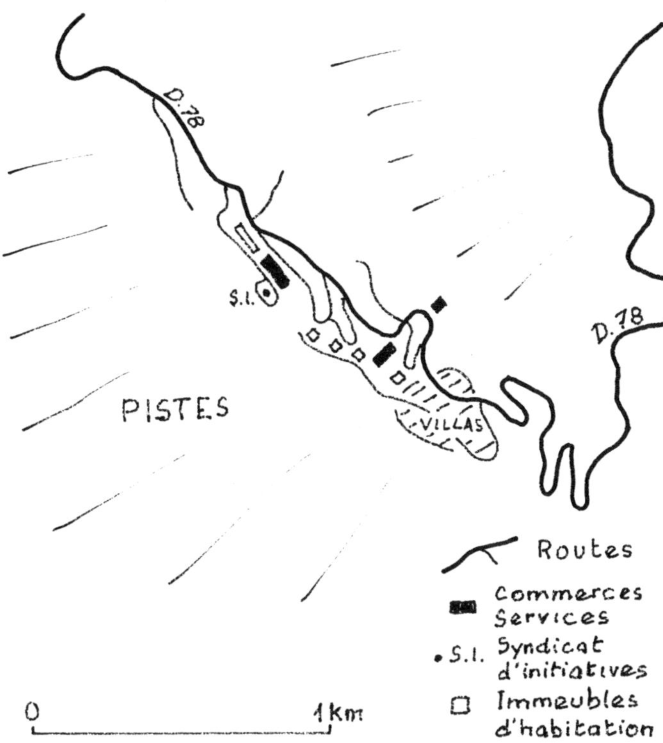

Un second groupe est constitué de stations de moyenne importance, créées ex nihilo, mais qui ne sont pas devenues de grandes stations. Cela tient souvent à l'exiguïté de la niche exploitable (Le Corbier) ou à des circonstances particulières, comme à Val Thorens, où l'échec d'un projet privé a amené la municipalité à s'y substituer, dans des limites plus modestes que celles du privé. Les équipements sont ici seulement moyens, mais l'impact des constructions est fort (Le Corbier).

Vient, pour finir, la catégorie des plus petites stations, créées par les municipalités pour tirer bénéfice, si peu que ce soit, de la présence de la neige. Les conditions sont précaires, à des altitudes ne dépassant guère 1 000 m, avec un manteau neigeux inconstant. Les équipements sont toujours modestes, souvent consacrés au ski de fond. Cette catégorie comprend quelques stations des Vosges (Col de la Schlucht), du Jura (Lamoura), du Massif central (Espace Aubrac, Mont Lozère) et des Pyrénées (Haute Ariège).

Conclusion

L'équipement des stations françaises de sports d'hiver est diversifié à l'extrême. Les causes en sont multiples. Les unes tiennent à la nature ; ce sont d'une part la possibilité que le relief donne d'aménager un domaine skiable, d'autre part l'importance et la pérennité de la couverture neigeuse. D'autres tiennent aux hommes, aux moyens dont ils disposent et à l'histoire des conceptions en matière d'aménagement des stations.

On comprend alors la diversité des sites, de leurs dimensions, des équipements qui y sont installés. Les Alpes du Nord, et singulièrement leurs massifs internes, sont en quelque sorte la vitrine de cette diversité. Les montagnes françaises offrent donc un éventail très large de stations susceptibles de satisfaire les goûts d'une clientèle très variée.

Les espaces de faible densité en France

La logique de basse densité illustre à la fois la situation préoccupante des « déserts » humains et économiques entraînés dans une spirale de déclin, et la bonne santé de régions à la fois vides et prospères où l'espace agricole est riche et nécessite peu d'hommes pour sa mise en valeur. La faiblesse des densités, dénominateur commun à de vastes portions du territoire français, n'est pas limitée aux zones rurales fragiles. Elle comprend des régions diverses, aux réalités parfois contraires. Sera exclu de cet ensemble le domaine montagnard d'altitude où n'existe pas d'habitat permanent, comme la haute montagne alpine et pyrénéenne.

Les espaces français de faible densité forment une diagonale nord-est – sud-ouest, « déchirure centrale » (R. Brunet), des Ardennes aux Pyrénées. La DATAR y a recensé environ 430 cantons « fragiles ». Territoires du vide, ils cumulent à la fois faibles densités, déclin démographique, isolement, agriculture prépondérante et insuffisante diversification des activités.

La faiblesse des densités humaines peut être synonyme de marginalisation, en France, comme en Europe, dans les régions restées à l'écart des axes de concentration des activités. Il s'agit, dans ce cas de terres de départ, frappées par l'exode rural, appartenant à un schéma de déprise. Mais les espaces vides d'hommes peuvent aussi être économiquement productifs.

D'où l'interrogation : un espace rural peu peuplé serait-il inéluctablement condamné ? Le nombre d'habitants au kilomètre carré ne peut évidemment pas suffire à expliquer l'organisation spatiale et le dynamisme de ces territoires. D'autres composantes contribuent à leur caractérisation. L'évolution actuelle reflète des mutations territoriales qui illustrent la grande diversité de ce thème.

Pourquoi, dans ce cadre, donner un sens à la notion de faible densité, sinon parce qu'il y a là un indicateur de vitalité ? L'expression « oser le désert » de Jacques Lévy, est lancée, tel un défi pour l'avenir des faibles densités, car cette composante territoriale reflète bien des spécificités françaises et entre dans un enjeu politique et social actuel sur le devenir des espaces ruraux.

1. Basses densités : essai de définition

La définition des basses densités s'appuie d'abord sur des éléments quantitatifs et spatiaux mais aussi sur leurs composantes socio-économiques.

1.1. Estimation d'un seuil et localisation

Quantitativement la densité moyenne française est de 106 hab/km^2 (1999). Sur la moitié du territoire ne vit que 10 % de la population française. Cet espace rural rassemble ainsi 21 hab/km^2. Cette valeur peut être retenue comme seuil de faible densité et sera abordée à partir des chiffres par canton pour illustrer des situations régionales. L'INSEE distingue les ZPIU (zones de peuplement industriel et urbain) et les zones hors ZPIU qui correspondent plus précisément au rural profond. Actuellement, 96 % des habitants de la France vivent en ZPIU, soit dans un centre ville, une banlieue ou dans le périurbain. Seuls 2 % vivent dans un milieu « infra-urbain » qualifié de rural profond. Un seuil critique de faible densité ne peut, à lui seul, signifier l'irréversibilité de la désertification ni même l'atonie sociale et économique des régions concernées.

La *localisation spatiale* concerne ainsi des régions rurales. La ruralité reste le trait commun de la notion de faible densité. L'épicentre du phénomène correspond au Massif central. D'autres types d'espaces sont concernés : hauteurs ardennaises, plaines limoneuses de l'est du Bassin parisien, Nivernais, Morvan, Champagne berrichonne, Landes de Gascogne, ainsi que les Pyrénées, une partie des Alpes et la Corse intérieure.

La diagonale du vide n'est pas une écharpe continue et régulière. Elle est entrecoupée d'îlots plus densément peuplés, comme la Limagne, le pays toulousain. Au sein même du « désert », des poches de peuplement périurbain forment des enclaves qui se densifient.

1.2. Dans le rural profond en crise, tous les indicateurs sont pénalisants

On peut évoquer quelques indicateurs : très faibles densités cantonales, inférieures à 10-12 hab/km^2, survieillissement de la population, départ des jeunes, retour au pays de retraités, taux élevé de logements vacants. Dans la Montagne limousine, ces indicateurs se conjuguent en une situation catastrophique dans des cantons vidés de leurs forces vives, où le taux de mortalité peut dépasser 20 ‰. Dans les Cévennes, certains cantons connaissent un véritable délabrement démographique : dénatalité prononcée et solde migratoire déficitaire. Dans le bas Berry, à Aigurande, pour 978 décès, le canton n'enregistre que 440 naissances entre 1982 et 1990, avec déficit migratoire. Le Livradois passe de 73 hab/km^2 en 1872, à 20 en 1990. Dans le Morvan, la densité moyenne est voisine de 12 hab/km^2. Ces campagnes peu peuplées appartiennent au rural profond fragilisé par des difficultés économiques et démographiques, par la déprise agricole et sont pénalisées par un contexte d'isolement. D'autres paramètres traduisent la crise née de l'affaiblissement des densités : dans le Cantal en 1980, 14 communes n'avaient plus d'école primaire publique, mais huit ans plus tard on en dénombrait 53. En Corrèze, plus d'une commune sur trois est privée de commerces de base. La fermeture des commerces et services génère elle-même d'autres départs.

1.3. Un rural profond hors crise, en mutation

Il émerge dans des régions encore fragiles, mais en voie de « renaissance rurale » (B. Kayser). Les densités sont faibles, mais le solde naturel est légèrement positif. Le mouvement migratoire inclut l'arrivée d'une population de jeunes actifs, agriculteurs en général. C'est une nuance importante pour l'avenir démographique. Les espaces pastoraux de moyenne montagne dont la densité n'excède pas 15 hab/km^2, peuvent vivre des situations économiques différentes. Dans les années soixante, les Causses semblaient condamnés. Avec une densité extrêmement faible, moins de 2 hab/km^2 sur le Causse Méjean, ils connaissent une dynamique nouvelle, basée sur l'élevage ovin laitier et une filière agroalimentaire active, ainsi que sur le tourisme vert. L'impulsion, venue d'agriculteurs jeunes et motivés, peut ainsi produire une inversion de tendance, enrayant le déclin économique. Le développement de la périurbanisation et la diversification des activités servent de courroie d'entraînement dans ce mouvement de renouveau.

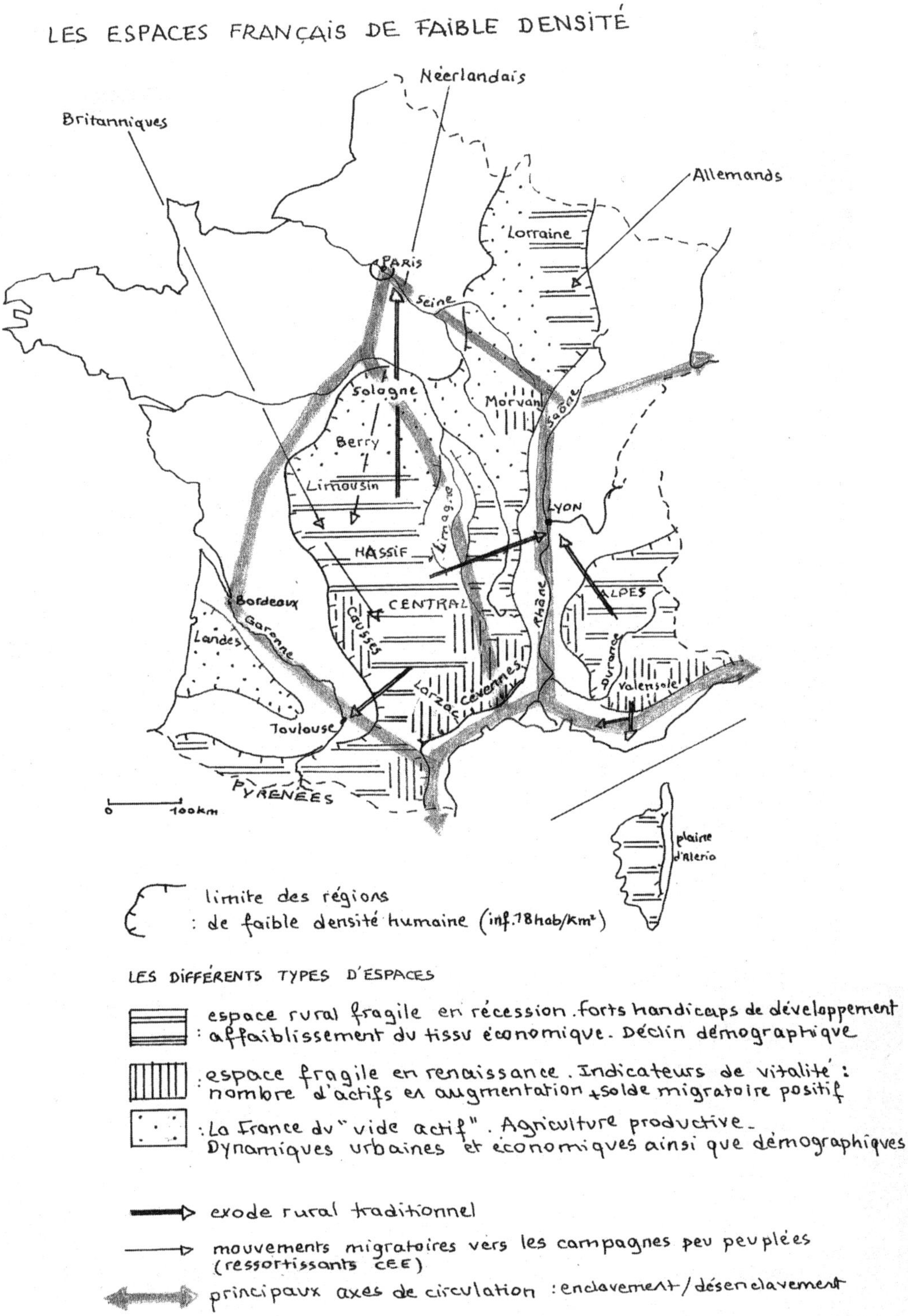
LES ESPACES FRANÇAIS DE FAIBLE DENSITÉ
Néerlandais
Britanniques
Allemands
Lorraine
PARIS
Seine
Sologne
Morvan
Saône
Berry
Limousin
Limagne
LYON
MASSIF
CENTRAL
ALPES
Bordeaux
Garonne
Landes
Causses
Rhône
Durance
Valensole
Larzac
Cévennes
Toulouse
PYRÉNÉES
0 100km
plaine d'Aleria
limite des régions de faible densité humaine (inf. 18 hab/km²)
LES DIFFÉRENTS TYPES D'ESPACES
espace rural fragile en récession. Forts handicaps de développement : affaiblissement du tissu économique. Déclin démographique
espace fragile en renaissance. Indicateurs de vitalité : nombre d'actifs en augmentation + solde migratoire positif
La France du "vide actif". Agriculture productive. Dynamiques urbaines et économiques ainsi que démographiques
exode rural traditionnel
mouvements migratoires vers les campagnes peu peuplées (ressortissants CEE)
principaux axes de circulation : enclavement / désenclavement

1.4. Ce rural fragile en crise ou renaissant s'oppose à un rural actif

Bien que faiblement peuplés, il s'agit d'espaces dont la prospérité vient de leur richesse agricole ou d'autres revenus. Ce sont les riches plaines céréalières de l'est et sud-est du Bassin parisien, qui exigent peu d'hommes pour de vastes surfaces de production. Traditionnellement peu peuplées, ces régions sont marquées par une forte concentration foncière, génératrice de vide humain. Ce « désert » peuplé d'*agrimanagers* qui occupent l'espace à raison de 15 hab/km^2, est dynamisé par une agriculture aux très hauts rendements et par les emplois dans l'agroalimentaire. Il s'oppose en tout point aux espaces déshérités du rural profond. Les valeurs de ce « vide » sont à l'opposé de celles du rural en crise. La dynamique des faibles densités entretient une vitalité démographique et économique dans un contexte privilégié de revenu agricole élevé, d'emplois et de solidité du réseau urbain. Un autre type d'espace rural actif est représenté par des régions autrefois déshéritées, comme la Sologne, les Landes de Gascogne. Les densités sont inférieures à 13 hab/km^2. En Sologne, c'est le foncier des bois et étangs qui donne une valeur économique au vide, vendu comme espace de loisirs, support de chasse. Quant à la forêt landaise, elle a suscité de nouvelles activités industrielles, génératrices d'emplois et de revenu.

La définition statistique et son contenu socio-économique ne peuvent expliquer toutes les disparités et les dynamiques qui conditionnent l'avenir des territoires ruraux faiblement peuplés.

2. Les faibles densités : handicaps et enjeux dans les régions fragiles

2.1. Faibles densités et conditions naturelles

Les zones vides sont souvent d'accès difficile, éloignées des grands axes de passage, aux conditions de vie ingrates où l'occupation humaine a toujours été lâche au cours de l'histoire.

Territoires refuges, les marais et les montagnes servent de lieux d'installation à des minorités religieuses ou politiques : Camisards des Cévennes (avec accroissement de la population), moines de Maillezais dans le Marais poitevin ou de la Grande Chartreuse dans le Vercors. Les facteurs naturels liés à l'insalubrité ont toujours été des freins au peuplement. Les marais littoraux et continentaux, régions humides impaludées, aux sols ingrats, sableux ou vaseux, furent longtemps impropres à l'implantation humaine. Le Marais poitevin, le Bas-Languedoc, la Dombes, la Sologne, les Landes de Gascogne entrent dans cette catégorie d'espaces où les densités humaines ne dépassaient pas 5 hab/km^2. Les actions d'assèchement menées au cours des siècles, en particulier par les moines au Moyen Âge, puis sous l'action d'ingénieurs hollandais au XVIIe, puis au XIXe siècle, travaux de Crouzet et de Chambrelent dans les Landes par exemple, ont permis l'installation de petites communautés de paysans. Pour ces régions déshéritées, les facteurs peuplants sont liés à la mise en valeur agricole et à l'activité de petits centres urbains. Faible densité de population et vitalité régionale peuvent se conjuguer grâce à une agriculture rentable et efficace, une majorité de population jeune et active et à des activités non agricoles rémunératrices : commerces, services, agroalimentaire.

2.2. Le déclin de l'agriculture

L'affaiblissement des densités dans les campagnes autrefois peuplées suit le déclin de l'agriculture, surtout dans des régions caractérisées par des facteurs physiques et économiques aujourd'hui pénalisants. Depuis la fin du XIXe siècle, l'exode rural a saigné les régions de montagne, de hautes terres, où les conditions de mise en valeur devenaient trop difficiles face à l'attractivité des villes. L'hémorragie de population jeune a entraîné un déclin démographique et l'abandon de pratiques agricoles, l'enfrichement et la dégradation des paysages. Les contraintes physiques du milieu, pentes, altitude, climat, jointes à l'évolution des modes de vie moderne, à la mobilité des personnes, ont joué un rôle important dans le déclin démographique des campagnes.

2.3. Les enjeux et les actions de revitalisation

Les bouleversements socio-économiques des régions rurales sont au cœur des préoccupations des politiques, soucieux de freiner la fuite des activités et l'affaiblissement des densités.

Les actions d'aménagement du territoire, complétées par les aides communautaires du programme LEADER en faveur des territoires ruraux sensibles, contribuent à ralentir la déprise, au prix de fortes compensations financières, pour maintenir artificiellement en activité des pans entiers de l'économie rurale. L'intercommunalité joue un rôle important face au défi de la désertification. Ici, c'est l'espace qui représente la richesse, ce que comprennent bien les collectivités qui, dans diverses régions, tentent d'attirer des migrants étrangers pour peupler un territoire du vide et redonner vie à des exploitations. Gérer l'espace vide d'hommes et d'emplois devient un enjeu politique territorial. La réforme de la PAC s'applique ici à lutter contre la déprise agricole et à favoriser l'entretien de l'espace. Le paysage devient une valeur sûre dans un système économique où l'agriculture ne peut suffire à elle seule à générer une dynamique peuplante. Activité compensatrice, le tourisme rural rentabilise saisonnièrement, mais de façon aléatoire, l'espace du vide.

Le maintien sous perfusion des zones rurales dévitalisées s'inscrit ainsi dans une logique de développement durable qui s'appuie sur les seules valeurs porteuses des territoires du vide : l'espace disponible et convoité, dans une société de plus en plus citadine, et la qualité des productions de terroir, gages de survie pour de faibles densités de population.

3. Les dynamiques en cours

Elles peuvent faire basculer ces territoires du vide vers un déclin encore plus accentué ou vers un renouveau économique, ou bien renforcer les régions où faibles densités et dynamisme agricole sont indissociables.

Plusieurs situations illustrent des évolutions différentes.

3.1. Un désert humain sous influence : la Sologne

C'est un espace vide dans l'orbite de la capitale. La rénovation de cette région humide longtemps répulsive date de 1859, avec les grands travaux d'assèchement, l'amendement des terres grâce au chemin de fer qui a permis le transport de chaux et d'engrais, et les boisements. Une période d'expansion et de peuplement s'étend alors jusqu'en 1914, puis les densités s'effondrent et la friche reconquiert les espaces abandonnés, faute de main-d'œuvre.

Aujourd'hui, l'agriculture est en crise et perd 18 % de ses exploitations entre 1979 et 1988. Les densités rurales sont faibles : 14 hab/km^2 dans le canton de Salbris. Pourtant, faible densité et valorisation économique de l'espace ne sont pas contradictoires. Réserves de chasse, résidences secondaires, sylviculture sont des activités non peuplantes, mais rémunératrices, dans cette région située dans la mouvance de Paris, attractive pour une clientèle citadine aisée propriétaire de domaines de chasse. Le maintien de commerces et de services dans les communes urbaines, Romorantin, Salbris, entretient des activités non agricoles et un dynamisme économique sur un support de faibles densités.

3.2. Les déserts français de moyenne montagne

Les densités inférieures à 10 hab/km^2 se localisent essentiellement dans les moyennes montagnes : hautes terres dévitalisées du Massif central en particulier. La faiblesse de densité peut être assimilée à un facteur de marginalisation quand elle n'est pas étayée par des activités rentables. À la fin du XIXe siècle, la densité moyenne des campagnes limousines était de 47 hab/km^2. Le maximum démographique fut atteint vers 1890. Mais l'hémorragie humaine fut foudroyante au début du siècle. En 1950, le canton de La Courtine n'a plus que 18 hab/km^2, 14,9 à Gentioux, sur le plateau de Millevaches. Louis Timbal les considère alors comme « les coins les plus déserts de France ». Quarante ans après, l'effondrement se confirme. Les cantons de la Creuse illustrent la tendance la plus dramatique, archétype de la France du vide. La densité ne dépasse pas 8 hab/km^2 dans le triangle Gentioux, La Courtine, Bugeat. Plus de dix communes, à la limite du Limousin, du Poitou et du Bas-Berry ont moins de 10 hab/km^2. Les signes de marginalisation s'effacent dans quelques îlots dynamisés par l'hydraulique agricole, comme dans le Montmorillonnais, mais globalement le déclin numérique se poursuit malgré la politique d'accueil menée par les collectivités en vue d'attirer des migrants pour peupler le vide. La vitalité est menacée : solde migratoire négatif, plus de 40 % de la population âgée de 60 ans et plus, excédent des décès sur les naissances, fermeture des commerces. Cette situation reflète une réalité préoccupante, mal maîtrisée et confirmée par les résultats du dernier recensement INSEE.

3.3. Des campagnes renaissantes (B. Kayser)

Certains espaces de faible densité sont cependant touchés par une évolution encourageante. La pluriactivité, la fixation d'une population rurale active par des emplois sur place ou dans les centres urbains de la périphérie, le renouveau du petit commerce et des services ne sont pas des facteurs suffisants pour expliquer le mouvement de renouveau en cours. Ils s'appuient sur des initiatives localisées soutenues par des incitations financières communautaires. Malgré un dépeuplement persistant et le maintien de faibles densités, une partie des Cévennes, de la Margeride, ainsi que l'Aubrac connaissent quelques indices de renouveau fondés sur des impulsions significatives. La diminution du nombre d'exploitations est compensée par le rajeunissement des actifs agricoles : en Lozère, dans l'Aveyron, 15 % d'exploitants ont moins de 35 ans. En Margeride, Aubrac, sud des Causses, le taux d'actifs agricoles reste élevé : 50 % à 75 % des actifs totaux. Dans les Cévennes, l'arrivée de néoruraux dans les années 80 a permis le maintien d'activités dans les bourgs et un essor démographique modeste mais salutaire. Dans l'Aubrac, l'amélioration de la production bovine, associée à la promotion d'autres productions comme le fromage labellisé de Laguiole, le développement du tourisme hivernal et estival, la réhabilitation d'un patrimoine bâti, ont impulsé de nouvelles dynamiques grâce au support promotionnel de la coutellerie et de la restauration gastronomique.

L'image de marque de cette région, basée sur le retour de valeurs du terroir, a aussi bénéficié de l'appui efficace de la diaspora aveyronnaise à Paris. Les retombées sont diffuses, il s'agit plutôt d'une ébauche de renouveau qui contribue à renforcer un tissu économique local. La renaissance de ces campagnes reste étroitement attachée à des créneaux économiques ponctuels, associés à une fonction agricole dominante.

Conclusion

Les faibles densités appartiennent à un vaste domaine rural européen, marqué par le poids des héritages historiques et où les mêmes contraintes du milieu ne produisent pas toujours les mêmes effets de déprise. Les vides humains peuvent s'avérer complémentaires des trop-pleins urbains. Les espaces faiblement peuplés ne sont pas des périphéries territoriales, marginalisées par l'avancée des fronts de peuplement urbains et periurbains. Ils peuvent être perçus comme des « poumons », indispensables éléments d'équilibrage du territoire. Certains « déserts » accueillent des activités qui recherchent le calme, l'environnement, l'espace disponible. Le télétravail, le multirésidentiel sont symptomatiques d'une utilisation raisonnée des espaces de faible densité. Dans cette logique du vide, un changement d'échelle s'impose. Il prend en compte des bassins de vie, voire de vastes territoires socio-économiques complémentaires regroupant un maillage de petites villes, un espace agricole, des réseaux relationnels d'échanges entre rural profond peu peuplé et périphéries actives urbanisées. S'appuyer seulement sur des seuils statistiques de faible densité est une approche trop restrictive. Pour le rural profond fragile, elle peut conduire à une « chronique d'une mort annoncée ». D'autres valeurs se substituent à l'image péjorative de la campagne reculée, l'attrait du vide existe et se révèle déjà porteur d'avenir face au défi français et européen que représentent les déserts humains.

Les espaces frontaliers continentaux français

La France possède 2 970 km de frontières terrestres, dont 1 750 km en massif montagneux. Le linéaire frontalier continental le plus long (2 235 km) s'étire du détroit du Pas-de-Calais à la Méditerranée, alors que la frontière franco-espagnole ne représente que 22 % du total. La frontière est une limite matérialisée par une ligne. Cette linéarité se double d'une zonalité, bande de territoire où s'impriment les relations entre les deux nations voisines, lieu de convergence de lignes de force. Cette zone de contact, de passage, sous l'influence directe de la frontière, est dotée de fonctions spécifiques (situation de barrière juridique, relations politico-économiques avec l'État voisin). Ces espaces, dont certains ont subi des fluctuations territoriales, sont marqués par l'histoire et par une identité physique. Interfaces entre deux pays, lieux d'échanges et de circulation, ils sont dotés de fonctions économiques et sociales originales.

Depuis l'édification européenne, les espaces frontaliers continentaux français ont acquis d'autres logiques de fonctionnement. Il n'y a plus, aujourd'hui, de discontinuité géoéconomique ; ouverts et complémentaires, ces espaces servent à fixer les dynamiques européennes et s'articulent en maillages territoriaux spécifiques de part et d'autre de la ligne frontière, selon des nuances régionales. La recomposition actuelle, fruit d'héritages et d'impératifs économiques contemporains, contribue à des représentations nouvelles de la frontière et de ses fonctions. En raison de cette identité, les espaces frontaliers seront évoqués au travers des relations qu'ils entretiennent avec leurs voisins et de leurs dynamiques internes. Caisses de résonance de politiques territoriales et d'interactions locales, ils seront, également, pris en compte à différentes échelles.

La première partie traitera de leur intégration et de leurs fonctions. Ensuite seront abordés les changements affectant leur fonctionnement. Enfin, un essai de typologie mettra en évidence la situation propre à trois catégories d'espaces frontaliers terrestres.

1. Les espaces frontaliers continentaux : intégration et spécificités fonctionnelles

1.1. Des fonctions historiques et militaires

Les limites historiques du territoire français correspondent à des fonctions politiques et militaires. Le « limes » rhénan n'est pas, à l'époque romaine, une frontière, mais la limite de l'occupation militaire. Les régions convoitées du Nord-Est, au contact de l'Allemagne, ont été fortement marquées par les guerres : frontières instables, marges convoitées. Dans l'histoire récente, depuis 1870, les conflits ont laissé des traces indélébiles dans les paysages et les mentalités. Fortifications, casernements, témoignent de la fonction de « défense » de ces espaces frontaliers (ligne Maginot). La frontière, « mode d'organisation de l'espace pour le temps de guerre » (M. Foucher), limite de nationalité, engendre un schéma relationnel d'instabilité et de dangerosité qui caractérise une époque de doutes et d'hostilités. Mais, toutes tensions apaisées, dans l'Europe communautaire, les frontières de la France sont désormais parfaitement intégrées aux logiques frontalières des États voisins.

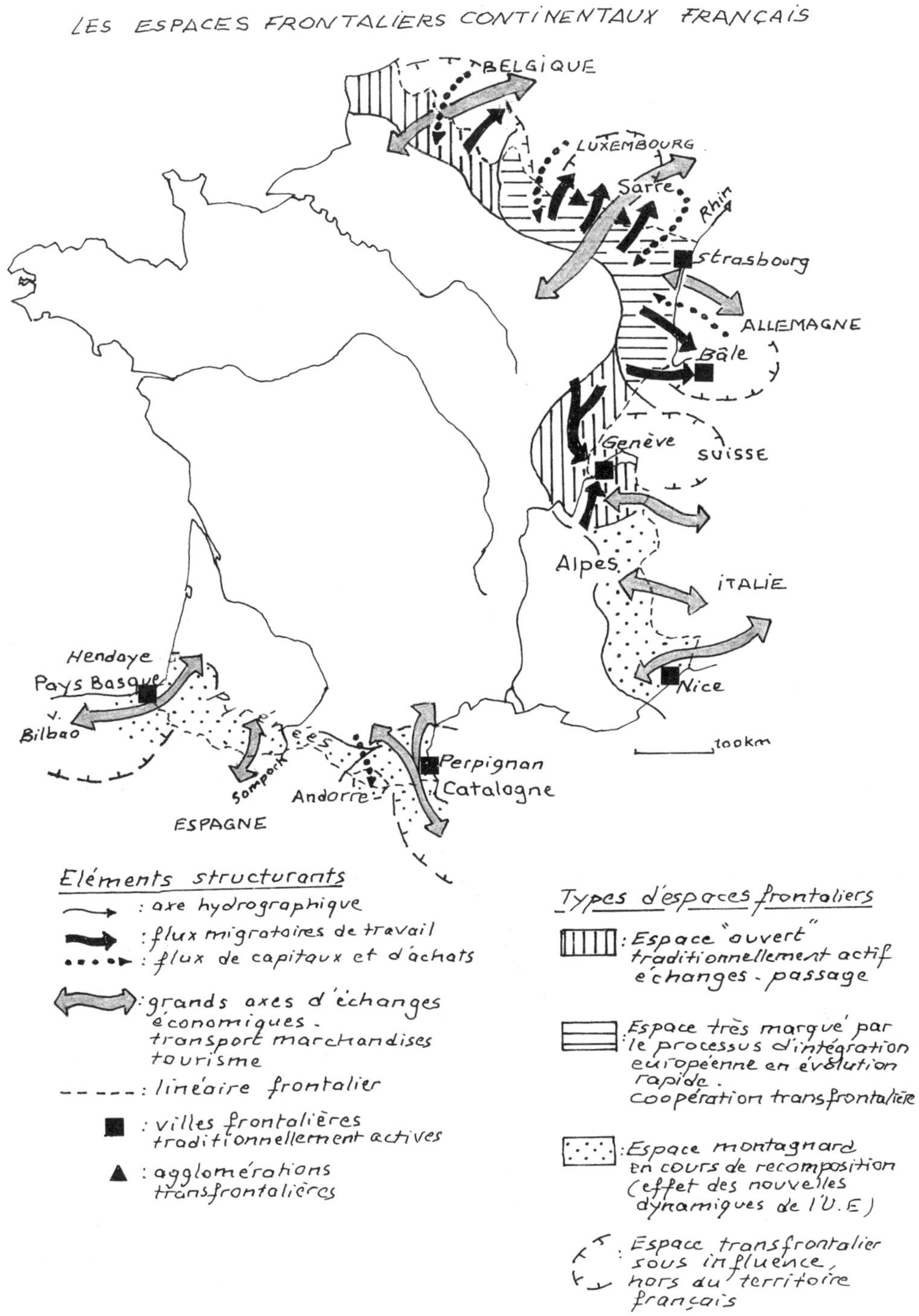

1.2. L'ancrage physique de l'espace frontalier

Il s'appuie sur la topographie, l'hydrographie, ou encore les bornes et les chemins, là où n'existe aucune discontinuité du relief. L'espace frontalier du nord de la France, dans le prolongement des grandes plaines de l'Europe du Nord, frontière artificielle, ne possède pas d'obstacle physique. Par contre, dans les massifs montagneux, les régions frontalières sont plus ou moins facilement franchissables. Le relief du Jura constitue une limite physique, mais n'entrave pas la circulation entre la France et la Suisse, d'autant moins que la frontière ne suit pas la ligne de crête et que, dans le sud du Jura, la France possède la totalité du volume montagneux. Des réseaux anciens de relations entre les communautés montagnardes témoignent de l'existence de véritables échanges liés à l'activité artisanale de l'horlogerie, du bois et aux activités pastorales. L'espace frontalier franco-espagnol, balisé le long du massif pyrénéen, représente une barrière physique étirée d'est en ouest entre des bordures maritimes, lieux de passage privilégiés en raison de l'abaissement du relief. Le tracé de la frontière, avec ses aberrations territoriales (Val d'Aran, Llivia, Andorre, Cerdagne), crée ainsi une discontinuité spatiale à l'origine d'un schéma de relations spécifiques de chaque côté du massif.

1.3. La notion de frontière « naturelle »

C'est une théorie qui émerge au XVIIIe siècle. Elle s'appuie sur des éléments du relief, crêtes, cols, ligne de partage des eaux, cours d'eau. Le Rhin en est l'exemple le plus significatif selon l'idéologie politique de l'époque. « Je vous dirai qu'une idée se répand ici, c'est que la république ne doit avoir de borne que le Rhin », ainsi s'adressait Brissot à Dumouriez. Cette notion, qui se réfère à des objectifs stratégiques, est fortement controversée. Si la référence « naturelle » de la frontière ne se double pas d'un système défensif, l'espace frontalier conserve une fragilité que ne peuvent consolider à eux seuls les éléments physiques. Dans ce cadre, l'espace frontalier est annexé à une logique de pouvoir politique.

1.4. L'espace frontalier est aussi fonctionnalisé

C'est sa raison d'être. Il s'agit d'abord d'une fonction sociale, née de pratiques spontanées entre groupes humains vivant de chaque côté de la ligne et qui ont ainsi construit leur territoire. Flamands, Basques et Catalans sont des exemples de cette continuité sociale et culturelle assurée par les liens quotidiens. La frontière politique, administrative, n'abolit pas les coutumes ni les pratiques ancestrales, elle les valorise au contraire. La langue commune véhicule ces valeurs identitaires parmi les communautés humaines frontalières qui se trouvent davantage liées entre elles par le vécu qu'avec les régions voisines dans leur propre pays.

Dans les Pyrénées, la massivité du relief et l'effet barrière ont engendré des solidarités ou des conflits par-delà les monts. L'agropastoralisme est à l'origine d'accords coutumiers, les traités de « lies et passeries », depuis le XVIe siècle, dans le cadre de la grande transhumance entre la Castille, la Navarre et le pays Euskadi. La frontière est alors gommée au profit de privilèges régissant l'usage des pâturages.

D'autres fonctions apparaissent exclusivement dans les zones frontalières continentales, liées au passage. Il s'agit des fonctions commerciales, de contrôle et de douane à l'entrée dans le territoire et dans le marché national. L'État-nation exerce sa souveraineté par la surveillance des individus et la fiscalité douanière. Avec son corollaire, la contrebande, ce fait frontalier socio-économique est un élément identitaire.

2. Les mutations en cours : du frontalier au transfrontalier

Avec la disparition des barrières douanières au sein de l'Union européenne, on assiste à une recomposition accélérée de ces ensembles territoriaux qui chevauchent la frontière et à l'émergence de nouvelles logiques de fonctionnement, d'où est exclue la fonction militaire. Les stratégies actives qui commandent ces espaces sont avant tout économiques et s'accompagnent de profondes mutations sociales. La fonction d'interface se déplace et intègre aujourd'hui la nouvelle géopolitique européenne issue de la chute du rideau de fer, avec la réglementation de l'espace Schengen (1990), à laquelle s'ajoutent les effets des réglementations de coopération transfrontalière (Interreg).

2.1. Les mouvements migratoires de travail

Les migrations de travail entre espaces frontaliers sont guidées par l'attractivité des salaires. Plus de 24 500 travailleurs frontaliers franchissent le Rhin en direction de l'Allemagne. Dans la zone Sarre-Moselle, l'importance des mouvements est identique : plus de 26 000 « navetteurs » français. La majeure partie de ces mouvements affecte principalement les régions situées au contact de zones urbanisées, industrialisées, pôles de l'Europe active, facilement accessibles. C'est ici, entre Flandres et Léman, que le binôme frontalier s'exprime avec le plus de vigueur.

Les flux les plus denses concernent les « navetteurs » qui franchissent la frontière de la France vers la Suisse, dans la *Regio basiliensis*, la *Regio genevensis* et la *Regio Tri Rhena,* vers l'Allemagne, Alsace-Pays de Bade, Lorraine-Sarre et Lorraine-Luxembourg. D'autres flux, entre France et Belgique, Italie, Espagne contribuent à façonner de nouvelles relations entre régions frontalières qui, de plus en plus, fonctionnent en binôme. Les travailleurs frontaliers composent une catégorie de population spécifique des espaces de frontière. Le processus d'intégration européenne a amplifié ces migrations au cours de la dernière décennie. Attirés par l'emploi outre-frontière, les travailleurs frontaliers français forment un effectif important : 48,7 % du total d'Europe occidentale parmi les pays limitrophes (l'Allemagne, au second rang, n'en a que 11,7 %). Parmi les régions les plus attractives, la Suisse est la destination privilégiée. Genève et Bâle sont des pôles attractifs anciens : 58 000 travailleurs se déplacent vers le canton de Bâle et 45 000 vers celui de Genève. Ces mouvements sont un fait socio-économique qui correspond aussi à des habitudes migratoires de sociétés montagnardes. Ces flux intenses structurent les régions frontalières et leur confèrent des caractères originaux par les relations sociales et économiques qui s'y créent.

2.2. L'attractivité liée à la fonction urbaine des espaces frontaliers du Nord et du Nord-Est

Elle s'est accrue avec l'ouverture de l'Union européenne. Plusieurs réseaux transfrontaliers vivent ainsi en symbiose, définis par l'INSEE comme « agglomérations transfrontalières » : Forbach – Sarrebruck, Sarreguemines – Sarrebruck, Longwy – Athus – Differdange. Ils concernent principalement la région Sarre – Luxembourg – Lorraine. Le caractère transfrontalier du phénomène est révélé par l'évolution du marché du logement. À Esch-sur-Alzette (Luxembourg), la continuité du bâti avec l'agglomération française de Villerupt contribue à créer des flux d'achat d'immobilier par les Luxembourgeois, en France, en raison d'un coût plus faible du bâti. Alors que s'efface le vécu historique de ces frontaliers, se créent de nouveaux comportements dans ces régions où les mentalités sont encore marquées par un passé récent : les fluctuations de la frontière dans le contexte conflictuel des relations franco-allemandes entre Sarre et Lorraine et la crise de la sidérurgie avec la fermeture des bassins miniers. Les nouvelles habitudes de déplacements, d'achat, de part et d'autre de la frontière, contribuent à une recomposition territoriale et à d'autres stratégies de développement.

2.3. L'accroissement des flux de marchandises et l'amélioration des axes de circulation

Ils contribuent à renforcer les relations entre espaces frontaliers et à fixer des activités au contact de deux territoires. L'enjeu consiste à capter les flux pour alimenter des activités économiques sur place. Les grands axes de circulation transalpins et transpyrénéens confortent la fonction traditionnelle de passage des massifs, qui vivaient autrefois du commerce avec le franchissement des cols, et renforcent le poids économique de ces espaces transfrontaliers.

Le long des frontières franco-belge et franco-allemande, des entreprises s'installent pour bénéficier des marchés, de la main-d'œuvre, des infrastructures de communication, de l'espace laissé vacant dans les friches industrielles. Il s'agit d'industries propres, automobile, électronique, appareils ménagers (malgré les espoirs évanouis par la fermeture, en 2003, de Daewoo à Longwy). Les subventions incitatives, selon des logiques concordantes, permettant de compenser les pertes dues à la crise de la sidérurgie et de structurer une zone frontalière avec des emplois et la valeur ajoutée propre à ces types d'industries. La fermeture annoncée de certaines de ces usines signera l'arrêt du pôle européen de développement créé à la jonction de trois espaces frontaliers : Belgique, France, Luxembourg.

2.4. Les migrations touristiques et de loisirs

Elles interfèrent dans le fonctionnement des espaces frontaliers français. La fixation d'activités touristiques dans les régions frontalières est d'abord liée au tourisme de montagne : alpinisme et sports d'hiver sont des centres d'intérêt qui attirent une clientèle d'outre-frontière. Entre les stations « jumelles » de Chamonix et Courmayeur, par le tunnel du Mont-Blanc, s'établissent des flux économiques qui contribuent au développement de l'économie locale. D'autres types d'activités, *ex nihilo*, complètent le dispositif transfrontalier d'attractivité de loisirs. Volontairement installés près de la frontière afin de capter une clientèle étrangère, les casinos en sont un exemple (celui de Divonne-les-Bains est le premier casino français à portée de la riche clientèle suisse). La logique d'implantation des parcs de loisirs est identique, destinés à une clientèle familiale, ils créent une animation dans les zones où existe un fort potentiel de visiteurs (parc Schtroumpf, dans la région de la Moselle).

2.5. Des flux invisibles : la concentration de capitaux

L'un des aspects les plus actifs en cours concerne les achats d'immobilier à proximité de la frontière. C'est le cas de l'immobilier touristique : capitaux italiens dans les stations alpines ou sur la Côte d'Azur, espagnols dans les Pyrénées françaises. C'est aussi le cas des capitaux basques espagnols dans l'immobilier à Bayonne, Biarritz, en raison des risques liés aux investissements dans le pays basque espagnol.

Malgré quelques situations de conflits de voisinage, l'évolution vers une coopération transfrontalière fonctionne dans les faits et concourt à la recomposition des espaces frontaliers. Trois types d'espaces se dégagent : ceux qui restent marqués par des caractères relationnels forts (zones frontalières du Nord, arc jurassien, régions de Bâle et de Genève), ceux qui connaissent des mutations sensibles avec l'accroissement des grands flux d'échanges européens (Alpes et Pyrénées principalement), ceux qui vivent des bouleversements socio-économiques rapides et intenses, anciennes zones d'instabilité politique auxquelles l'ouverture européenne a impulsé de nouvelles dynamiques spatiales (espace frontalier franco-allemand).

3. Typologie

3.1. Des régions frontalières traditionnellement ouvertes dont l'évolution est relativement stable : la zone franco-belge et la bordure entre France et Suisse

La terre de Flandre, frontière « artificielle », est marquée par des valeurs socio-économiques fortes : communauté linguistique, tradition industrielle et minière, passé historique. Les relations de chaque côté de la frontière s'appuient sur l'emploi, le commerce, mais aussi sur l'agriculture. Une complémentarité s'établit ici, précisément en raison de la présence de la frontière : les firmes agro-industrielles prennent appui d'un côté pour soutenir l'agriculture de l'autre. Alternativement, concurrences et accords commerciaux lient les agriculteurs belges et français aux industriels. Les stratégies transfrontalières varient ainsi au gré du pouvoir des organismes professionnels. Face à des risques locaux de protectionnisme, à partir de 1991, l'Union européenne réagit dans le cadre du programme Interreg « projets, territoires et frontières », afin de canaliser les actions vers une coopération transfrontalière avec, par exemple, l'agritourisme ou les bassins de production. Cette région est fortement encouragée à élaborer une euro-région avec Flandres, Wallonie et Kent.

Dans la *Regio genevensis*, l'ancienneté des échanges et des relations nouées avec l'espace, rejoignent la même logique, mais pour une région située hors du cadre de l'Union européenne. L'espace est bien structuré avec la présence de l'agglomération genevoise, attractive pour l'emploi grâce à des salaires plus élevés qu'en France et une main-d'œuvre abondante. Le bassin émetteur principal des « navetteurs » se situe dans l'espace frontalier français : pour l'essentiel, 81,7 % viennent du département de la Haute-Savoie. Les dynamiques économiques de l'espace frontalier genevois sont ainsi basées sur les migrations de travail vers Genève et les flux d'achat, de Genève vers la France.

Ces deux situations illustrent des espaces qui ont toujours connu une dynamique frontalière dont l'intensité reste stable.

3.2. Les espaces en restructuration sur des bases traditionnelles

Dans les massifs, Alpes et Pyrénées, les échanges agropastoraux et commerciaux qui faisaient vivre les communautés frontalières n'ont pas disparu, mais sont transformés. L'exemple des Pyrénées reflète à la fois l'inertie et les dynamiques positives depuis l'entrée de l'Espagne et du Portugal dans l'Europe. Ici, les lignes de force sont méridiennes et s'exercent principalement sur les bordures maritimes du massif. Ces espaces frontaliers reflètent encore une organisation complexe, très hiérarchisée : usages coutumiers pour les parcours et les pâturages (à cheval sur la frontière), enclaves au statut spécial d'Andorre et de Llivia. Les passages transpyrénéens franchissent les lignes de crêtes : pèlerins, troupeaux, marchandises, contrebande, travailleurs saisonniers vers les bassins d'emplois du piedmont, de même que les dialectes, fait culturel identitaire entre les communautés montagnardes. La pérennisation des activités pastorales, le tourisme, l'ouverture par les tunnels du Somport et de Puymorens, les axes autoroutiers du Perthus et de Hendaye-Irun, structurent cet espace frontalier, versant nord du massif pour le côté français. Toutefois, héritages culturels et historiques restent, ici, ancrés dans le schéma de fonctionnement et créent des forces d'inertie préjudiciables à son développement, en particulier à propos de l'utilité des tunnels pour désenclaver le centre du massif. Cet exemple illustre ainsi un espace en voie de recomposition sous l'effet des impulsions européennes, mais qui reste encore figé à cause de comportements et de pratiques hérités.

3.3. Un espace transfrontalier dans la logique d'intégration européenne : les caractéristiques tri-nationales de la *Regio Tri Rhena*

Tous les indicateurs convergent pour définir une bande territoriale dynamisée par l'effet Union européenne. Dans la région du Rhin supérieur, bordée par la plaine alsacienne, l'armature urbaine est consolidée par l'effacement de la frontière ; l'ensemble de Bâle à Mulhouse (Suisse – Allemagne – France) compte 2,2 millions d'habitants. À cette fonction urbaine s'associe celle de passage, le long du fossé rhénan, dans un espace densément peuplé. Ici, l'effet frontière est activé par les contrastes de part et d'autre du Rhin. Alors que les flux de « navetteurs » vont de France vers l'Allemagne ou vers la Suisse (45 000 frontaliers français travaillent dans la région de Bâle) attirés par les salaires, les comportements d'achat incitent plutôt au déplacement inverse : clientèle allemande ou suisse attirée par les commerces côté français en raison de prix plus bas. Dans l'ensemble, malgré les contrastes, ou grâce à eux, l'Alsace bénéficie des mouvements économiques régionaux et européens : les grands bénéficiaires sont l'immobilier, pour l'implantation d'entreprises frontalières, la main-d'œuvre, les commerces et les activités de loisir et de gastronomie. Sur le Rhin, se développe une industrialisation nouvelle avec capitaux européens, japonais, nord-américains et français. L'Alsace redevient un espace rhénan articulé sur de puissantes relations nord-sud. La frontière produit un effet différentiel, au contact de trois États, dont les schémas politiques, économiques, sociaux sont différents, mais complémentaires. Cet espace frontalier, écartelé au cours d'une histoire récente, reste évocateur des mutations contemporaines ayant pour cadre l'intégration européenne, bien que la Suisse n'appartienne pas à l'Union européenne.

Conclusion

Il n'y a plus, parmi les espaces frontaliers français, de « confins » du territoire, voies sans issue aux marges de l'État-nation. Avec l'élimination des frontières de l'Europe interne, tous, y compris à la frontière suisse, sont aujourd'hui intégrés à un processus d'ouverture des échanges. La création de relations institutionnelles entre les zones frontières, comme les Pôles Européens de Développement, contribue à la coopération transfrontalière dans l'optique des Eurorégions. L'interface fonctionne sur des bases économiques et culturelles, encouragées par la consolidation des liens dus au grand marché et aux marchés internationaux pour lesquels les zones frontalières servent de point d'ancrage. Le rôle moteur de la frontière se répercute directement dans le contexte transfrontalier. Elle reste cependant une limite à la souveraineté des États. La juxtaposition d'échelles et les interactions réciproques créent des dynamiques actives au sein des espaces transfrontaliers de même qu'entre ces régions et le reste du territoire national.

Bibliographie

Ouvrages généraux

J. ANCEL, *Géographie des frontières*, Gallimard, 1938.

P. CLAVAL, *Espace et pouvoir*, PUF, 1978.

M. FOUCHER, « Les géographes et les frontières », *Hérodote*, 1984, n° 33-34, pp. 117-130.

M. FOUCHER, *Fronts et frontières – Un tour du monde géopolitique*, Fayard, 1991.

Cl. RAFFESTIN et P. GUICHONNET, *Géographie des frontières*, PUF, 1974.

J.-P. RENARD et P. PICQUET, *Frontières et territoires*, Documentation photographique, La Documentation française, 1993.

A.-L. SANGUIN, *La Géographie politique*, PUF, Coll. Le géographe, 1977.

Thèmes régionaux

Revue *Hommes et Terres du Nord* – « Les espaces transfrontaliers », 1998, n° 1.

P. RENARD, « Modèle et frontière », *Hommes et Terres du Nord*, 2000, n° 3.

M.-F. GAUNARD, *Organisation urbaine et aménagement du territoire dans l'espace transfrontalier sarro-lorrain*, Thèse, Metz, 1994.

V. SOUTIF, *L'Intégration européenne et les travailleurs frontaliers de l'Europe occidentale*, Thèse, L'Harmattan, 1998.

Les montagnes dans l'espace métropolitain français

Les montagnes françaises sont définies par la DATAR en fonction de critères d'altitude (80 % de la superficie communale doit être supérieure à 600 m) et de pente (la dénivellation doit être d'au moins 400 m). Ainsi ont été délimitées huit zones de montagne, soit 116 500 km^2. Dans l'espace français, elles sont essentiellement localisées au sud-est d'une ligne Bayonne – Strasbourg

Parmi leurs traits caractéristiques, il faut relever la disposition interne, propre à chaque massif et leur articulation avec le territoire français et les périphéries européennes. C'est là que se situe la thématique majeure concernant les montagnes dans l'espace métropolitain, sachant que le pluriel utilisé reste le pivot de la problématique. Les enjeux portent, non seulement sur l'évolution des massifs montagneux, avec leurs particularités internes, mais aussi sur leur diversité et sur les liens qu'ils entretiennent avec les autres régions, en France et hors des frontières.

Le plan s'articule en trois parties :

- la place des montagnes dans l'Hexagone, selon leur localisation centrale ou périphérique ;
- les activités et les aménagements où apparaît la place des héritages et des ressources ;
- une typologie articulée sur les défis et les objectifs actuels des massifs montagneux.

1. Les montagnes dans l'Hexagone

Les montagnes sont une composante active du territoire français. Souvent considérées comme des espaces difficiles à vivre, elles contribuent à la diversité de la France et entrent dans une logique de complémentarité d'espaces.

1.1. Massifs périphériques, massifs centraux

Selon leur disposition, au centre ou à la périphérie, les massifs s'intègrent différemment dans l'espace français. La centralité n'est pas une garantie d'insertion et, à l'inverse, la localisation sur les bordures du territoire n'est pas facteur de marginalisation.

Quelques caractères généraux des massifs apportent un éclairage sur les notions d'isolement et de contact.

• Les deux massifs anciens, Massif central et Vosges s'identifient par leur massivité et leur altitude moyenne (points culminants : 1 886 m au Puy de Sancy, 1 424 m au Ballon de Guebwiller). Leur compacité en est un trait majeur : pentes douces mais massifs peu ouverts. Si le Massif central (90 000 km^2) occupe une position apparemment avantageuse au cœur de la partie méridionale du territoire, il reste peu aisément accessible et est considéré comme un obstacle à la circulation dans l'Hexagone. Cependant, il bénéficie de raccords variés avec ses périphéries : plateaux étagés vers la bordure occidentale (Limousin, Rouergue), ruptures brutales, d'origine tectonique vers la vallée du Rhône et le Languedoc (Vivarais, corniche des Cévennes). Ainsi, en contact avec des milieux très complémentaires, il possède là des atouts certains.

Les Vosges, cristallines et gréseuses, souffrent des mêmes traits de massivité, mais, en raison de leur plus faible emprise spatiale, ne sont pas un obstacle aussi contraignant. Leur situation au contact de l'axe rhénan et de la zone frontalière avec l'Allemagne constitue indubitablement une position favorable au massif.

• Les montagnes jeunes occupent une situation périphérique, le long de frontières actives : l'Italie, la Suisse, ainsi que l'Espagne. Le Jura, montagne de moyenne altitude (1 723 m au Crêt de la Neige), s'intègre bien au territoire français par la plaine de la Saône, axe stratégique, et est relié aisément et « naturellement » aux régions voisines (Alsace, Bresse, région lyonnaise, mais aussi la Suisse).

Le massif alpin est bien structuré par ses vallées intérieures, ouvertures favorisant le franchissement. Malgré ses caractères de haute montagne, c'est un ensemble montagneux parfaitement articulé avec ses périphéries (sillon rhodanien, bordure méditerranéenne) et avec le reste du territoire, y compris, par son caractère frontalier, avec l'Italie et la Suisse.

Quant aux Pyrénées (situation méridionale et disposition rectiligne est-ouest), elles restent toujours considérées comme un massif – barrière, difficile à franchir en raison de sa configuration. Ses extrémités, retombées sur deux grands domaines maritimes – atlantique et méditerranéen – et passage vers l'Espagne, contrastent avec la partie centrale, moins favorisée, d'où des disparités dans l'organisation spatiale. Mais l'articulation avec son piedmont (Chalosse, Gascogne, Lannemezan) sert son intégration avec le reste du territoire français.

1.2. Les montagnes françaises et leur organisation interne

Les traits de caractère spécifiquement montagnards, nés du relief et du climat, définissent une problématique dont nombre d'aspects sont associés à l'appartenance de ces massifs au territoire français. Il suffit d'en rappeler les composantes essentielles – pentes, altitude, orientation, climat – et de les interpréter selon les critères de l'organisation territoriale.

• La dictature de la pente est, sans conteste, une des caractéristiques les plus déterminantes, à l'origine d'aménagements humains spécifiques. La dépendance vis-à-vis de la pente reste une base de l'organisation de l'espace montagnard. Elle est associée à l'orientation : entre adret et ubac, la logique spatiale diffère et, selon les époques, privilégie certaines activités, avec une dissymétrie d'occupation humaine.

• L'altitude complète les deux précédents facteurs et définit un étagement des hommes et des activités : dans les montagnes moyennes, jusqu'à 2 000-2 500 m, les effets de l'altitude restent modérés, en revanche, la haute montagne est un domaine marqué par des conditions rigoureuses, voire répulsives (au-dessus de 3 000 m) où la vie humaine se réduit à des foyers ponctuels et saisonniers. Facteur aggravant de l'enclavement et de l'isolement, la neige est devenue un facteur de développement, par la capitalisation de la ressource en eau pour la production hydroénergétique – la houille blanche – et par son utilisation hivernale, le tourisme de neige.

• En corollaire, le réseau hydrographique, dont l'alimentation dépend des caractères pluviométriques propres à chacun des massifs, confère aux régions de montagne un rôle de château d'eau pour l'eau potable, l'irrigation, l'hydroélectricité : ainsi, le Massif central approvisionne trois grands bassins versants français.

La diversité des milieux au sein même des massifs français crée des nuances propices à des modes de développement complémentaires. L'articulation entre les composantes internes des massifs, les caractères identitaires, les héritages et les mutations actuelles représentent un ensemble complexe marqué par les aménagements des sociétés montagnardes.

2. Activités et aménagements dans les montagnes françaises

Les bases de l'organisation traditionnelle en montagne sont associées au rythme des saisons, à l'altitude et à la disposition des vallées. Les limites altitudinales de l'occupation humaine, l'œkoumène, sont définies en fonction des capacités de mise en valeur dans un cadre socio-économique quasiment immuable jusqu'au début du XXe siècle.

2.1. Les héritages socio-économiques

Ils expriment l'interface homme – milieu et restent le support fondamental des activités dans ces milieux marqués par l'isolement et les difficultés d'accès ; c'est ce que confirme l'organisation des communautés paysannes traditionnelles.

• Dans les Pyrénées, la disposition du massif, cloisonné par des vallées de direction méridienne, contribue à créer des isolats et des modes de vie particuliers (cas des « cagots » dans le Béarn, des mariages consanguins). Ailleurs aussi, la présence de communautés monastiques (Chartreux), de sociétés contraintes à l'isolement (Vaudois, Camisards) témoigne du rôle « refuge » des montagnes. Par contre, les relations ancestrales entre les espaces au sein d'un même massif (Val d'Aoste, Pays de Quint), dans le cadre de systèmes économiques complémentaires (les fruitières du Jura), ou entre massifs et périphéries (les colporteurs dans les Alpes, les transhumants dans les Pyrénées avec leurs pratiques communautaires) démontrent le lien étroit, fût-il difficile, existant entre l'homme et son milieu.

• L'agro-pastoralisme, associé à l'exploitation forestière, permet d'exploiter les caractères de l'étagement. Par exemple, dans les montagnes moyennes où l'élevage constitue la principale ressource adaptée aux conditions du milieu, comme en témoignent les traditions fromagères dans le Jura (Comté), les Vosges (Munster), le Massif central (Roquefort, Cantal). De même, dans les montagnes méditerranéennes, la trilogie *ager – saltus – silva* correspondait à des logiques anciennes de complémentarité d'espaces.

L'adaptation aux contraintes climatiques et la mise en valeur des ressources locales (naturelles et humaines) sont à l'origine d'une spécialisation dans le travail de précision, en particulier durant la morte-saison hivernale : bois dans la plupart des massifs, mais surtout dans les Alpes, le Jura et les Vosges, horlogerie dans le Jura, moulinage de la soie dans le Vivarais. Par ailleurs, ceci corrobore les relations étroites avec les bordures de ces massifs (exemple de la « fabrique lyonnaise »).

• Les ressources naturelles, comme le bois ou l'énergie hydraulique, sont à la base d'activités artisanales qui donnent naissance à un secteur industriel actif (papeteries, électro-métallurgie, production d'électricité) localisé le long des axes hydrographiques, conférant aux vallées un rôle important. Ces dynamiques endogènes ont généré un ensemble d'activités qui ont subi des transformations récentes et rapides.

2.2. Les mutations dans les montagnes et le poids des politiques d'aménagement

Après s'être vidées de leurs forces vives durant près d'un demi-siècle, les montagnes connaissent des bouleversements et de nouvelles formes d'organisation. L'inversion des logiques spatiales au sein des massifs en est à la fois la cause et l'expression.

Dans le secteur agricole, l'abandon des versants les moins accessibles et peu productifs s'est traduit par l'extension des friches et l'oubli de pratiques agricoles séculaires.

D'autres priorités apparaissent, issues des changements économiques (émigration vers les zones d'emploi hors des massifs et hors des frontières) et du jeu de la concurrence (celle des laines d'Australie et d'Argentine qui déstabilisa le secteur économique du textile à Mazamet), comme le développement de productions spécifiques de la montagne : labels pour le fromage (le roquefort), pour la viande bovine (race limousine). Ainsi se reconstituent des formes d'organisation économique basées sur d'autres fondements : reconquête de versants, productions de qualité, tourisme vert.

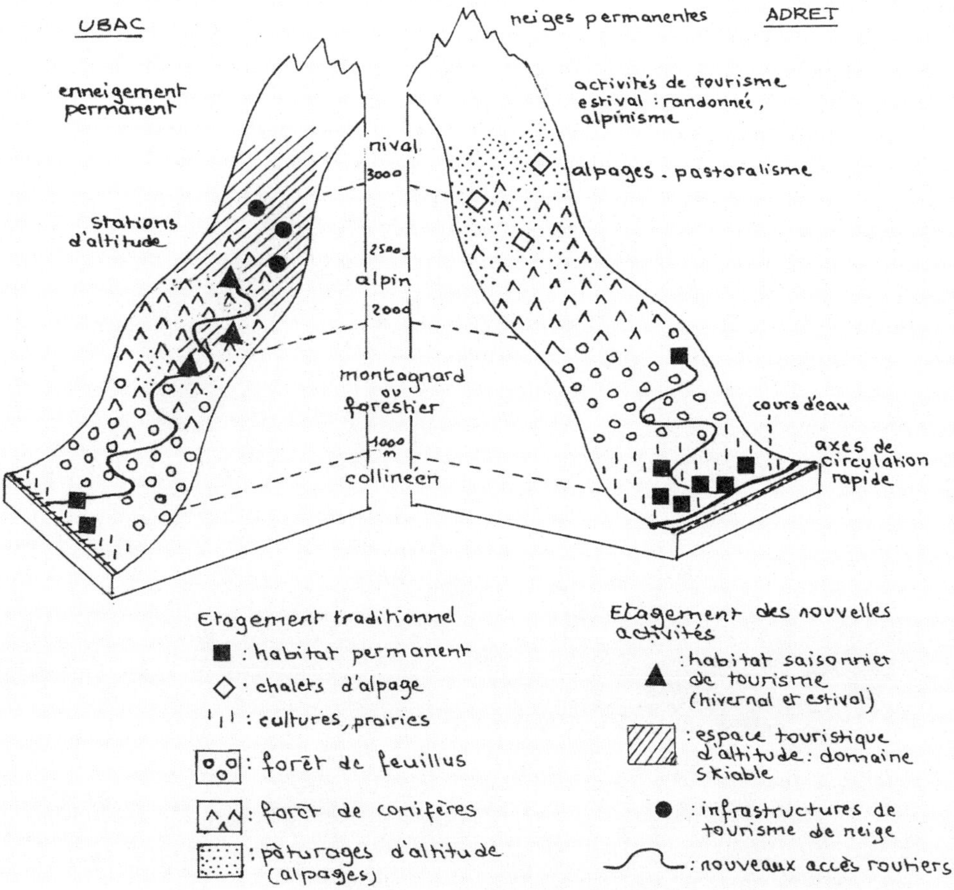

L'ÉTAGEMENT DANS LES ALPES DU NORD

Pour ces secteurs en difficulté, diverses politiques (nationales et européennes) tentent, par une série de mesures, d'aider au développement et à la protection de la montagne (Loi Montagne de janvier 1985, par exemple) par la prise en compte des handicaps spécifiques et le soutien des activités économiques, en particulier dans les massifs défavorisés, par exemple dans le cadre du Plan Massif central.

La révolution de la houille blanche, au début du XXe siècle, a provoqué un véritable « boom » économique pour les montagnes, dont il faut souligner le rôle essentiel dans la production énergétique française : vallées des Alpes (Isère, Drac, Maurienne, Durance), des Pyrénées (Neste, Ossau, lacs d'altitude), du Massif central (Dordogne, Truyère). Axes de fixation d'industries nécessitant la présence d'énergie électrique, plusieurs vallées ont connu un développement accéléré (électrométallurgie du groupe PUK dans la Maurienne et la Tarentaise et dans le Vicdessos pyrénéen). Si la production d'hydroélectricité n'est plus prioritaire, l'équipement des massifs reste un support fondamental qui a permis une restructuration de l'industrie traditionnelle : mécanique de précision (décolletage dans la vallée de l'Arve), électronique (Jura), matières plastiques (Oyonnax) et pôles de haute technologie (ZIRST Grenoble-Meylan).

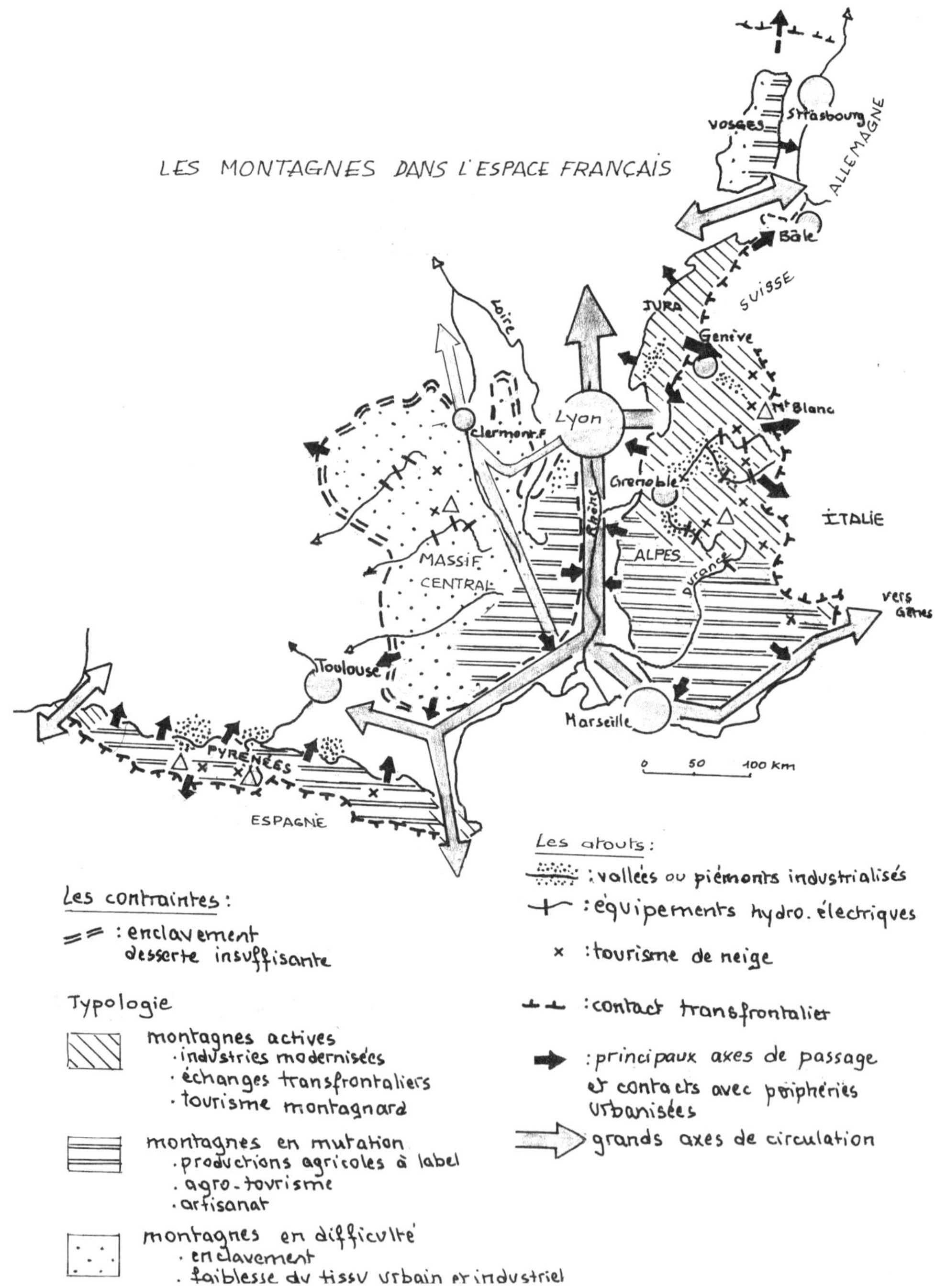

Mais ce sont les mutations socio-économiques nées du développement des loisirs (à partir des années soixante surtout) qui contribuent le plus aux changements en cours dans l'organisation spatiale des montagnes : les espaces répulsifs de l'ubac et des pentes fortes, associés à la présence de la neige, sont valorisés par la révolution de l'or blanc.

Les montagnes disposant des atouts nécessaires, une « richesse insolente » (P. Gabert), sont le plus souvent celles qui connaissaient les plus grandes difficultés de pente, d'enneigement et d'altitude : Alpes du Nord (Megève, La Plagne, Avoriaz, Tignes), Pyrénées centrales (La Mongie). À l'inverse, les montagnes « en demi-teinte », comme le Massif central ou les Vosges, sont pénalisées. La valorisation d'une contrainte, la neige, transforme celle-ci en une matière première à l'origine d'une discrimination spatiale entre massifs favorisés et montagnes moins bien dotées.

Le « capital – neige » est l'expression la plus actuelle des bouleversements, nés d'une logique exogène, qui ont modifié l'organisation spatiale dans les montagnes, selon les massifs mais aussi selon les régions d'un même massif : ainsi, entre Alpes du Nord et du Sud, entre partie interne et externe (Préalpes), entre Pyrénées centrales et bordure méditerranéenne de ce massif. Le plan Neige fait partie de la politique d'aménagement menée par la DATAR. Le massif alpin en a été le principal bénéficiaire en raison du potentiel existant. Les montagnes françaises représentent le plus grand domaine skiable d'Europe : 1 950 km^2, soit 9,5 % de la zone de haute montagne. Ces espaces convoités sont un formidable atout économique.

Ces mutations, très rapides, en particulier l'inversion récente des logiques d'aménagement dans les montagnes, créent des disparités au sein des massifs, d'un massif à un autre et entre les montagnes et leurs périphéries. Une typologie mettra en évidence les caractères de l'évolution en cours, en relation avec les régions périphériques, nationales et européennes.

3. Des montagnes à deux vitesses. Typologie des déséquilibres

3.1. Les massifs anciens, montagnes en crise

Massif central et Vosges sont les « montagnes du vide », handicapées par leur caractère de montagne moyenne et frappées par le déclin de leurs activités de base. La médiocrité des axes de communication internes et de leur accessibilité (pour le Massif central surtout) sont des facteurs aggravants mais non déclenchants. Il s'agit plutôt d'une remise en cause des systèmes économiques traditionnels et de l'absence de grands centres industriels au sein de ces massifs.

La mise en valeur des ressources existantes (élevage bovin et ovin, forêt, paysages), aidée par des politiques de développement soutenant une production de qualité et le tourisme vert (parcs naturels : PNN des Cévennes), a permis d'encourager une diversification des activités dans certains secteurs. Ainsi, au sein de ces massifs émergent des dynamiques régionales : Aubrac aveyronnais (race bovine, fromage labellisé de Laguiole), versant oriental des Vosges (fermes-auberges, fromage de Munster).

Mais les enjeux liés à l'intégration européenne sont étroitement associés à l'articulation de ces massifs avec des périphéries plus ou moins dynamiques (bordure orientale du Massif central et ses liens avec la vallée du Rhône, retombée des Vosges vers l'Est et proximité de l'axe rhénan et de l'Allemagne), ainsi que par l'affirmation de leur identité.

3.2. Montagnes et complémentarités actives

Les Pyrénées, le Jura et la bordure méditerranéenne des Alpes connaissent des difficultés internes mais s'intègrent à des schémas actifs en relation avec l'espace périphérique. C'est le cas des massifs transfrontaliers, Pyrénées, Jura, Alpes du Sud, dont les dynamiques spatiales comprennent les échanges avec les pays voisins.

Le degré de développement est fonction de la nature et de l'intensité de ces relations : entre le Jura et la Suisse, les logiques d'intégration sont anciennes (industries de précision, productions de l'élevage et leur transformation, flux quotidiens de travailleurs). Pour les Pyrénées, le mouvement s'est intensifié lors de l'entrée de l'Espagne et du Portugal dans l'Union européenne, avec, dans le même temps, le glissement des activités industrielles vers l'avant-pays pyrénéen (rôle de l'aérospatiale du pôle toulousain) créant une dynamique d'interface qui bénéficie à certains secteurs du massif (axe Pamiers – Foix – Lannemezan, bordures atlantique et méditerranéenne).

Les Alpes du Sud profitent du même mouvement en fonction des dynamiques nées de l'appartenance à la zone méditerranéenne. L'irrigation de vastes périmètres (plateau de Valensole), grâce à la Durance et au Verdon, permet une revitalisation de l'économie agricole, réponse à une demande accrue de productions fruitières et maraîchères. Les échanges frontaliers avec l'Italie (marchandises, flux d'emplois, capitaux du tourisme) contribuent au développement économique de la partie méridionale du massif alpin.

3.3. Les Alpes du Nord : massif interface privilégié

Les Alpes du Nord possèdent la plupart des atouts nécessaires dans le cadre de leur intégration dans l'espace national et de l'ouverture européenne.

La partie septentrionale des Alpes est servie par sa situation de carrefour et de massif frontalier, au contact de régions françaises parmi les plus actives (région lyonnaise et vallée du Rhône), ainsi que de la Suisse et de l'Italie, et près d'un axe de circulation privilégié (Europe du Nord – région parisienne – couloir rhodanien – Méditerranée). Elle est dotée d'avantages considérables dans le contexte économique actuel : vallées ouvertes industrialisées, piémont actif et peuplé, articulation vers la région genevoise, atouts « naturels » incontestables.

C'est l'exemple le plus accompli d'une insertion réussie aux systèmes économiques actuels. Quelle que soit l'échelle d'approche, les Alpes illustrent la typologie la plus représentative du fonctionnement d'un massif montagneux français, tant au travers de situations locales que sous l'angle plus global de ses articulations avec les territoires national et européen.

Conclusion

Si les logiques actuelles semblent souvent à l'inverse des schémas traditionnels, le poids des spécificités montagnardes et des héritages reste essentiel pour cerner les réalités en cours. Cependant, la mise en réseau des massifs montagneux dans le territoire français et dans l'orbite de l'Europe est le facteur le plus décisif pour expliquer les transformations en cours.

Ces mutations ont conduit certaines régions de montagne vers une marginalisation plus ou moins prononcée, alors que des secteurs auparavant peu favorisés peuvent prétendre au statut d'« eurorégion » et accroître leur pouvoir en raison de leur contribution aux grands courants d'échange transnationaux et transeuropéens.

Forêt et filière bois : le paradoxe français

Le libellé du sujet aurait pu être autre. Il est, toutefois, suffisamment clair pour que l'on comprenne qu'il faille démontrer en quoi la situation de la forêt française et de la filière bois (c'est-à-dire toutes les industries et activités qui se situent à l'aval et aussi à l'amont de la production forestière) est paradoxale.

Or, rien, en apparence tout au moins, ne laisse entrevoir une telle appréciation... et une telle conclusion au devoir. Dans l'Europe des Douze, la forêt française avait, en surface tout au moins, une suprématie écrasante. Dans l'Union européenne des 25, la forêt française est une des plus étendues et arrive immédiatement derrière les massifs scandinaves. Certes, le taux de boisement de la France, 28 %, arrive loin derrière celui des pays du Nord ou des États baltes mais se situe dans la moyenne des pays d'Europe occidentale. Surtout, la France possède un des massifs forestiers les plus diversifiés qui soit. Bénéficiant d'un climat favorable au croît forestier – bien meilleur que celui des pays méditerranéens ou des pays scandinaves – notre pays possède tous les atouts pour obtenir une récolte de bois importante. Étant un pays fortement industrialisé, la France devrait se trouver en position favorable pour développer l'ensemble des industries inhérentes à la filière bois. Or, et c'est ce qui est paradoxal, le bois et les dérivés du bois arrivent au second rang de nos importations, immédiatement derrière les hydrocarbures, même si le déficit a tendance à s'atténuer depuis quelques années.

Nous traiterons le sujet en trois parties : l'apparente force de la forêt française, ses faiblesses bien réelles et celles de l'ensemble de la filière bois, des situations régionales très diverses.

1. L'apparente puissance de la forêt française et sa diversité

1.1. L'importance de la forêt française

Cette puissance provient à la fois de l'étendue et de la diversité du massif forestier français, conséquences à la fois d'une politique ancienne, de conditions naturelles diverses et de structures de propriété assez uniques dans l'Union européenne.

Surfaces et taux de boisement comparés dans quelques pays de l'Union européenne

	Surfaces (M ha)	Taux de boisement (%)	% forêt publique
France	15,3	28	26
Allemagne	10,7	31	56
Espagne	14,4	29	35
Finlande	21,9	72	?
Italie	10,0	34	40
Portugal	3,7	40	17
Royaume Uni	2,8	12	?
Suède	27,1	66	?

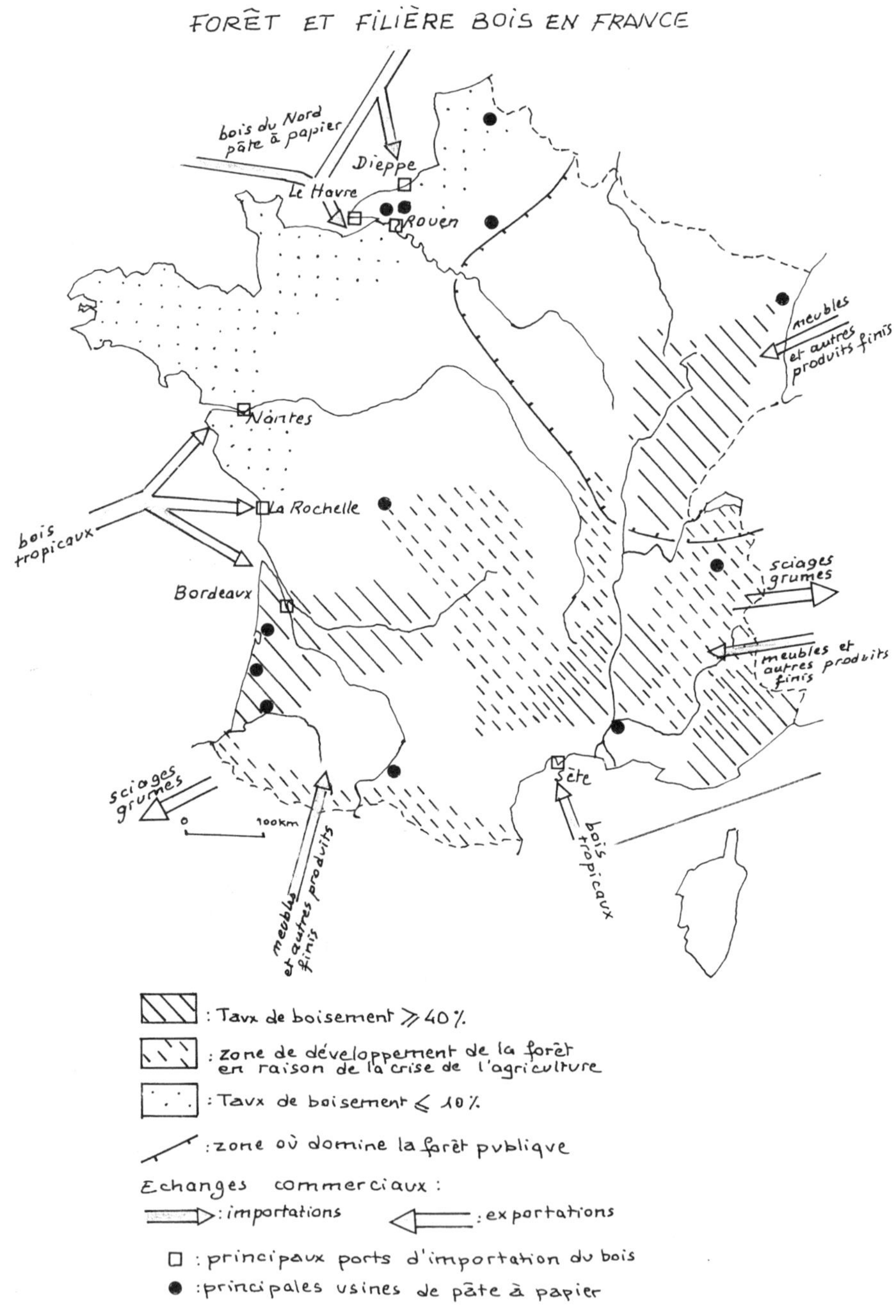

Depuis longtemps, la forêt en France est l'objet de bien des sollicitudes. Déjà, Philippe VI établit un véritable code forestier par l'Édit de Brunoy en 1346. Colbert eut un rôle remarquable en constituant des massifs forestiers (comme la forêt de Tronçais) qui, aujourd'hui encore, forcent notre admiration. C'est à Napoléon III que l'on doit la mise en valeur par la forêt des espaces les plus infertiles (comme les landes de Gascogne et la Sologne) et les mesures de protection des sols de certains massifs montagneux comme dans les Alpes du Sud. La création de l'école forestière de Nancy en 1824 et celle du Fonds Forestier National à la fin de la Seconde Guerre mondiale ont eu, entre autres, une incidence énorme à la fois sur la quantité et la qualité des bois produits.

Cependant, pendant des siècles, la forêt dut faire face à l'assaut des agriculteurs et c'est surtout après la Seconde Guerre mondiale que les surfaces forestières se sont rapidement étendues, profitant, en particulier, de l'exode rural qui a vidé de leur population agricole les massifs montagneux du sud du pays.

La montée en puissance de la forêt française a donc été particulièrement spectaculaire. Depuis 1945, elle est passée de 11 à plus de 15 millions d'hectares. Cette progression est supérieure à celle qui a existé entre 1810 et 1945 avec un rythme de reboisement le plus important de toute l'histoire de France. Les reboisements sont soit spontanés – il s'agit de friches agricoles qui, progressivement, se couvrent de taillis feuillus – soit dus à l'action de l'homme : dans ce cas, les résineux l'emportent de façon écrasante.

Actuellement, la surface forestière par tête d'habitant, avec 25 ares, est la plus élevée de l'Union européenne, pays scandinaves et baltes exceptés, et représente le double de celle de l'Allemagne, sept fois celle du Royaume-Uni et treize fois celle des Pays-Bas.

1.2. La diversité

Bénéficiant de conditions naturelles très diverses en raison de sa position géographique, la France possède une grande diversité de types de forêt et d'essences forestières. Cela va des magnifiques hêtraies en futaies de l'Ouest ou de la montagne atlantique aux subéraies des Maures et de l'Estérel en passant par les sapinières jurassiennes et les chênaies (non méditerranéennes) que l'on rencontre un peu partout. Nombre d'essences semi-précieuses comme les fruitiers (le merisier par exemple) poussent très bien à l'état spontané.

Dans l'ensemble, la forêt française est constituée aux deux tiers de feuillus et pour le reste de conifères. Dans les deux cas, il existe une grande variété des essences : cela oppose la forêt française à la situation qui existe en Scandinavie ou dans les pays méditerranéens.

Non seulement les surfaces forestières françaises augmentent sans cesse mais encore le volume à l'hectare sur pied est en accroissement rapide. En raison de son climat dans l'ensemble plus favorable que dans les autres pays européens (car située en latitude moyenne sur la façade occidentale de l'Europe) les croîts forestiers en France sont supérieurs à ceux des pays nordiques ou méditerranéens et l'on assiste à une forte capitalisation forestière. Tout devrait aller pour le mieux dans la forêt française. C'est le contraire qui se passe et là se situe le paradoxe.

2. Les réalités : la paradoxale faiblesse de l'ensemble de la filière bois française

Cette faiblesse touche la totalité de la filière depuis la production de bois jusqu'à sa transformation. En dehors de quelques notables exceptions, aucun secteur industriel, que ce soit à l'amont ou à l'aval de la production de bois, n'est vraiment performant.

2.1. Une forêt qui produit relativement peu de bois de qualité

Production comparée de grumes et sciages dans quelques pays de l'Union européenne

	Surfaces (M d'ha)	Prod. grumes (Mm3)	Sciages (Mm3)	Taux couverture sciages
France	15,3	20	10	46,8
Allemagne	10,7	22,6	15,7	91,5
Espagne	14,4	7	4,1	35
Finlande	21,9	21,8	12,9	2 990
Italie	10,0	1,8	1,6	31
Lituanie	1,9	3,2	1,3	298
Pologne	9,0	10,6	3,6	92
Portugal	3,7	3,1	1,2	154
Suède	27,1	35	16,7	206

La comparaison avec l'Allemagne est particulièrement pertinente ; avec une forêt de moitié plus étendue, la France produit moitié moins de grumes qui constituent le bois d'œuvre par excellence. Quand on analyse la composition de ce bois d'œuvre, on constate que 12 millions de mètres cubes proviennent des conifères (surtout sapins, épicéas, douglas, mélèzes et pins) et huit seulement des feuillus (chênes et hêtres principalement)... alors que la composition de la forêt française est aux deux tiers feuillue. Par contre, la France produit énormément de petits bois de faible valeur : on estime que la moitié de la production française est constituée de bois de trituration et de chauffage alors que ce pourcentage n'est que de 33 % en Allemagne.

Cela signifie que l'essentiel de la forêt française produit mal : deux fois moins par hectare que la forêt allemande. C'est dire que les croîts moyens forestiers sont bien faibles eu égard aux croîts potentiels : moins de 4 m^2/ha/an alors qu'il serait facile d'en obtenir le double vu les conditions climatiques du pays. Les raisons de cette faiblesse sont multiples et proviennent surtout du fait que la forêt française s'est largement étendue surtout pour des raisons autres que celle de la production de bois. L'abandon par l'agriculture et l'enfrichement de vastes surfaces dans les montagnes, surtout en région méditerranéenne, sont des raisons majeures de la faible productivité de très nombreux taillis venus spontanément et sans intérêt. C'est cette origine qui explique, en particulier, l'émiettement de la forêt privée française. On compte, en effet, 2,3 millions de propriétaires qui possèdent moins d'un hectare de forêt, ce qui représente 8 % de la surface forestière totale du pays. Ceux qui possèdent plus d'un hectare de bois – soit 92 % de la surface boisée – détiennent en moyenne sept hectares. Par contre, les trois quarts de la forêt privée appartiennent à quelque 400 000 propriétaires ayant en moyenne 19 hectares. C'est dire que bien rares sont les propriétaires français qui sont des forestiers professionnels... à la différence de ce qui se passe au Portugal où la forêt privée est proportionnellement plus étendue qu'en France et où le bilan forestier est excellent, surtout si l'on considère qu'il s'agit d'un pays méditerranéen, fût-il de nuance climatique lusitanienne.

Aussi, il est paradoxal de constater que la France doive importer autant de bois d'œuvre de l'extérieur : bois de Scandinavie et bois tropicaux... alors que l'immense massif forestier guyanais est pratiquement inexploité. Encore plus paradoxale est la situation de l'industrie française liée à la forêt.

2.2. L'extrême faiblesse des industries liées à la forêt et au bois

Il est tout à fait paradoxal qu'un pays industrialisé comme la France se trouve à ce point dépourvu d'industries travaillant pour la forêt ou transformatrices de bois.

À l'amont de la forêt, le bilan est triste : la France ne produit pour ainsi dire plus aucun matériel – haches exceptées – pour travailler en forêt. Qu'il s'agisse des tronçonneuses, des débardeuses, des ébrancheuses, etc., tout est importé, en particulier des pays scandinaves, des États-Unis ou d'Allemagne. D'ailleurs, la France reste sérieusement en retard dans la mécanisation de sa forêt. Il a fallu attendre les deux tempêtes de 1982 et, surtout, de la fin décembre 1999 (ouragans Lothar et Martin) pour que soient massivement introduites les machines à couper les arbres. Le travail en forêt, surtout manuel (comme d'ailleurs dans l'ensemble de la filière bois) s'effectuant largement grâce à de la main-d'œuvre étrangère (turque spécialement).

À l'aval de la forêt, la situation n'est guère plus brillante. Les industries de première transformation – les scieries essentiellement – ne sont pas développées comme elles devraient l'être dans un pays industrialisé. La concentration du secteur s'est réalisée bien tardivement. On considère qu'actuellement le prix des sciages français est supérieur de 20 % à ceux que nous recevons des pays de l'est de l'Europe et un quart des scieries souffrent de problèmes de trésorerie. Dans le même temps, la France en est à exporter beaucoup de grumes (plus de 15 % des grumes brutes sont exportées en l'état) et des bois bruts et à importer des sciages résineux. Si la France est exportatrice de sciages feuillus (30 % des sciages de hêtre et 25 % de chêne), le reste de la plus-value est réalisé hors de nos frontières.

Plus en aval, la situation est tout aussi désolante. Dans le secteur du bâtiment et des travaux publics, on assiste à une sorte de descente aux enfers. Tantôt il s'agit du bois qui est plus ou moins éliminé par la concurrence d'autres produits (par exemple par le plastique pour les fenêtres) ou du bois français (le chêne surtout) auquel on préfère des bois étrangers (bois tropicaux, bois américains ou des pays de l'Est). Ou bien encore on assiste à la fermeture ou à la délocalisation hors du pays d'entreprises françaises.

L'industrie de l'ameublement se trouve dans une situation préoccupante. La concurrence de pays voisins comme l'Italie, l'Espagne, l'Allemagne, le Portugal, sans parler des pays scandinaves, est déjà très forte. D'ailleurs, la présence française sur les salons étrangers du meuble est devenue confidentielle. Avec l'ouverture des frontières à l'Est, on assiste à un ample mouvement de délocalisation qui touche le secteur de l'ameublement comme les autres secteurs ; à l'Est, on dispose en effet à la fois d'une matière première de grande qualité et d'une main-d'œuvre peu onéreuse. C'est ainsi que la Pologne attire les producteurs français de meubles. Le groupe François Frères possède désormais une tonnellerie dernier cri en Hongrie. Le scieur Lefebvre, le merrandier Merrain International, des fabricants de meubles comme Interiors et Parisot opèrent depuis quelques années en Roumanie ou en Bulgarie. Sur ce fond de crise, quelques rares firmes arrivent à bien s'en tirer : c'est le cas du groupe Simpa, second menuisier industriel français, ou la société Fournier Frères qui, basée à Thônes en Haute-Savoie, fabrique et commercialise les cuisines Mobalpa ; elle vient d'acheter l'entreprise italienne Sarila spécialisée dans les cuisines haut de gamme.

Échappent aussi à la désespérance des secteurs comme l'emballage, la caisserie et, surtout, la papeterie. Il s'agit d'une véritable exception dans la filière bois. En effet, l'industrie papetière française a connu une croissance soutenue de 3 % par an depuis une vingtaine d'années. Le taux de couverture des papiers-cartons consommés dans le pays est passé de 49 % en 1980 à près de 80 % aujourd'hui. La France occupe désormais la position de huitième producteur mondial de papiers-cartons (derrière États-Unis, Japon, Chine, Canada, Allemagne, Finlande et Suède) et le neuvième producteur de pâtes (avec une production, il est vrai, trois fois inférieure à celle de la Finlande).

En dépit de tous ces paradoxes, forêt et filière bois peuvent avoir, régionalement, une grande importance économique. Évoquons, rapidement quelques cas.

3. Des situations régionales variées

En raison de l'ancienneté de la présence de la forêt et aussi de son importance, forêt et filière bois génèrent plus ou moins de richesses.

C'est dans les montagnes de l'est de la France que la situation est la plus favorable, en particulier dans le Jura. Là, la forêt est la plupart du temps publique, domaniale et surtout communale, et apporte depuis des siècles la prospérité. D'abord sous forme d'exonérations fiscales et d'investissements communaux grâce à l'exploitation de la forêt. Ensuite, grâce à la transformation sur place du bois en productions ayant une grande valeur ajoutée : par exemple c'est dans le Jura que se situe la capitale mondiale de la fabrication des jeux d'échecs et que l'on fabrique les jouets en bois « Jeujura ». C'est aussi dans les départements de l'Est que se situent les scieries les plus performantes.

En Poitou-Charentes comme en Limousin, régions où la forêt privée est presque exclusive : 92 et 95 % respectivement, forêt et filière bois ont une grande importance. En Poitou-Charentes, la filière bois-ameublement est le premier secteur industriel ; en Limousin, l'ensemble forêt et filière bois est le second pourvoyeur d'emplois. Cependant, les taux de couverture forestière sont très différents : 35 % en Limousin contre 15 % seulement en Poitou-Charentes. Dans cette dernière région, les deux tiers du bois transformés sont importés par le port de La Pallice. 60 % des contreplaqués et 50 % des tonneaux français sont issus de cette région. En Limousin, l'industrie du papier-carton est une tradition et l'essentiel de la production de papier pour la reprographie est fabriqué à Saillat-sur-Vienne.

Les Landes, en Aquitaine, sont la forêt la plus étendue d'Europe occidentale. Cette forêt est constituée aux neuf dixièmes de pins maritimes appartenant à des propriétaires privés. C'est donc l'ensemble forestier à la fois le plus vaste et le plus homogène de France. La production de gemme fut à l'origine de la forêt landaise et en assura sa prospérité jusqu'à la dernière guerre. Actuellement, la forêt est surtout destinée à fournir des bois de trituration – pour la fabrication de papier kraft en particulier (papeteries de Mimizan, Facture et Tartas) – et des bois d'œuvre pour la construction et la fabrication de meubles.

À l'inverse, dans les régions méditerranéennes, la forêt est plutôt génératrice de problèmes. Il est vrai que, plus qu'ailleurs, son implantation est due à des causes autres que celle de la production de bois et de produits ligneux. C'est là que la forêt est la plus fragile en raison du climat (sec en été et existence de vents violents) et du relief tourmenté, de la pratique traditionnelle de l'écobuage et de la fréquentation touristique. Les incendies, pour des raisons accidentelles ou non, sont partout à craindre et les coûts pour protéger la forêt méditerranéenne sont énormes.

Conclusion

Forêt et filière bois françaises se trouvent dans une situation extrêmement difficile et, à plus d'un titre, paradoxale. Et les difficultés vont, dans l'ensemble, en s'aggravant. Cela était déjà le cas avant 1990. L'entrée dans l'Union européenne de pays comme la Suède et la Finlande ne s'est toutefois pas traduite par un effondrement de la filière ni même par une détérioration trop marquée de notre bilan commercial. Il y a eu pénétration du marché français mais pas raz-de-marée. L'ouverture des frontières à l'Est (pays de l'Europe orientale et Russie avec son milliard d'hectares de forêts exploitables) donne des frissons aux forestiers et industriels du bois français. Les optimistes considèrent que la France pourra encaisser le choc – comme après l'entrée de la Suède et de la Finlande dans l'Union européenne – ne serait-ce que parce que ces pays essaient, autant que faire se peut, de transformer leurs bois sur place. À l'avenir, ce serait donc moins la forêt que l'industrie du bois française qui serait touchée. Les pessimistes n'arrivent pas à cacher leurs préoccupations pour l'ensemble des productions et se demandent si le secteur a encore un avenir en France.

Nature, naturalité et protection en France

Le libellé pose un problème de définition des termes du sujet (cela est assez classique) et présente un petit piège (cela arrive parfois).

Les termes à définir sont, bien évidemment, ceux de nature et naturalité. Dans l'absolu, est naturel tout ce qui ne découle pas de l'action humaine : climat, topographie, faune, flore, etc. Par contre, la naturalité relève de la nature dans des espaces qui peuvent être très fortement artificialisés. Même dans les zones urbaines – il n'y a pas d'espaces plus anthropisés – certains éléments naturels ne sont jamais absents comme le climat ou la topographie (encore qu'ils puissent être plus ou moins modifiés) et même des éléments de la végétation naturelle (voulus ou non par l'homme) peuvent être présents. Dans un pays industrialisé et urbanisé comme la France métropolitaine, l'espace est largement transformé et exploité par l'homme. Bien rares sont les lieux où la nature n'a pas, à des degrés divers, été le théâtre de formes de mise en valeur. Des estimations considèrent que seuls 11 % de la surface du pays entrent dans la catégorie des espaces naturels faiblement artificialisés, depuis les sommets des hautes montagnes jusqu'aux estrans. Il n'existe donc guère de milieux « naturels » en France ; c'est pour cela que J. Demangeot estime qu'un milieu peut être considéré comme naturel jusqu'à un certain degré d'anthropisation. Jusqu'à quel degré ? Le problème est là. Les paysages agraires, comme le bocage, sont-ils naturels ? En aucun cas, mais le degré de naturalité du bocage peut être élevé par opposition aux autres paysages d'enclos faits de murettes ou de clôtures métalliques. Un paysage de terrasse est-il naturel ? Encore moins, mais la naturalité reste prégnante ne serait-ce qu'à cause des pentes.

Quant à la protection, de quoi s'agit-il ? A priori, dans un pays aussi artificialisé que la France, on pense d'abord à la protection de la nature ou au maintien de la naturalité face aux agressions humaines. Mais, *a contrario*, il s'agit aussi de la protection de l'homme et de ses activités, contre la nature.

De fait, pendant très longtemps, les Français ont surtout été préoccupés de leur protection contre les éléments naturels. La nature a représenté un danger dont il fallait se libérer en faisant les aménagements nécessaires. Dans cette optique – et le jardin « à la française » en est le témoin – l'idéal français a longtemps été de domestiquer la nature. Aussi, par rapport aux Anglo-Saxons, la prise de conscience que la nature était menacée est récente en France. D'où la nécessité de prendre des mesures de protection de plus en plus contraignantes.

Nous traiterons le sujet en trois parties :

- l'homme menacé par la nature et les mesures de protection ;
- la nature et la naturalité sur la défensive et le problème de leur protection ;
- le dilemme entre la protection de la nature et le développement économique.

1. L'homme menacé par la nature

Jusqu'à la première révolution industrielle du milieu du XIXe siècle et la mécanisation de l'agriculture au XXe siècle, les Français ont été, essentiellement, préoccupés de leur sécurité et de celle de leurs biens face aux adversités naturelles. Les menaces étaient fort variées et différaient sensiblement selon les milieux (montagnard, de plaine, de vallée, de marais…). Parmi les menaces les plus générales, il y avait les trop fortes précipitations occasionnant un peu partout des inondations et, surtout sur les pentes, des glissements de terrain – donc la destruction des sols –, des dommages aux bâtiments. On redoutait aussi les maladies propagées par les eaux, les avalanches, les incendies provoqués par la foudre.

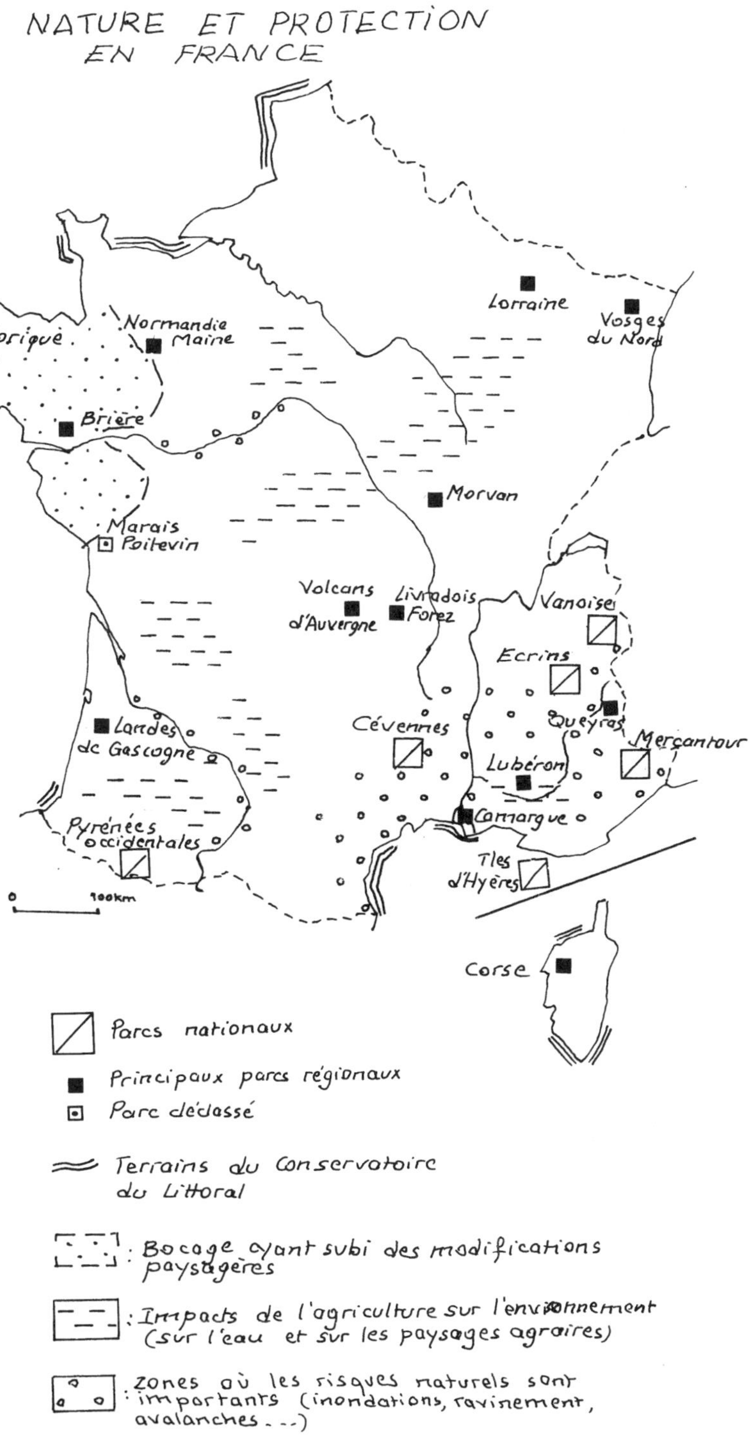

Il est fallacieux de croire que les hommes n'occupaient que les espaces protégés et que l'habitat n'était installé que dans les sites protégés... alors qu'il n'y avait pas de « sitologues ». Certes, les bons sols ont été les premiers mis en valeur, les espaces abrités ou favorisés par la nature occupés dès les temps les plus anciens. Mais d'autres considérations pouvaient interférer : la sécurité ou la pression démographique au moins sur un plan local. Si bien que tous les types d'espaces, même ceux présentant des dangers, ont été peu ou prou peuplés et exploités.

Aussi, pendant des siècles, le Français n'a pas eu d'autres préoccupations que de se protéger de la nature et, si possible, dominer la nature. C'est dire que, très tôt, des travaux qui nous apparaissent aujourd'hui pharaoniques – vu les moyens qui pouvaient être mis en œuvre – ont été entrepris et réalisés.

Parmi ceux-ci, citons la fixation du lit des cours d'eau et le drainage de marais littoraux ou de vallées. Dans tous les cas, il s'agissait d'espaces considérés comme dangereux mais qu'il fallait mettre en valeur en raison de la pression démographique. Là est certainement le fait le plus important bien qu'assez peu connu ; tant il nous apparaît maintenant évident que les rivières aient toujours coulé à l'intérieur de berges bien définies et fixées une fois pour toutes. En fait, ce travail immense a été accompli en plusieurs siècles et ne s'est achevé qu'au XXe siècle pour le Rhin par exemple. Ainsi, pour faire suite aux plaintes incessantes déposées, au XVIIe siècle, auprès du roi par les habitants du Val de Loire, un réseau complet de digues (les « turcies », ou levées, dont certaines ont commencé à être construites dès le XIIe siècle) a été bâti. Dans le même temps, nombre de marais ont été drainés : c'est ainsi que le marais Vernier a été asséché et les rieds en Alsace ont été largement drainés. De même, des marais littoraux ont été partiellement ou totalement asséchés (comme le Marais breton) et des polders ont été construits – grâce au savoir-faire des ingénieurs hollandais – aussi bien dans les Flandres que dans la baie du Mont Saint-Michel ou sur le littoral atlantique. Dans les Flandres, par exemple, des organisations très réglementées, les Wateringues, dès le Moyen Âge, ont procédé à l'assèchement des zones humides en plaines ou en vallées humides. On savait gérer l'eau et l'on procédait alors à des réalisations spectaculaires comme le détournement de la haute Sensée vers la Scarpe dès le XIe siècle. Le delta du Rhône n'a pas été épargné et est devenu un espace occupé d'abord par un vignoble de masse puis par des rizières.

Bien d'autres travaux ont été accomplis pour protéger les hommes et les cultures. C'est à la pratique de l'agriculture que l'on doit nos paysages agraires les plus remarquables. Ceux-ci étant uniquement le résultat implicite des pratiques agricoles. La construction multiséculaire des terrasses, les différentes formes de bocage sont dues, pour une part plus ou moins importante, à la nécessité de protéger les cultures (et, a priori, les sols) ou les habitats. Les premiers reboisements dans les Alpes du Sud ont été surtout des mesures de protection.

Mais, les besoins de sécurité vont grandissant et, en dépit de moyens de plus en plus puissants, les Français sont loin, au début du XXe siècle, d'être à l'abri des catastrophes naturelles. On se souvient encore des gravissimes inondations qui ont sinistré Paris en 1910. Aussi, la lutte contre la nature – on dit aujourd'hui la lutte contre les risques naturels – se poursuit, d'autant plus que, pression démographique et/ou touristique aidant, des espaces spécialement exposés (dans les vallées, en montagne ou sur les littoraux en particulier) sont très convoités. La grande hydraulique, qui apparaît après le premier conflit mondial, devient un moyen efficace pour lutter contre les inondations. Toutes sortes de mesures sont adoptées pour faire face aux risques naturels. Notons, en particulier, la loi de 1982 sur les catastrophes naturelles qui prévoit l'établissement d'un plan de prévention des risques pour toute commune sujette aux risques dus à l'eau, aux avalanches ou aux séismes. La lutte ne saurait s'achever vu que certains risques – par exemple ceux provoqués par les ouragans Lothar et Martin les 27 et 28 décembre 1999 – ne sont pas prévisibles au-delà de quelques jours et encore moins évitables.

Cependant, aujourd'hui, la nature semble être plus menacée que les populations et les économies. Même les espaces les plus remarquables sont en danger ; c'est le cas de la baie du Mont Saint-Michel que la sédimentation accélérée rattache de plus en plus rapidement aux polders du fond de la baie. C'est pour cela que les mesures de protection de la nature et de la naturalité sont aujourd'hui si nombreuses.

2. La nature en danger

Les Français ont bien tardivement pris conscience du fait que la nature pouvait être menacée et, plus tard, que leur environnement se dégradait. Les pollutions générées par l'industrie, surtout la première révolution industrielle, les excès de l'agriculture productiviste mettant à mal aussi bien la nature que ce qui reste de naturalité dans les milieux néo-naturels ou ceux façonnés par l'homme, l'hyperpression touristique et la saturation des littoraux, l'imperméabilisation par le bétonnage de vastes surfaces due aux énormes extensions urbaines et aux infrastructures (de transport, de production d'énergie, etc.), tout cela n'a pas peu contribué au succès des mouvements écologistes et à la prise de mesures de plus en plus nombreuses de protection de la nature. Celle-ci semblant gravement menacée y compris dans les endroits les plus inaccessibles. Qui plus est, les Français prennent aussi conscience que les excès de l'anthropisation engendrent de nouveaux risques encore plus difficiles à combattre : par exemple, on met désormais, à tort ou à raison, les inondations sur le compte du débocagement et du bétonnage.

Il a toutefois fallu attendre 1898 pour qu'un premier site, celui des cascades de Gimel en Corrèze, soit classé. La loi de 1906 fixe les premiers principes de la conservation et la protection des sites et monuments naturels. En 1927, la Camargue devient la première réserve naturelle. C'est cependant après la Seconde Guerre mondiale qu'une cascade de mesures sont prises pour protéger la nature. Il s'agit de mesures défensives pour ainsi dire. D'autres s'attaquent aux causes même de la dégradation de l'environnement : c'est dans cette optique que les pratiques agricoles, en particulier, font l'objet de toutes les attentions.

Ces mesures sont essentiellement adoptées à deux niveaux : national et européen.

Au niveau national, il est bien difficile de dresser un tableau complet des mesures de protection. Citons seulement quelques textes qui sont essentiels. Avant la guerre, une loi est prise en 1930 qui concerne les sites classés remarquables, inscrits à l'inventaire des lieux protégés. Notons que cette mesure vient bien tardivement : les premiers parcs nord-américains sont créés dans la seconde moitié du XIXe siècle. Après la guerre, les dispositions se multiplient. La prise en compte croissante des questions environnementales dans la vie politique, sociale et économique génère une législation sans cesse plus contraignante. La DATAR atteste que l'aménagement ne peut se concevoir en dehors d'une vision globale du fonctionnement des milieux. En 1970, est créé le Ministère de l'Environnement et, en 1976, la loi de protection de la nature impose l'environnement comme préalable aux opérations d'aménagement et institue l'obligation de réaliser des études d'impact.

Dans ce cadre législatif et réglementaire sans cesse plus étoffé, sont prises quelques décisions importantes. Citons-en seulement quelques-unes. Les réserves naturelles sont créées en 1957 : on en compte plus d'une centaine dans tous les types de milieux naturels. La protection rigoureuse des espèces végétales et animales est assurée dans un intérêt scientifique. Certaines réserves s'étendent sur plus de 3 000 ha comme celle des Aiguilles Rouges dans les Alpes, le Luberon, la baie de Somme et le parc naturel de la Grande Brière. La loi de 1960 donne à l'État la gestion des parcs nationaux : il y en a quatre en haute montagne (Vanoise, Écrins, Mercantour et Pyrénées occidentales), un dans les Cévennes et un autre est insulaire (les Îles d'Hyères). Le décret de 1967 institue les parcs régionaux gérés au titre des contrats de plan. En 1998, on en comptait 34 couvrant quelque 8 % de la surface nationale. Contrairement aux parcs nationaux, leur nombre s'accroît sans cesse. Parmi ceux-ci, le parc de la montagne corse est le seul à placer la lutte contre les incendies au premier rang de ses missions.

Les zones naturelles d'intérêt écologique, faunistique et floristique (ZNIEFF) sont plus récentes et comportent un double zonage (milieux locaux et grands ensembles naturels peu modifiés). Elles se situent tant à l'intérieur qu'à l'extérieur des parcs.

Signe des temps, l'aménagement du bassin de la Loire, confié à un établissement public, l'EPALA, s'effectue, depuis 1994, dans le cadre du plan « Loire grandeur nature ».

Aujourd'hui l'environnement est un thème politique porteur et la montée en puissance des idées écologiques – bien plus que celle des partis écologistes eux-mêmes – favorise la prolifération des associations de défense de la nature qui interviennent systématiquement dès que l'on envisage de construire une grande infrastructure (du type autoroute, TGV, port, barrage…) ou même une modification mineure de l'environnement.

Dans le même temps, le législateur se soucie de la protection des paysages agraires sensibles. Désormais, on ne peut plus entamer une procédure de remembrement sans tenir compte des aspects environnementaux et paysagers. Il n'est plus question, comme dans la région de Loudéac, de passer brutalement d'un paysage bocager à un openfield mosaïque. De même, tout ce qui a trait à la naturalité, dans son sens le plus large comme la production de produits agricoles de qualité, a le vent en poupe. La France, par opposition aux pays anglo-saxons, se caractérise par le grand nombre de labels et d'appellations d'origine contrôlée.

Toutes ces mesures sont approuvées et même renforcées par Bruxelles.

Au niveau européen, la défense de la nature est devenue une priorité. En dépit du fait que l'environnement dépende de la subsidiarité des États, sa protection est devenue une des priorités de l'Union européenne. Et l'Europe intervient de plus en plus sur les questions environnementales. Déjà, en 1979 et 1992, ont été prises les directives « oiseaux » et « habitats » qui mettaient l'accent sur la protection des sites et des espèces. De façon plus générale, dès 1992, l'Europe a mis en œuvre un plan de sauvegarde de la biodiversité et a été créé, en 1994, le réseau de sites protégés Natura 2000. Huit pour cent du territoire français sont inscrits au réseau contre 15 % en moyenne dans l'Union. Les sites les plus étendus se situent en Sologne, sur les régions du littoral charentais, dans les Cévennes, les arcs alpin et jurassien. Toutes les régions françaises sont, peu ou prou, concernées par Natura 2000.

C'est aussi à Bruxelles que l'on doit l'abandon de la primauté de l'agriculture productiviste et, au contraire, les incitations à une agriculture plus respectueuse de l'environnement avec la mise en jachère programmée de certains espaces. Toutes les initiatives en faveur des agriculteurs, des produits « biologiques » et de l'agriculture dans certains espaces sensibles, comme les montagnes, sont à verser à ce dossier. En Limousin, par exemple, les primes en faveur de la production de viande (ovine ou bovine) en extensif représentent une part croissante – et désormais indispensable – du produit agricole.

Toutefois, tout ne va pas pour le mieux. Ainsi, en ce qui concerne Natura 2000, les difficultés de la mise en place du réseau et les retards pris en France sont bien révélateurs de la difficile cohabitation entre la volonté de préserver l'environnement et le besoin de développement économique, fût-il durable.

3. Le dilemme de la protection de la nature et du développement économique

En vérité, des contradictions fortes existent entre les objectifs publics et communautaires de protection et les actions menées sur le terrain en faveur de l'occupation de l'espace et du développement local. De fait, les conflits entre les différents acteurs – entre différentes professions ou différents usages, entre le privé et les pouvoirs publics, entre citadins et ruraux, entre Paris et Bruxelles – sont innombrables. Or, les acteurs sont très divers et les conflits, désormais, surgissent dans les situations les plus variées ; d'aucuns exigeant, au gré des circonstances, tout et son contraire.

Que faut-il faire, par exemple, pour doter la France de grandes infrastructures – de type autoroute ou TGV, lignes à très haute tension – tout en protégeant l'environnement dans son sens le plus large : éviter les forêts et les espaces agricoles particuliers (comme les vignobles de qualité), ne pas tronçonner l'espace pour ne pas gêner les migrations d'animaux (comme celles des batraciens par exemple), ne pas dénaturer les paysages ? Comment faire face à la pression touristique – qui implique sans cesse plus de logements et d'infrastructures de tous ordres (routes, aménagements divers) – en montagne ou sur les littoraux ? Comment, en région méditerranéenne, concilier ici l'augmentation de la population, là les usages traditionnels (comme l'écobuage) et la lutte contre les incendies ? Même problématique en montagne avec le développement extraordinaire des sports d'hiver : comment résister au désir d'occuper des espaces laissés vides… mais soumis au danger des avalanches ? Comment concilier l'introduction de prédateurs comme l'ours ou le loup sans mettre en danger des formes, très fragiles, d'élevage extensif dans des montagnes dépeuplées ?

Nous gardons en mémoire nombre de combats mémorables. Par exemple celui de la réouverture du tunnel sous le Mont Blanc à la suite d'un accident mortel ; celui du percement du tunnel du Somport et du passage dans la vallée d'Aspe qui se trouve dans le parc national des Pyrénées Occidentales. Chaque année, en Aquitaine, nous assistons au face-à-face haineux entre les chasseurs, désirant maintenir en l'état des traditions, et les mouvements écologistes soucieux de protéger la tourterelle en réduisant la période d'ouverture de la chasse… conformément aux directives de Bruxelles.

Désormais, tout devient conflit. Les études d'impact sont de plus en plus difficiles à réaliser tant les intérêts sont incompatibles. Nous sommes entrés dans une ère de conflits d'usages, alors qu'autrefois les conflits opposaient des usagers.

Le règlement des conflits peut devenir très difficile quand une action oppose des valeurs environnementales différentes. Ceci arrive systématiquement dans le domaine de l'énergie. La France a choisi, depuis une trentaine d'années, le nucléaire pour assurer son indépendance dans le domaine de la production électrique. EDF ne cesse de clamer que c'est une énergie propre… car ne produisant pas de gaz à effet de serre. Les mouvements écologistes insistent sur les graves dangers que ce type d'énergie peut générer sur l'homme et l'environnement. En conséquence, ces mouvements prônent le développement des énergies renouvelables. Mais, dans le même temps, ils s'opposent à la petite hydraulique… pour des raisons environnementales. Maintenant, on assiste à un tir de barrage contre l'éolien. Tout ceci pour les raisons les plus diverses.

Avec Bruxelles, les relations ne sont guère paisibles. Les oppositions à Natura 2000 sont virulentes de la part des agriculteurs, des chasseurs et des forestiers qui craignent que le projet européen ne crée des « réserves d'Indiens ». De vives polémiques ont éclaté un peu partout comme dans l'estuaire de la Gironde ou en Camargue. Les conflits ont été si nombreux que la France a été condamnée par la cour de justice européenne pour les retards pris dans la mise en œuvre des mesures environnementales. Dans le même temps, le conseil d'État français a fait annuler la moitié des listes de sites proposés par l'Europe.

Tous ces conflits, qui génèrent d'âpres confrontations entre des acteurs les plus divers, ne se terminent pas toujours en faveur de l'environnement. Ainsi, le parc régional du Marais poitevin a-t-il récemment perdu son statut, acquis en 1979, du fait des extensions de terres agricoles (pour la culture du maïs en particulier) et de la construction de l'autoroute Nantes-Niort. Dans d'autres cas, ce sont les mesures de protection de l'homme contre les excès de la nature qui manquent d'efficacité. Par exemple, rien n'a pu empêcher les eaux d'envahir Nîmes en 1988 ni Redon en 2001.

Conclusion

La mise en valeur et la protection de la nature et de la naturalité d'une part, la protection des hommes contre la nature d'autre part, s'inscrivent souvent en confrontation, en raison des intérêts divergents des différents acteurs qui agissent sur l'espace. Cependant, la protection des milieux naturels gagne sans cesse du terrain. La cause de la nature semble l'emporter de façon décisive. Pour toujours ? Rien n'est moins sûr. Les équilibres sont difficiles à trouver surtout dans les espaces très fragiles où la désertification semble inexorable. C'est toute la problématique actuelle de l'aménagement. Il convient pourtant d'éviter d'opposer développement et environnement ; il faut les faire coïncider aussi bien à l'échelle nationale que locale. Cela relève souvent de la gageure. Parler de développement durable est aisé ; sa mise en œuvre se révèle souvent très difficile.

Les grands estuaires français, leur place en France et en Europe

Un estuaire est la partie terminale d'un fleuve. Il comprend le cours inférieur du fleuve lui-même, dans lequel la marée se fait sentir, puis une partie élargie en un véritable bras de mer. En France, les estuaires sont localisés sur la façade atlantique ; dans la Méditerranée, les fleuves se terminent par un delta, dont la construction est favorisée par l'absence de marée. Sur l'Océan et la Manche, de profonds estuaires permettent à la mer de pénétrer loin à l'intérieur des terres. Trois d'entre eux présentent des analogies ; ce sont, du nord au sud, l'estuaire de la Seine, celui de la Loire, enfin la Gironde, estuaire commun à la Garonne et à la Dordogne. L'estuaire de la Somme, au nord de la France, celui de l'Adour, tout au sud, sont de dimensions trop modestes pour être comparés à ceux qui viennent d'être cités. Ce ne sont pas de « grands » estuaires.

Bien que très éloignés les uns des autres, les grands estuaires ont entre eux assez de points communs pour mériter une étude comparative. Situés sur des mers parmi les plus fréquentées du globe, ils offrent des sites privilégiés, qui sont inégalement mis en valeur. Il s'agit de montrer ces différences, d'en comprendre l'origine et de voir quels sont les atouts de chacun des estuaires, en France et en Europe.

Le sujet sera traité en trois parties : les points communs, les différences, l'importance au sein de la France et de l'Europe.

1. Trois estuaires qui se ressemblent

Ils pénètrent de 50 à 100 km à l'intérieur des terres et ont très tôt attiré les hommes.

1.1. La formation des estuaires et leurs caractéristiques physiques

Ils sont situés au débouché de vallées où coulent des fleuves importants.

	Débit moyen	Longueur	Bassin versant
	m^3/s	km	km^2
Seine	450	780	79 000
Loire	875	1 020	115 000
Garonne	690	575	56 000
Dordogne	405	472	24 000

Le tracé des vallées est en rapport avec des déformations tectoniques. La Seine suit une faille qui fait partie des accidents SE-NO de Haute-Normandie. La Loire recoupe les plis armoricains à la faveur d'une ondulation E-O qui les prend en écharpe. La Gironde est orientée du SSE-NNO, parallèlement aux déformations saintongeaises, qui expliquent l'obliquité de l'estuaire par rapport à la direction générale N-S du littoral océanique.

Les estuaires sont dus aux oscillations du niveau de la mer qui ont accompagné les changements climatiques du Quaternaire. La régression préflandrienne (– 100 m env.) a entraîné le creusement des vallées (méandres submergés de la Seine). La transgression flandrienne a ensuite noyé ces vallées et créé les estuaires (9 000 – 8 500 BP).

La marée est sensible loin en amont sur les fleuves (Rouen sur la Seine, Mauves sur la Loire, en amont de Langon sur la Garonne). Les courants liés aux marées limitent l'ensablement et empêchent la formation de deltas. La rencontre des eaux douces et des eaux marines favorise néanmoins l'alluvionnement et la formation de « bouchons vaseux », pauvres en oxygène. La pollution apportée par les fleuves et par les activités humaines sur les côtes renforce les effets des bouchons vaseux. Le passage des grands migrateurs (saumon, alose…) et la vie des espèces locales (esturgeon de la Gironde) sont rendus plus difficiles.

Les estuaires n'en sont pas moins des milieux naturels originaux qui accueillent une faune variée. Les marais sont fréquents sur les rives ; certains ont été préservés (« écharpe verte » entre Nantes et Saint-Nazaire), mais d'autres ont été asséchés (Marais Vernier sur la basse Seine). L'extension des activités humaines risque de faire reculer ces lieux de vie.

1.2. Les avantages des sites et leur valorisation

Les estuaires sont de bons abris pour les navires, bien que ceux de la Seine et de la Loire soient ouverts à la houle d'ouest et que la nébulosité gêne parfois les manœuvres. Ce sont des voies de pénétration dans l'intérieur du continent. Mais le dragage des chenaux et le recours à des pilotes sont onéreux. Les trois estuaires sont relayés par des fleuves qui sont ou ont été navigués. La Loire a été un axe majeur de navigation fluviale ; la Dordogne (avec Libourne) a joué aussi un rôle important, ainsi que la Garonne reliée, tardivement il est vrai, au Canal du Midi. Aujourd'hui, seule la Seine est naviguée.

Les trois estuaires ont bénéficié de l'ancienneté des navigations vers les mers du nord de l'Europe, mais ils ont aussi souffert des raids des Vikings, jusqu'à ce que les Normands se fixent de part et d'autre de la basse Seine au début du Xe siècle. Ensuite, les trafics se sont multipliés vers l'Angleterre, la Hollande, l'Allemagne, les pays de la Baltique (rôle de la Hanse). Des ports se sont installés en amont, sur les fleuves, loin de la haute mer : Bordeaux, Nantes, Rouen. L'ouverture de l'Atlantique par les grandes découvertes fut une véritable révolution. Les ports se développèrent et spécialisèrent leurs relations, Rouen avec l'Amérique du Nord et les Antilles, Nantes également avec les Antilles, Bordeaux avec l'Amérique du Sud, l'Afrique et l'Asie. Les trois ports accrurent aussi leurs relations avec l'Europe septentrionale (rôle du vin dans les trafics de Nantes et de Bordeaux).

La création d'avant-ports fut rendue nécessaire par l'accroissement de la taille des navires et le développement des trafics de passagers, pressés d'emprunter au plus vite le chemin de fer. Le Havre, port de guerre depuis 1517, devient port de commerce au XVIIIe siècle et port de passagers au milieu du XIXe, tout comme Saint-Nazaire. Sur la Gironde, l'avant-port du Verdon, créé en 1933, fut détruit pendant la guerre et ne reçoit aujourd'hui qu'un très modeste trafic de conteneurs. En même temps que les ports, les villes de fond d'estuaire se développèrent. Les activités commerciales (redistribution des produits importés, regroupement des produits à exporter) et industrielles (industries navales et transformation des produits) prirent de plus en plus d'importance.

L'évolution récente n'a pas été la même dans les trois estuaires. Tous ont connu de graves crises, mais à des degrés inégaux. Il en résulte qu'aujourd'hui, les trois estuaires offrent entre eux des différences sensibles qui paraissent l'emporter sur les traits communs.

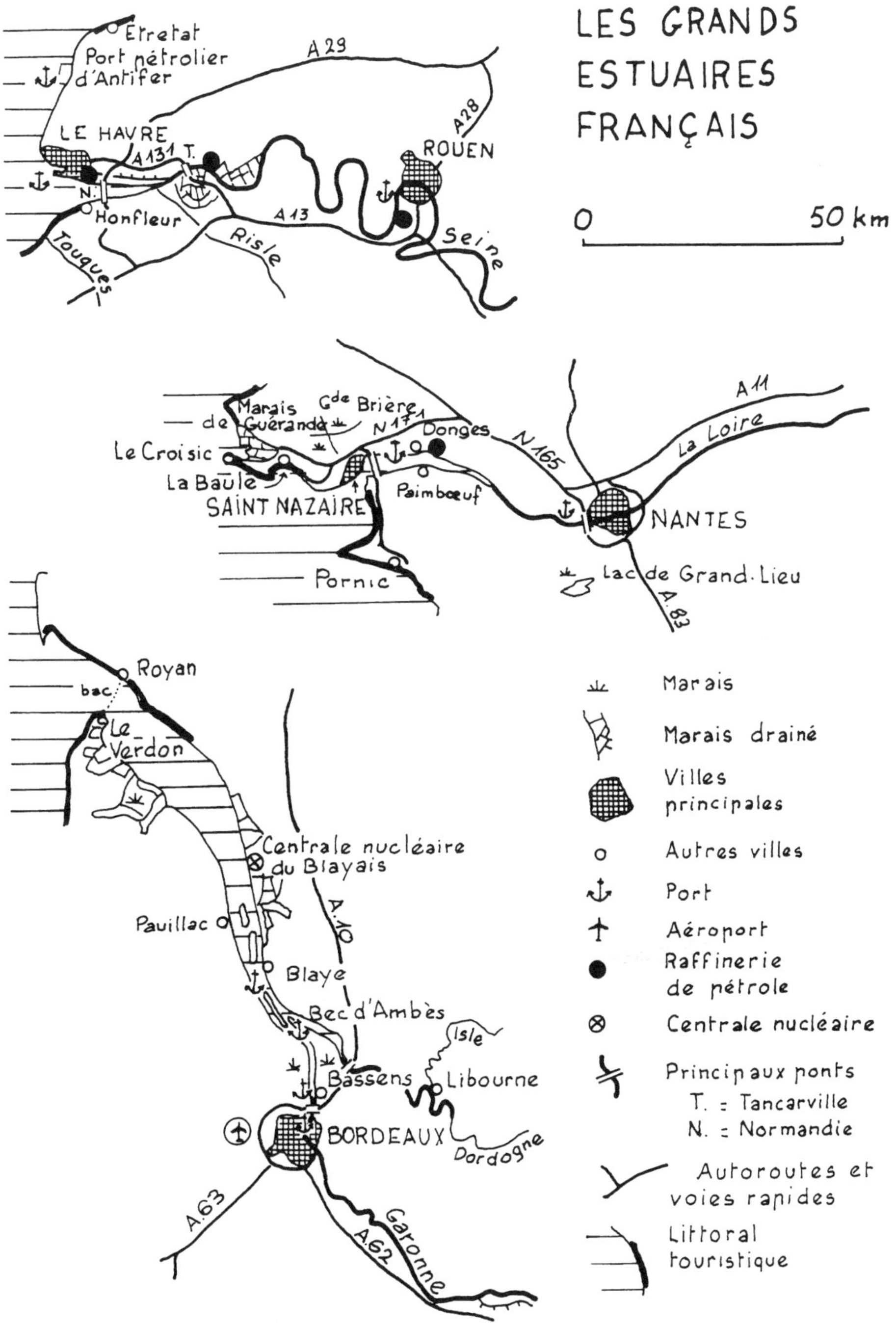

2. Les estuaires aujourd'hui

Les estuaires sont des centres de peuplement. Autour de celui de la Seine et de la basse vallée du fleuve, du Vaudreuil au Havre, vivent 1,5 millions d'habitants, population relativement jeune avec une forte proportion d'immigrés d'Afrique noire et aussi d'Europe. La Loire et la Gironde regroupent chacune un peu moins d'un million de personnes. Ce sont des lieux de grande activité, concentrée dans les ports et dans les villes.

2.1. Les ports

Les différences entre eux s'accentuent et leurs installations sont d'inégale importance.

Le complexe portuaire de la basse Seine est partagé entre deux ports autonomes, intégrés au sein d'un Groupement d'Intérêt Économique (GIE). Celui de Rouen étend ses emprises jusqu'aux portes du Havre. Il ne possède pourtant que trois bassins à Rouen même. De nouvelles installations ont été créées en aval (Saint-Wandrille, Port-Jérôme et même Honfleur). Les inconvénients de la situation loin à l'intérieur des terres deviennent manifestes : longueur du fleuve, nécessité de draguer un chenal et de recourir à des pilotes pour guider les navires. Le Havre, en revanche, possède un port en eau profonde avantagé par la durée de la haute mer. Il se développe vers l'amont (Tancarville) et aussi vers le nord (terminal pétrolier d'Antifer). Le projet baptisé « Port 2000 », en cours de réalisation, est destiné à permettre de recevoir les porte-conteneurs de la nouvelle génération et à répondre à la concurrence d'Anvers et de Rotterdam. L'objectif est d'améliorer la compétitivité en réduisant le temps de rotation des navires, donc les coûts.

Sur la Loire, « Port-Atlantique » est un port autonome en trois pôles : Saint-Nazaire, Nantes et Donges-Montoir, sur lequel portent les plus gros efforts d'équipement. Sur la Gironde, les installations ont migré de Bordeaux vers l'aval à Bassens (marchandises diverses), Ambès et Pauillac (produits pétroliers) et Blaye (céréales).

Les trafics sont de nature et d'importance très différentes d'un estuaire à l'autre. Il ne subsiste un trafic voyageurs qu'au Havre, passagers à destination des Îles Britanniques et « croisiéristes ».

Les trafics de marchandises :

- Rouen, 20 Mt (plus 2,7 Mt de trafic fluvial), draine les céréales du Bassin parisien pour les exporter et reçoit des produits agricoles (farines animales, sucres), des engrais, du bois et des pâtes de bois ; le trafic des conteneurs (plus d'un million de tonnes) est en essor ;
- Le Havre, 55 Mt, a longtemps été le port des denrées coloniales, transformées sur place ou en basse Seine. Après la guerre, il est devenu un grand port industriel et pétrolier. Aujourd'hui le trafic se répartit entre 30 Mt de pétrole brut, 16 Mt de produits divers en vrac et 9 Mt en conteneurs ;
- Port-Atlantique, 30 Mt, dont 11,5 Mt de produits pétroliers et 11 Mt de vrac sec à Donges-Montoir ; Nantes garde 2 Mt de produits, la plupart à forte valeur ajoutée (produits alimentaires, bois et pâtes de bois) ; le trafic de Saint-Nazaire est tombé en dessous de 0,5 Mt ;
- Gironde : 9 Mt. Le trafic des produits pétroliers a considérablement chuté depuis la fermeture des raffineries (5 Mt, en provenance de Donges et à destination de Port-Jérôme). Aux sorties, les céréales ont la première place.

2.2. Les villes

Les villes de fond d'estuaire ont un patrimoine architectural qui témoigne de leur richesse passée. Nantes et Bordeaux conservent des quartiers centraux prestigieux. Rouen a malheureusement perdu pendant la Seconde Guerre mondiale une grande partie de son noyau historique médiéval ; si les principaux monuments ont été restaurés, le centre-ville a été reconstruit sur un autre plan, dans un autre style. Les villes d'avant-ports sont plus récentes (la plus ancienne, Le Havre a été fondée au XVIe siècle), Elles paraissent d'autant plus récentes qu'elles ont été presque complètement détruites pendant la guerre et reconstruites.

Toutes ces villes connaissent des problèmes de développement. Ce sont d'abord les problèmes posés par leur extension, entravée par la barrière fluviale, ou, pour Le Havre et Saint-Nazaire, par la barrière maritime. Le problème du franchissement est crucial. Sur la Garonne, le pont d'Aquitaine (1967) à Bordeaux est le dernier vers l'aval ; au-delà, ce sont des bacs qui assurent la traversée de la Gironde (Blaye, Royan). Pendant longtemps, à Nantes, la ligne des ponts d'origine médiévale a été le seul passage autre que les bacs dont certains subsistent à l'aval. Sur la Seine, le dernier pont a longtemps été à Rouen. Des ponts assez hauts pour laisser passer le trafic maritime ont été construits sur la Loire et son estuaire (pont de Saint-Nazaire [1974] et pont de Cheviré à Nantes [1990]) et sur la Seine (pont de Brotonne [1977]) et son estuaire (ponts de Tancarville [1959] et de Normandie [1995]).

D'une ville à l'autre, les fonctions ne sont pas les mêmes. Certes les trois estuaires connaissent des activités liées à la gestion des ports. Mais celles-ci sont inégalement représentées à cause des différences constatées dans l'importance et la nature des trafics.

Seuls les estuaires de la Seine et de la Loire ont des industries liées directement à l'activité portuaire. Les industries navales ne subsistent qu'à Saint-Nazaire (Chantiers de l'Atlantique : navires de croisière). Les Ateliers et Chantiers du Havre ont fermé récemment, toutefois des industries lourdes ont été installées dans la zone portuaire.

D'autres industries découlent des trafics portuaires, comme la construction mécanique et l'électronique, mais aussi les industries de transformation des produits importés (café au Havre, biscuiterie à Nantes, conserveries, etc.) ; dans ce domaine, le traitement des produits pétroliers, disparu de la Gironde, a reculé à Donges comme dans les raffineries de la basse Seine. Sur cette dernière et sur son estuaire, d'autres industries contribuent à sa supériorité : chimie lourde, chimie fine et parfumerie, engrais, bois et papier, enfin textile et habillement, en déclin il est vrai.

Les activités commerciales et tertiaires sont plus en rapport avec l'importance des agglomérations et leur pouvoir d'attraction qu'avec l'importance des ports. On trouve donc là les commerces et les services nécessaires à la desserte de populations importantes. Les villes de fond d'estuaire vivent désormais plus de leurs fonctions de grandes villes, capitales régionales, que de leurs activités portuaires.

3. Les estuaires, la France et l'Europe

Les estuaires sont aujourd'hui encore plus que naguère différents les uns des autres par leurs activités et par le poids dont ils pèsent en France et en Europe. L'essor économique de l'Europe du Nord-Ouest accentue les déséquilibres au sein du continent et assure la suprématie maritime de la Manche et de la mer du Nord.

D'autre part, les trois estuaires ont des arrière-pays qui ne se ressemblent pas. Celui de la Seine est favorisé par la navigabilité du fleuve et par la proximité de Paris, dont il est la porte d'accès maritime. Il souffre néanmoins de relations difficiles avec le reste de l'Europe du Nord-Ouest, au-delà de la région parisienne, qui est presque un cul-de-sac. Les deux autres estuaires n'ont pas de véritable arrière-pays et les fleuves qui y débouchent ne sont plus navigués. Quel est, dans ces conditions, le rayonnement territorial des estuaires ?

3.1. Les estuaires et la France

La Gironde ne polarise qu'un territoire limité. Il ne faut pas confondre son rayonnement, faible, avec celui que Bordeaux exerce sur la partie occidentale du Bassin d'Aquitaine. Même si Bordeaux est le premier port français exportateur de maïs, les exportations totales de céréales restent modestes, celles des vins pourraient profiter de la forte valeur ajoutée du produit, liée à sa réputation, mais elles se font aujourd'hui surtout par voie terrestre et même aérienne. Le trafic intérieur est bien plus important que le trafic maritime. Mais c'est majoritairement une circulation de transit, entre l'Europe du Nord-Ouest et la péninsule ibérique, par fer et surtout par autoroute, qui ne fait en général que traverser ou contourner Bordeaux. Le trafic vers l'intérieur de l'Aquitaine, encore modeste, va être renforcé par le transport des cellules de l'Airbus A380, venues d'Allemagne par mer, puis transportées sur la Garonne jusqu'à Langon et de là à Toulouse par une route qui vient d'être réaménagée. Il s'agit encore une fois de transit, sans impact majeur sur l'estuaire et ses activités.

L'estuaire de la Loire n'a pas davantage d'*hinterland* que la Gironde. Toutefois les activités de la basse Loire liées à la mer et au trafic maritime sont bien plus importantes que celles de la Gironde. Certes, cette région a souffert de très graves crises, dont elle n'est pas complètement sortie, mais elle possède des atouts qu'elle s'emploie à valoriser. Le projet d'une « autoroute de la mer » entre Montoir-de-Bretagne et Bilbao est en cours de développement ; il s'agirait de soulager le trafic autoroutier en transférant les camions sur des cargos spécialisés. Ce projet est soutenu par l'Europe et a reçu le feu vert du gouvernement français.

L'estuaire le plus actif est celui de la Seine. Autour de lui est organisée une grande partie de la vie de la Haute-Normandie. Le paradoxe est que si Bordeaux et Nantes sont de véritables métropoles régionales, la basse Seine et l'estuaire n'ont pas suscité le développement d'une véritable capitale régionale, à cause de la rivalité entre Rouen et Le Havre et de la trop grande proximité de la capitale. Ni Bordeaux ni Nantes n'ont d'arrière-pays important. C'est la raison majeure de leur place modeste par rapport à Rouen et Le Havre, favorisés d'autre part par leur implantation sur la Manche, une des mers les plus fréquentées du globe. Mais l'estuaire de la Seine n'a pas d'autre arrière-pays que la région parisienne. Ses relations terrestres avec le reste du pays sont modestes. On a cherché à y porter remède par l'ouverture d'autoroutes vers la Picardie et le Nord-Pas-de-Calais ainsi que vers la Basse-Normandie et la Bretagne.

3.2. Les estuaires et l'Europe

Les trois grands estuaires français, même celui de la Seine, souffrent de la concurrence de ports mieux situés en Europe continentale du Nord-Ouest. Il s'agit en premier lieu de Rotterdam, mais aussi d'Anvers et de Hambourg. Leurs arrière-pays, régions bien peuplées, riches de villes nombreuses et d'activités intenses, sont bien desservis par les transports terrestres et fluviaux.

Les estuaires français pâtissent d'un retard d'équipement de leurs liaisons avec le reste de l'Europe. L'aéroport de Bordeaux, avec 2,5 M de passagers par an est au-delà du 50e rang européen. La fréquentation de celui de Nantes est de l'ordre de 1 M de passagers et l'ensemble Rouen-Le Havre n'est presque pas équipé : ici, les aéroports sont à Paris. La desserte terrestre s'est améliorée, construction d'autoroutes, électrification des voies ferrées, mais ces réalisations sont encore insuffisantes et les trafics routiers sont souvent à saturation (rocade de Bordeaux), tandis que les TGV circulent encore sur les voies traditionnelles

Les estuaires sont donc plus ou moins marginalisés, particulièrement à l'égard de l'Europe. Cette marginalisation est de plus en plus forte du nord au sud. En réaction contre les inconvénients de leur situation loin du cœur actif de l'Europe, les régions concernées se sont associées avec d'autres (françaises, espagnoles, portugaises, britanniques) pour constituer l'Arc Atlantique. Il s'agit d'une démarche volontariste de décideurs politiques.

Le fait que ces territoires aient des traits communs suffit-il à en faire un ensemble pertinent ? Ils n'ont guère d'échanges entre eux, même par la voie maritime. Il semble que l'Arc Atlantique, plus qu'un projet commun, ne soit qu'une addition de handicaps et de problèmes. Sa réussite, néanmoins, aurait un impact certain sur le rééquilibrage des régions à l'intérieur du continent européen.

Conclusion

Ces estuaires qui se ressemblent ont eu jusqu'à la révolution industrielle des histoires plus ou moins analogues. L'accentuation des disparités au sein de l'Europe les a conduits à des degrés d'importance démographique et économique aujourd'hui très différents. Mais ils pourraient jouer un rôle bien plus grand, dans le cas d'une meilleure répartition des activités entre les régions d'Europe.

La France dans ses relations avec la Méditerranée

Le libellé du sujet est ambigu. Que devons-nous entendre par les deux espaces dont il faut traiter des relations ? La Méditerranée, tout d'abord, est un espace maritime, presque fermé, au contact de trois continents – Europe, Asie et Afrique – qui est resté longtemps une sorte de centre de gravité politique et économique au niveau mondial. C'est toujours un espace de contact, ou de conflit, entre de grands ensembles civilisationnels : le monde euro-méditerranéen (surtout représenté par les pays latins), d'une part, et les mondes arabe et turc d'autre part. Or, au cours de l'histoire, tour à tour, l'un ou l'autre de ces ensembles a dominé l'espace méditerranéen. Ce fut, d'abord, Rome qui réussit, seule, à créer le *Mare Nostrum* et à asseoir une domination complète. Puis, après l'Hégire, ce fut la période d'expansion arabe dont l'apogée se situe au XIe siècle. Ensuite, le monde ottoman prit la relève et faillit renouveler l'exploit romain. Après le désastre maritime de Lepante en 1571, l'empire ottoman conserva tout le même quasiment les trois quarts des rivages méditerranéens des Balkans jusqu'à la frontière marocaine. À partir de 1830, la France conquit l'Algérie au détriment de l'empire ottoman. Alors commença l'hégémonie européenne – avec, en particulier, la France – qui n'a plus cessé de s'exercer jusqu'à aujourd'hui. C'est dire que l'histoire et les relations de la France, dans son ensemble, avec les pays du pourtour méditerranéen revêtent une importance particulière. Mais, la Méditerranée est aussi un espace maritime qui est à l'origine d'un climat particulier ayant donné, en géographie physique, naissance à une « zone » qui fait partie du climat tempéré et qui représente un contact entre la zone tempérée humide et la zone tropicale. Cette zone méditerranéenne, que les biogéographes limitent souvent par la présence naturelle de l'olivier, intéresse la France, qui possède une façade méditerranéenne. Là, l'influence de la Méditerranée est directe, prégnante. Elle s'exprime dans les paysages, l'économie et les genres de vie. C'est dire que les relations de cette façade avec la Méditerranée sont bien plus étroites que celles de la France dans son ensemble et qu'il faut les traiter à part.

Nous adopterons donc le plan suivant : dans une première partie, nous étudierons les relations de la France en général avec la Méditerranée puis, dans une seconde partie, celles de la façade méditerranéenne française avec le reste de l'ensemble méditerranéen.

1. Les relations générales de la France avec la Méditerranée

Ces relations ont grandement évolué pendant les siècles et il est impossible de ne pas les considérer dans leur profondeur historique.

1.1. Le poids de l'histoire

Il n'est guère d'espace où l'histoire ait une telle importance. Pendant des siècles, la France, ou les territoires qui sont devenus progressivement français, est restée sur la défensive en Méditerranée. C'est surtout à partir du XVIe siècle, alors que l'espace méditerranéen perd de façon définitive son hégémonie sur le monde, que la France, avec la montée en puissance de la royauté, commence à y avoir une réelle influence. D'abord, par la confrontation avec l'Espagne, qui s'est traduite par l'alliance « contre nature » avec la Sublime Porte. Jusqu'au premier conflit mondial, la France bénéficie d'une position privilégiée dans l'empire ottoman où la *lingua franca* était l'idiome usuel dans les relations diplomatiques et les rapports commerciaux. À partir du XIXe siècle, la France prend en

Méditerranée une position hégémonique, disputée toutefois par l'Empire britannique. Elle conquiert la totalité du Maghreb et adopte une politique résolument interventionniste dans la partie orientale de la Méditerranée ; la France y acquiert un prestige considérable. La construction du canal de Suez par le Français Ferdinand de Lesseps (l'inauguration du canal s'effectue sous le second Empire, en 1869, en présence de l'impératrice Eugénie) portera ce prestige au plus haut. La France peut alors poursuivre son expansion coloniale vers le Sud et l'Extrême-Orient. L'apogée de la présence française en Méditerranée se situe dans l'entre-deux-guerres. Aujourd'hui, celle-ci s'effectue au travers de l'Union européenne qui exerce une influence irrésistible sur l'ensemble du monde méditerranéen… en dépit de la concurrence, militaire en particulier, des États-Unis.

Cette présence en Méditerranée a eu des effets énormes et multiples, en France, sur tous les plans, qu'ils soient civilisationnels, politiques et militaires, démographiques et économiques.

LA FRANCE ET SES RELATIONS AVEC LES PAYS MEDITERRANEENS

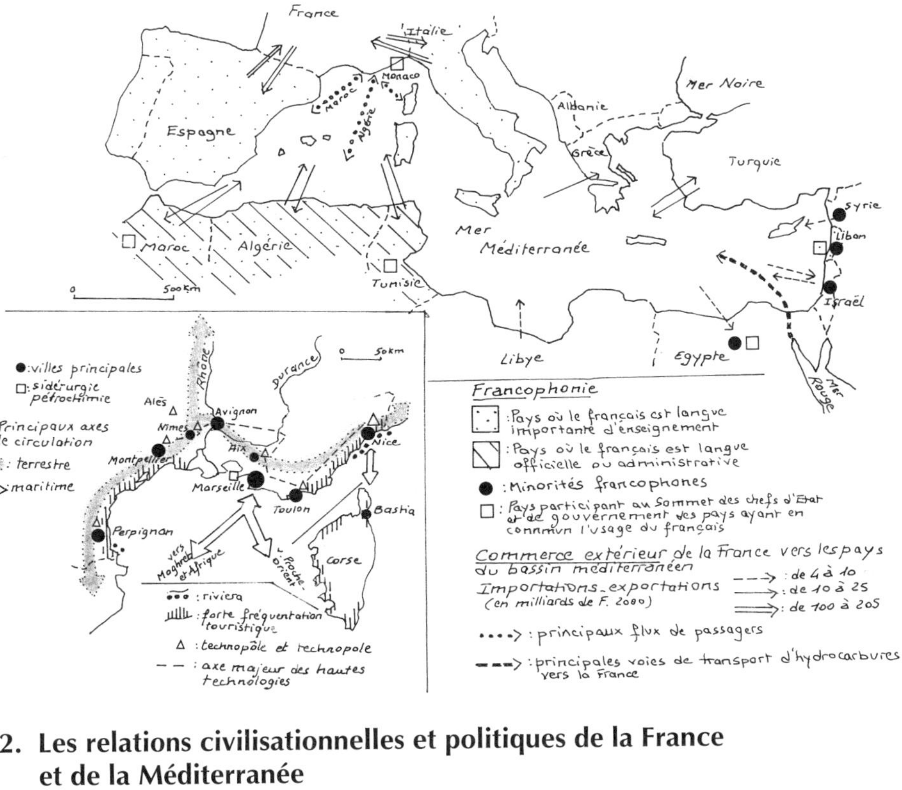

1.2. Les relations civilisationnelles et politiques de la France et de la Méditerranée

Les relations civilisationnelles sont à double sens. C'est pendant la période de l'hégémonie romaine que les territoires qui sont, par la suite, devenus français ont acquis deux éléments majeurs : la langue latine, d'où le français est issu, et la religion chrétienne, originaire du Moyen-Orient. De même, nos institutions et notre droit doivent beaucoup à Rome. Il en va de même de l'importance des héritages romains dans les domaines de l'art et de l'architecture. Les autres civilisations méditerranéennes ont eu moins d'importance sur la France. Notons tout de même quelques apports de la civilisation arabe dans des domaines aussi divers que les mathématiques, l'agriculture irriguée ou la médecine.

La montée en puissance de la France en Méditerranée s'est traduite, à l'inverse, par une profonde influence française dans les domaines les plus divers. Tout d'abord, cette influence fut directe dans les territoires conquis par la France ou sous contrôle (comme le Liban et la Syrie placés sous mandat français dans l'entre-deux-guerres). Même la malheureuse expédition de Bonaparte en Égypte n'a pas été sans de sérieuses répercussions dans les domaines scientifiques : l'égyptologie est devenue à la mode et ce n'est pas par hasard si c'est un Français, Champollion, qui a découvert le secret des hiéroglyphes.

En dépit des aléas politiques – avec une décolonisation qui s'est faite dans la douleur en Algérie – et de la perte de puissance de la France, son influence reste grande en Méditerranée, surtout dans sa partie occidentale. Sur le plan militaire, le contrôle de la mer est désormais assuré par les États-Unis. En dépit d'une tentative de prise du commandement de l'OTAN dans la zone en 1995, la flotte française n'a plus les moyens d'assurer seule le contrôle de la mer. Par contre, en dépit du fait que le français soit en recul face à l'anglais, notre langue reste un vecteur puissant de l'influence française en Méditerranée. C'est au Maghreb que se trouvent les masses les plus importantes de francophones en dehors de la métropole. L'importance de la francophonie dans le bassin méditerranéen n'est pas pour rien dans le pouvoir attractif de la France sur le plan démographique.

1.3. L'attraction démographique de la France

Nous n'insisterons pas sur cette question (cf. la dissertation concernant les immigrés et les étrangers en France). Disons simplement que les deux facteurs conjugués qu'ont été le déclin démographique français, qui a pris toute son ampleur par opposition à l'explosion démographique de pays comme l'Italie ou l'Allemagne, et la puissance économique de la France à partir de la première révolution industrielle ont fait de notre pays un irrésistible foyer d'appel pour immigrants. Après la Seconde Guerre mondiale, les besoins en main-d'œuvre pour la reconstruction, puis pour faire face à l'extraordinaire développement économique du pays pendant les Trente Glorieuses, sont à l'origine d'une vague immigratoire sans précédent.

Cette attraction n'a pas toujours été à sens unique. Signalons que l'Algérie a été l'unique véritable terre de peuplement français hors de France ; ceci, surtout à partir de 1871 jusqu'au retour des « Pieds Noirs » lors de l'indépendance algérienne de 1962. À part cette tentative avortée, la France a accueilli sur son territoire des habitants de l'ensemble du pourtour méditerranéen pour des raisons politiques ou économiques. Dans un premier temps, les immigrés en France provenaient surtout des rivages du nord de la Méditerranée. En dehors de la venue des réfugiés espagnols pendant la guerre civile qui a ravagé ce pays de 1936 à 1939, la plupart des émigrés venaient pour des raisons économiques. La France connut des vagues d'arrivants de nationalités différentes. Ce furent d'abord les Italiens qui, poussés par la misère, arrivèrent en masse dès avant la Première Guerre mondiale. Après la Seconde Guerre, des flots d'immigrants arrivèrent en général de façon concomitante au démarrage des économies respectives. Ce furent d'abord les Espagnols, surtout dans les années cinquante et soixante, puis les Portugais dans les années soixante et soixante-dix. Mais, de plus en plus, se sont présentés des immigrants non européens, d'abord des Maghrébins, surtout Algériens et Marocains, puis des Turcs.

Ces flots d'immigrants se sont installés préférentiellement, mais non exclusivement dans les régions industrialisées (comme le Nord et la Lorraine), urbanisées (comme dans les agglomérations parisienne et lyonnaise) ou les ports (Marseille en premier lieu) où ils arrivent à marquer les paysages urbains.

1.4. Les échanges commerciaux et le poids économique de la France en Méditerranée

En dépit du fait que les principales puissances économiques soient désormais extérieures au pourtour méditerranéen, la Méditerranée reste une route essentielle pour les liaisons commerciales de la France et les États qui l'entourent sont des partenaires commerciaux importants.

Tout d'abord, sur les cinquante premiers partenaires commerciaux de la France, figurent huit riverains de la Méditerranée : Italie, Espagne, Turquie, Maroc, Algérie, Tunisie, Grèce et Israël occupant respectivement les places 3, 5, 17, 18, 19, 28, 34 et 39. Ces marchés sont d'autant plus intéressants que le solde commercial est positif pour la France avec chacun de ces pays (Italie exceptée) : le montant total des exportations françaises dépassait en 2000, pour l'ensemble de ces pays, 500 milliards de francs (sur un total de 2 111 milliards) contre quelque 410 milliards aux importations (sur un total de 2 095 milliards). D'autres pays, en particulier l'Égypte, la Libye et la Syrie sont aussi des partenaires commerciaux intéressants bien que le bilan soit déficitaire pour la France avec la Libye et la Syrie.

Par ailleurs, transite par la Méditerranée – la plupart du temps via le canal de Suez – une masse importante de matières premières (comme les hydrocarbures venant des pays du Golfe) ou de produits fabriqués venant d'Asie du Sud ou du Sud-Est. Ainsi, c'est l'essentiel du commerce de quatorze autres pays (dont le Japon et la République Populaire de Chine) avec la France qui emprunte la voie de la Méditerranée.

Inversement, le poids relatif de l'économie française a diminué considérablement dans l'ensemble méditerranéen. La France n'est plus le seul pays industrialisé du secteur. Cependant, elle conserve une place de choix dans les échanges commerciaux de nombre de pays. C'est ainsi qu'elle reste le premier partenaire commercial du Maroc, de l'Algérie et de la Tunisie ; le quatrième pour l'Égypte, la Libye et la Syrie, le cinquième pour la Turquie.

Les relations de la France avec les États méditerranéens sont donc complexes et multiformes. Elles plongent leur origine dans l'histoire et sont en perpétuel renouvellement. Mais, la France possède une façade méditerranéenne ; celle-ci est partie prenante de l'aire méditerranéenne. La relation avec la Méditerranée y est encore plus prégnante.

2. La France méditerranéenne

La France méditerranéenne est tout à fait singulière à la fois par ses paysages physiques et son économie. Dans cette partie, nous nous contenterons d'exprimer quelques idées essentielles et d'insister sur certains aspects qui sont moins connus (comme la pêche). Dans tous les cas, il faut se garder de faire une étude générale et régionale de la région mais seulement insister sur ce qui a trait aux relations avec la mer.

2.1. La singularité physique de la France méditerranéenne

Climat, topographie, végétation sont à l'origine de singuliers paysages. La luminosité du ciel, la sécheresse et la chaleur estivale, les précipitations plus ou moins violentes pendant l'hiver et les saisons intermédiaires, la relative douceur de la saison froide (en dépit des vents glacés comme le mistral et la tramontane) constituent les caractéristiques premières du milieu méditerranéen. L'opposition entre les plaines restées longtemps marécageuses, et donc paludéennes, et la montagne est un autre fait majeur. Les plaines, jusqu'à leur bonification intégrale, ont longtemps constitué des espaces de parcours (comme en Camargue ou dans la plaine d'Aléria). Elles souffraient, autrefois, de tous les inconvénients : insécurité venant de la Méditerranée, difficulté de mise en valeur et insalubrité. Les montagnes, tombant en pleine force dans la mer (comme dans les Pyrénées orientales, les Alpes à l'est du delta rhodanien ou l'essentiel du littoral occidental de la Corse) offrent des contrastes saisissants entre celles qui sont calcaires et les autres. Les premières, souvent couvertes de garrigues, constituent les milieux les plus hostiles à l'homme ; elles n'ont guère été mises en valeur et, aujourd'hui, elles sont presque complètement dépeuplées. C'est là que l'on trouve le plus grand nombre des communes qui ont, en France, moins de 100, voire moins de 10 habitants... parfois après regroupement. Les autres montagnes, au contraire, ont été intensément mises en valeur et ont pu être densément peuplées comme celles qui se sont développées à partir du châtaignier, véritable arbre de civilisation, par exemple dans les Cévennes ou dans la montagne corse. La montagne cristalline possédait tous les avantages : des précipitations et des pentes permettant l'irrigation par gravité, la salubrité et la sécurité. C'est en montagne, y compris dans les reliefs les plus escarpés, que se sont installés les villages perchés qui sont actuellement visités par les touristes. Ces montagnes, comme les Cévennes ou la Castagniccia corse, étaient très densément peuplées... au contraire des réalités actuelles.

Au contact des plaines et des montagnes, les collines ou coteaux étaient couverts de vignes et de vergers (oliviers, figuiers, amandiers)

2.2. L'inversion des potentiels en agriculture

Déjà au XIXe siècle, surtout à partir de l'installation de lignes de chemin de fer, de nouvelles régions agricoles se sont mises en place dans les plaines : en particulier dans le Roussillon et dans le Comtat Venaissin. C'est là que s'est développée une petite agriculture irriguée, de type huerta, produisant massivement des fruits et des légumes à partir d'un système dense de petits canaux amenant l'eau à la plante par gravité. Des paysages typés, comme celui du Comtat Venaissin, avec ses haies de cyprès et de thuyas pare-vent sont nés de ces systèmes de production agricole.

Avec le développement des techniques et la possibilité d'obtenir une maîtrise complète des eaux, grâce à la grande hydraulique, tous les terrains plans ou plats, marécageux ou non (comme dans la Crau), ont été mis en valeur. C'est ainsi que la plaine d'Aléria a été bonifiée par la SOMIVAC et mise en valeur, après 1962, en particulier par des rapatriés d'Afrique du Nord aidés de leurs ouvriers maghrébins. Ils introduisirent un vignoble de masse et la culture des fruits (agrumes, avocats), des fleurs et des légumes.

De même, après les ravages causés par le phylloxéra, le vignoble de masse languedocien est descendu dans les plaines colonisant marais et descendant jusqu'aux plages littorales. Car on ne savait combattre le phylloxéra que par la submersion des parcelles.

Premier dévasté, le vignoble méridional fut le premier reconstitué et bénéficia à la fois de la destruction des vignobles plus septentrionaux et de l'arrivée du chemin de fer.

Avec le développement du tourisme de masse, à partir des années soixante, le vignoble – pour la production de rosé – a envahi les bassins de la Provence intérieure.

2.3. Un tourisme omniprésent et sans cesse renouvelé

Il n'est pas étonnant que ce soit sur les rivages méditerranéens que le tourisme se soit développé en premier. Tout particulièrement sur la Côte d'Azur pendant le XIXe siècle. Là, en climat d'abri – le milieu permettant la culture des agrumes – et en raison des magnifiques paysages, s'est développé un tourisme aristocratique d'hiver qui recherchait des décors et un climat mais bien peu le contact avec l'eau. À proximité de la frontière espagnole, et en continuation de la Costa Brava, s'est développée, au XXe siècle, une autre riviera, bien moins prestigieuse : le sud de la côte Vermeille.

Après la Seconde Guerre mondiale, un tourisme de masse tout à fait différent s'est développé, recherchant, en été, la plage et la baignade. Pour cette nouvelle clientèle a été assaini le littoral languedocien où ont été édifiés des grands ensembles à usage touristique comme la Grande Motte.

Progressivement, c'est l'ensemble du littoral qui a été conquis par le tourisme ; de façon continue à l'est sur la Côte d'Azur où sont apparues les « marinas » et de façon quasi continue ailleurs.

Le tourisme est omniprésent sur tout le littoral, qui devient saturé, et tend à occuper tous les espaces interstitiels. La Méditerranée, quant à elle, constitue un espace privilégié pour les croisiéristes de plaisance qui animent les ports petits et grands.

2.4. Les ressources de la mer

La Méditerranée fournit des ressources modestes mais, toutefois, non négligeables : les produits de la pêche et le sel en particulier.

La pêche en Méditerranée est ancienne ; elle a constitué une activité importante dès l'Antiquité et le littoral français a toujours abrité de petits ports de pêche dont l'essentiel de la production était vendu sur place. La Méditerranée offre aujourd'hui une grande variété de poissons en raison de la présence d'oxygène sur toute la hauteur de la colonne d'eau. Environ une vingtaine d'espèces sont exploitées comme l'anchois, la sardine, le merlan, le thon rouge ; sans parler des crustacés et des mollusques (seiches et calamars). Il s'agit souvent d'espèces de qualité qui permettent aux pêcheurs de vivre confortablement de leur activité. Cependant, la pêche en Méditerranée ne donne que des tonnages dérisoires en comparaison de ceux que l'on obtient dans l'Océan. Il n'y a pas de vraie pêche industrielle (sauf pour l'anchois et la sardine) car les conditions naturelles sont moins bonnes : la ressource est plus faible et les plateformes continentales sont étroites. La pêche garde donc un caractère artisanal avec des bateaux de faible tonnage. La commercialisation d'espèces de qualité, en frais sur des circuits courts, procure cependant de bons revenus aux pêcheurs. Les principaux ports de pêche sont Sète, Port-Vendres, Martigues et Marseille. Le total pêché est modeste (quelque 40 000 t) mais la pêche fait travailler 2 500 actifs environ.

L'exploitation du sel en Méditerranée a une grande importance. Le centre de son exploitation, en France, se situe en Camargue. Les côtes basses à lagunes et la chaleur permettent d'extraire un sel de qualité d'autant plus que les eaux de la mer sont plus salées que celles de l'Océan (38 g/l contre 35).

La mer est surtout un support pour les échanges plus ou moins lointains. Elle permet la circulation des hommes comme des marchandises qui transitent par les ports.

2.5. Les ports et l'inversion de l'image de marque du « Midi » méditerranéen

Jusqu'à ces deux dernières décennies, les ports – très peu nombreux – ont vécu en fonction de la dynamique provenant, pour l'essentiel, de la Méditerranée. Nice, depuis le XIXe siècle, faisant exception car son dynamisme était fondamentalement dû au tourisme. En fait, ces ports n'avaient aucune autonomie, surtout pas financière, et se trouvaient dans un « Midi » peu développé et peu industrialisé. Le transport des passagers – vers la Corse et le Maghreb surtout – et des marchandises était essentiellement concentré sur deux ou trois ports.

Marseille, devenu premier port et troisième agglomération du pays, a une histoire liée totalement à celle de la Méditerranée. Il s'agit d'abord d'une antique fondation phocéenne ; à l'opposé de Gênes ou de Barcelone, Marseille n'a guère profité de la grande période méditerranéenne qui s'est achevée à la fin du XVe siècle. Son extraordinaire essor date de l'expansion coloniale française au XIXe siècle avec, en premier lieu, la conquête de l'Algérie. Sète, à un degré moindre en a aussi beaucoup profité. Isolés par la topographie de la France active du Nord, ville et port (on dit que c'est le port de Marseille qui a une ville et non l'inverse) respirent au rythme de la Méditerranée. L'importation des hydrocarbures, dès les années 1920, fait éclater le port ; de nouvelles installations portuaires se développent sur l'étang de Berre. La décolonisation porte un coup sévère au port donc à la ville. Heureusement, dans les années soixante, la France est en plein développement et les besoins en espace pour développer la sidérurgie sur l'eau et les industries lourdes sont à l'origine d'un quatrième port : celui de Fos.

La ville enregistre toutes ces palpitations venues de la Méditerranée et, depuis longtemps, est devenue multiraciale et multiculturelle avec des quartiers ethniques, comme celui de Belsunce, bien identifiés. Le retour des « Pieds Noirs » en 1962 a contribué à donner à la ville, comme à l'ensemble du Midi, un nouveau souffle. Cependant, pendant deux décennies au moins, Marseille stagne. Si elle est devenue le premier port pétrolier méditerranéen, elle reste à l'écart de la route suivie par les porte-conteneurs qui déchargent plutôt en Italie, à Malte ou en Espagne. Ce n'est que depuis peu que, profitant d'une nouvelle image de marque du « Midi », la ville redémarre en partant sur de nouvelles bases.

L'inversion de l'image de marque du Midi méditerranéen provient pour une large part de la qualité de vie due à la proximité de la mer et/ou de la montagne ; en tout cas de la méridionalité. Il est loin le temps où l'on opposait une France du Nord active et industrialisée au Midi rural. Désormais, le cadre de vie est un atout essentiel pour attirer cadres et industries de haute technologie. C'est pour cela que c'est à Sophia-Antipolis qu'a été créée l'emblématique technopole française.

Conclusion

Les relations de la France avec la Méditerranée sont complexes et extrêmement évolutives. Actuellement, ces relations deviennent dynamiques. La montée en puissance des économies de certains pays méditerranéens (comme l'Italie, l'Espagne ou la Turquie) est un fait de la plus grande importance. Tout aussi important est le renversement de l'image de marque du Midi méditerranéen qui participe au renouveau des « Midis » français.

Aubin Imprimeur
LIGUGÉ, POITIERS

Achevé d'imprimer en septembre 2004
N° d'impression P 67432
Dépôt légal septembre 2004 / Imprimé en France